ファミリービジネス
最良の法則

When Family Businesses are Best

著
ランデル・カーロック
Randel S. Carlock
ジョン・ワード
John L. Ward

訳
階戸 照雄
日本大学大学院 教授
ファミリービジネス学会 常任理事

WHEN FAMILY BUSINESSES ARE BEST

by
Randel S. Carlock & John L. Ward

Copyright © 2010 by Randel S. Carlock and John L. Ward
All rights reserved.

Japanese translation rights arranged
with Palgrave Macmillan,
a division of Macmillan Publishers Limited
through Japan UNI Agency, Inc., Tokyo.

日本語版によせて

　約3万社にも上る会社が、100年以上に亘って、同じファミリーによって所有され、上手く経営されてきた日本ほど、最良のファミリービジネスモデルを達成した国はない。この成功の多くは、日本型ファミリービジネスモデルの発展を支えてきた伝統的な社会とビジネス構造の成果に由来する。財閥持ち株会社の進化、潜在的な承継者の受入、日本社会におけるファミリーの中心的な立場などすべてが、ファミリービジネスの受託責任に関する強い感覚の発達を促した。ファミリーの祖先を敬う重要性と、厳格な性別差異や生まれの順番を受け入れる受容性は、過去2世紀に亘って続いてきたファミリービジネス承継と意思決定の実践をサポートしてきた。

　これらの組織化原理と実践の1つの結果は、すべての決定をしていた全権掌握型のリーダーが、日本のファミリー企業を仕切っていたことであった。この典型的な日本型ファミリービジネスリーダーシップの好例は、ドキュメンタリー映画である「二郎は鮨の夢を見る」に見られる。映画製作者が「料理界の前例のない成功者であり、愛すべき、だけど面倒な親父」と映す二郎が、息子たちや従業員たちとふれあう様を見ていると、彼のリーダーシップは人をやる気にさせるような性格のものではない、とはっきりわかる。二郎のリーダーシップは、10席の鮨屋ではみごとに働くが、この計画スタイルや意思決定スタイルは近代の日本型ファミリービジネスに多大な貢献をしているとは言い難い。

　この「1人が中心である」モデルは効果的であったが、今後もうまく行くかは不明確である。21世紀に大きなファミリービジネスになる意欲があるのなら、過去の実践に頼ることはできない―必要なことは、ファミリーとビジネスシステムの才能とコミットメントを活性化するこ

とである。そうすることで、創造力に富む戦略を推進し、経営資源を供与し、困難な決定を行うことが可能になる。世界で最も成功したファミリー企業は一人のリーダーの下、効果的に他の株主にも同じ立場で考えさせている。このことにより、経営陣、取締役陣、オーナー達、ファミリーメンバーすべてが、ビジョンにコミットメントしている感覚を共有することを強く認識することができる。例としては以下のような企業が挙げられる；BMW, Fiat, Ford, Volkswagen-Porsche, Louis Vuitton, Hermes, Power Corp, Grupo Carso, Speedo, INBEV, IKEA, Wal-Mart, Roche, Cargill, GAP, News Corp, Bechtel, Tata, Sabanchi Holding and Mars.

　日本型ファミリービジネスにとっての挑戦は、ファミリーとビジネスシステムの強みと能力の両方を十分に引き出すためのリーダーシップとビジネスモデルを開発することである。本書で取り上げられているパラレル・プランニング・プロセス（並行的プランニングプロセス、PPP）は、上記で議論した問題を扱うために開発し広範囲に利用されているツールである。ＰＰＰモデルは、ファミリーとビジネスに対して、並行的な考え方とプランニングを適用するために開発された。このモデルに制限はなく、「フレキシブル」な方法であり、対象となっている組織のファミリーとビジネスニーズを充足するためなら、いかなるカルチャーや背景においても利用可能である。

　パラレル・プランニング・プロセスは、特に日本では有効である。なぜなら、共有した将来ビジョンについて話合いを始めるためにも、ファミリービジネスのプランニングを推し進めるためにもあてはまる両方の価値観を持つことを推奨しているからである。ビジョンが共有されると、それが、ファミリーの戦略、投資、ガバナンス活動のアジェンダになる。このアプローチにより、ファミリーは自身のベストな行動を発現させることができる。例をとれば、欧米では実績に基づいてリーダーを選出する方法が多いが、ＰＰＰアプローチによれば、もしファミリーが長男が次のリーダーになるべきと考えるのであれば、ファミリーが描くビジネスプランは、長男が十分な準備ができて、彼の成功をサポートする方向

日本語版によせて

でビジネスが構築されるように、作り上げて行くべきものだと考える。

　この価値観に基づくアプローチは、伝統的な文化を持つ地域では当然受け入れられる。なぜなら、社会的価値観によってファミリーのプランニングや行動が活発化する傾向があるからだ。価値観について話すことにより、ファミリーは何が1人1人を動機付けるのか、共有したビジョンに同意することが、個人の期待とビジネスの需要の両方を満たすファミリービジネスのビジョンをどのようにサポートしているか、を調べてみることができる。

『ファミリービジネス　最良の法則』は（学術的に）厳格であり、同時に実務的である。すなわち、複雑な考えをビジネスに優しい枠組みと実在の事例を持って説明している。この本は、ビジネス・ファミリーや特にオーナー達、取締役でない人達がプランニングやガバナンス概念を正しく理解できるよう、記述されている。この本は、如何に成功したファミリービジネスがともに働くか、と言うことについて記されたもので、「ハウツー・プラン」ガイドを提供するものではない。筆者達は、インタビュー、リサーチ、個人的なコンサルの経験を利用して世界中の事例に基づきケーススタディを開発している。これらケーススタディは、成功したビジネス・ファミリーが、どのようにしてファミリーコミットメントをファミリー、ビジネスと株主にとって長期的な価値を打ち立てる競争上の優位性に変化させたかを示している。他のファミリービジネスオーナーやリーダー達の考えや経験を強調する引用によって、読者が自分自身のファミリービジネスのために存在する可能性を発見できるように編纂されている。

ランデル　S．カーロック
シンガポール
2014年8月

推薦文

　日本はファミリービジネス大国である。世界最古のファミリー企業が存在し、200年以上存続するファミリービジネスの数も3000社を超えるという。ところが、その国にあって、ファミリービジネスは必ずしも日に当たる存在ではない。むしろ、何か問題が生じると、その負の局面のみに注目が集まる。

　しかし、本書を読むとファミリービジネスの経営の困難さ、そしてそれを見事に克服する芸術的優秀さに驚かされる。世界各国に存続するファミリービジネスの経営が、緻密な手法で経営されていることがわかる。本書は具体的な事例を通じて、日本の多くのファミリー企業に従事する人々にとって、これからの経営へのヒントが溢れている書物である。

慶応義塾大学名誉教授
ファミリービジネス学会会長
奥村　昭博

　ファミリービジネスへの関心が高まる今日、満を持して発刊される本書を心から推薦します。本書の中心的課題であるパラレルプランニング（並行的プランニング）は、すでに海外諸国で高い評価を得ており、国内でも事業承継と成長の持続という大きな課題に直面する多くの経営者にとって有効であり、本書がバイブル的存在になると確信しております。原著者は本分野を牽引してきただけでなく、日本にも深い理解と関心を示しております。碩学の階戸教授を訳者に得て、本書はファミリービジネスに関わりを持つ実務者ならびに研究者の必読の書となるでしょう。

日本経済大学　経営学部長　教授
後藤俊夫

訳者まえがき

　本訳書の原著（Carlock R., Ward, J., When Family Businesses are Best, Palgrave, 2010、『ファミリービジネス　最良の法則』）は、ヨーロッパNO．1のビジネススクールであるINSEADのランデル・カーロック教授と世界におけるファミリー企業研究の第一人者であるノースウェスタン大学ケロッグ経営大学院のジョン・ワード教授との共著で、長年に亘る2人のコラボレーションの賜物である。

　原著の主たる著者であるカーロック教授とは、原著の前著にあたる、Strategic Planning for the Family Businessの日本語訳を、2008年頃に検討した時以来、大変親しくさせて頂いている友人である。たまたま、筆者はINSEADの卒業生でもあったことから、カーロック教授と親しくなり、当初、Strategic Planning for the Family Businessを日本語訳する話が持ち上がったが、すぐに次ぎのバージョンを書き始めたので、もう少し待ってくれとなった。逆に、When Family Businesses are Bestが2010年に発刊されてからは、カーロック教授から、いつ翻訳が出来るのか、と矢のように催促される日々が続いていた。今回、この翻訳がやっと上程できる運びとなり、ホッと一息をついているのが筆者の正直な思いである。

　原著は、元々、1980年代に発刊されたWard(1987)[注1]の古典と言える名著Keeping the family business healthyを、Carlock & Ward (2001)[注2]がStrategic Planning for the Family Businessにおいて、更に段階的に発展させ、初めて紹介したパラレル・プランニングのコンセプトをもとにしている。

　Ward(1987)は、Sharma, Chrisman & Gersick (2012)[注3]によれば、過去25年間で、ファミリービジネス研究における最も影響力のあっ

た3つの書籍の1つとされている。また、この3つの書籍・理論の中で、上記のCarlock & Ward(2001)に発展的にコンセプトが引き継がれ、今回のCarlock & Ward(2010)[注4]まで、更なる理論的な発展が成されているのは、本理論が唯一であり、その意義はまことに大きいものと判断される。また、最も影響力のあった3つの書籍で日本語訳がなされてこなかったのはWard(1987)のみであり、更にその後、内容が段階的に発展され、現在まで繋がっていて、原著の形となったのは、Carlock R., Ward, J.(2010), *When Family Businesses are Best*のみであるのは言うまでもない。

　今回、原著において紹介されているこの理論は、新たに洗練されたパラレル・プランニングのコンセプトの理論（応用）編と言えるもので、価値観、ビジョン、戦略、投資、ガバナンス活動の各ステップを体系的に結びつけることで、ファミリーとビジネスの双方のシステムを、ファミリーの包括的な事業計画に組み入れ、双方のシステムを整合性のとれたものとしている。

　結果として、ファミリービジネス[注5]のガバナンスを有効に実践するために、極めて有効な理論であることが、数々の企業事例にもあるように既に実証されている。

　欧米においては有用性が証明されているこのパラレル・プランニング理論は、ガバナンス支援のための理論であり、真に実践的なツールである。

　筆者としては、まことに微力ではあるものの、この理論を本邦のファミリービジネスのガバナンス構築・支援の具体的な理論として、今後、ファミリービジネス経営者、学界等の研究者、アドバイザー、学生、ビジネスパーソン等へ提言・普及を積極的に行って参ることが今後の課題であると確信している。

　本書の出版にあたっては、さまざまな方のお力を借りた。
　当初、高野 康司さん、上村 早苗さん、安藤 智輝さんにお手伝いをして頂いた。まとめの段階では、加藤 孝治さんの多大なるサポートを頂いた。ここに記して、御礼申し上げる。また、出版に関して、ファース

トプレス社の上坂 伸一さんに心から感謝を申し上げる。

最後になるが、本書の訳の内容に関わる文責は筆者1人にあることを書き添えて、筆を置くことにしたい。

階戸 照雄
2014年12月

[注]

1) Ward, John L(1987)., *Keeping the family business healthy*, Jossey-Bass Inc., Publishers, San Francisco, California

2) Carlock R., Ward, J.(2001), *Strategic Planning for the Family Business*, Palgrave,

3) P. Sharma, J.J. Chrisman, K.E. Gersick(2012), 25 Years of Family Business Review: Reflections on the Past and Perspectives for the Future, *Family Business Review*, 2012, 25(l)5-15、この論文によれば、過去25年間で、ファミリービジネス研究における最も影響力のある3つの書籍は、次の書籍とされている：(1)*Keeping the family business healthy*,(1987), (2)*Generation to generation: Life cycles of the family business*(1997) 、岡田康司監訳／犬飼みずほ訳「オーナー経営の存続と継承」流通科学大学出版、1999年6月、(3)*Managing for the long run: Lessons in competitive advantage from great family businesses*(2005) 、斉藤裕一訳「同族経営はなぜ強いのか」ランダムハウス講談社,2005年7月。

4) Carlock R., Ward, J.(2010), *When Family Businesses are Best*, Palgrave, 2010

5) ファミリービジネスは、1つのファミリー（家族）が経営する企業のことを指し、ファミリー企業、同族企業、オーナー企業とも呼ばれる。確立した定義はない。似た言葉に、ビジネス・ファミリーがあるが、これはビジネス（事業）を行っているファミリー（家族）を指す。

序文

　ファミリーの関心事は他者に対する気遣いや思いやりといったものであり、ビジネスの関心事はマネー（お金）である。したがってファミリーとビジネスという組み合わせは、本来ならば相容れないものなのかもしれない。一方で、相容れない場合が多いと思われるファミリーとビジネスについて、並行的プランニング（parallel planning）を行うことが、ファミリーの調和とビジネスの成功の鍵であることに気づいているファミリービジネスが世界中にたくさんあるということも事実である。本書『ファミリービジネス　最良の法則（When Family Businesses Are Best）』は、５年前の拙著 Strategic Planning for the Family Business において初めて紹介した並行的プランニングのコンセプトをもとにしている。並行的プランニングに関しては、すでに有用であることが実証されているが、今回本書では、先に示した並行的プランニングのコンセプトに対し、新たに価値観、ビジョン、戦略、投資、ガバナンス活動の各ステップを体系的に結びつけた。こうすることで、ファミリーとビジネスの双方のシステムを、ファミリーの包括的な事業計画に組み入れ、双方のシステムを整合性のとれたものにするうえで、より効果が高くなるように改良されるところとなった。

　『ファミリービジネス　最良の法則』は、複雑に絡み合ったアイデアをビジネスにおいて馴染みのあるフレームワークと各実例を用いて説明することで、緻密でありながら実践的な内容となっている。本書は、ビジネス・ファミリー、とりわけオーナーや役職に就いていない者たちが、プランニングとガバナンスの概念を正しく理解する一助となるように書かれている。つまりは、成功するビジネス・ファミリーとはファミリーとビジネスの共生関係をどのように築いているのかということについて

書かれたものであり、単なる実践的な事業計画のあり方を説いた「ハウツーもの」ではない。独自に行ったインタビュー、調査、自身のコンサルティングの経験をもとに、世界中の事例研究を積み上げていくことで、本書は、成功するビジネス・ファミリーとは、どのようにして各ファミリー・メンバーのコミットメントを、ファミリー、ビジネス、そして利害関係者（stakeholder）が抱く長期的な価値観を実現していく上で不可欠な競争上の強みへと昇華していくのかということを明らかにしている。さらに、数多くの事例を取り上げることで、各ファミリービジネスのオーナーやリーダーたちの考え方や経験をできるだけ多く紹介し、これらを参考に読者が自らのファミリービジネスの将来像を考える一助となる構成となっている。

　21世紀を迎えて、すべてのビジネス・ファミリーが3つの課題に直面している。1つ目は、リーダーシップとオーナーシップの承継をめぐる問題への対処、2つ目は、ファミリーによるビジネスへの参加（コミットメント）を、そのファミリービジネスの競争上の強みにつなげること、3つ目に、競争の激しいグローバル経済において、ファミリーの財務的・人的資本の投資を、価値創造のためのビジネス戦略の実行に振り向けることである。ビジネス・ファミリーがこれら3つの課題に取り組むことを困難なものにしているのは、（結婚や出産など）各ファミリー・メンバーのライフサイクル上でのイベント、グローバリゼーション、成長し成熟していく市場や企業、事業の複雑さ、技術の進歩、競争の激化などによってもたらされるファミリーおよびビジネスの両システムにおける絶え間ない変化である。以上に挙げた各要素はいずれも、ファミリーとビジネスの双方の有機的なつながりを切り離すおそれがあるものであり、結果的に、ファミリー間の対立やビジネスの業績悪化を招く。

　ファミリーが大きく発展しその事業が成功していくとともに、社会における影響力や貢献を持続させていくには、将来を見据えたうえでプランニングや意志決定を積極的に行っていく必要がある。ファミリーとビジネスの双方のシステムにおいて複雑さが増してくると、それに伴い効果的なプランニングを実行するためのツールやモデルが必要になってく

る。本書で紹介する並行的プランニングは、それぞれが相関関係のある5つのステップから成り立っている。その5つのステップとは、①ファミリーが共有する価値観についてメンバー間で合意を得ること、②ファミリービジネスのビジョンを策定すること、③ファミリーの参加とビジネス戦略をプランニングすること、④財務的・人的資本への投資を行うこと、⑤良好な業績を持続させるためにファミリーとビジネス双方のガバナンスを確保することの5つである。

　ファミリーについてプランニングを行っていないと、おそらくはファミリー企業の競争上の強みを生む最も重要な源泉であると思われる、各ファミリー・メンバーのコミットメントをつなぎとめることができなくなる。創業間もないファミリービジネスにとっては、起業家精神にあふれる創業者が能力と金銭面において有するコミットメントこそが、事業の成功に欠かせない原動力となる。ところが、残念ながら、世界的に見て、ファミリー・メンバーのコミットメントは、世代を経るに従いファミリーの規模が拡大し、経営と所有の分離が生じることで、必然的に小さくなっていく。こうした事態が生ずることは十分に想定できるはずなのだが、それでも、第2世代、第3世代のファミリー・メンバーにとっては、コミットメントに関わる問題が思いがけず生じたものであるように見えるものである。その問題とは、たとえば「ファミリー・メンバーの数が拡大する中でいかにしてオーナーシップを共有していくか?」「ビジネスのリーダーをいかにして決めるか?」「ファミリー・オーナーの権利や義務をどうとらえるか?」といった問題である。ファミリーがプランニングや意思決定を一緒に行なっていなかった場合、ファミリーやビジネスをめぐって生じるあらゆる問題がメンバー間の対立の火種となるだろう。対照的に、仮に明確な合意や計画があれば、その時々の縁故や影響力といった不確定な要素に左右されることはない。一例を挙げるならば、たとえば雇用に関しても、一貫したある一定の手順に則って人選が行なわれることで、ファミリー間の良好な関係が構築されやすくなるといえるだろう。

　各ファミリー・メンバーの貢献は、そのファミリービジネスの競争力

や業績を維持するうえで必要不可欠なものである。もしファミリーがビジネスを成長させたいのなら、ビジネスへの積極的な参加と投資を通じてコミットメントを示す必要がある。ビジネス・ファミリーの規模が拡大し、成熟していくにつれて、ファミリーは以前にも増してビジネスを貫く価値観を各世代に浸透させていかなくてはいけない。それは、創業者が自らが有する能力や資力など、ありとあらゆるものをファミリービジネスに捧げてきたのに対して、こういったかたちのコミットメントを第3世代、第4世代のファミリー・メンバーに求めることはもはや不可能だと思われるからである。

本書におけるファミリービジネスの理論的枠組み

　各メディアのみならず、時には学術論文までもが、ファミリービジネスを、(経済学や経営学の分野から) 改良が必要な欠陥のあるモデルであるとか、あるいは (心理学や心理療法の分野の見地から) 治療を要する病的状態であると捉えている。しかしながら、我々は、こうした見解とは異なる考えを持っている。ビジネス・ファミリーの各メンバーは同じDNA、歴史、価値観を共有していることから、一体感や精神的なつながりを、良好な人間関係の構築や財務的価値の創出に活かすだけの可能性を秘めているのではないだろうか。こうしたファミリー・メンバー間の感情的な結びつきによってコミュニケーションは良好になり、かつ周到なプランニングがあれば、戦略上の強みとなり、さらには重要な社会的事業やビジネスを構築し持続させていくうえでの強力なツールにもなり得る。

　本書『ファミリービジネス　最良の法則』には、我々が実際に世界各国のファミリービジネスを対象に指導や助言を行うことを通じて得た体験に基づき、21世紀のファミリービジネスの本質について5つの考えを反映させた。第1に、ビジネス・ファミリーとは、メンバーのライフ・サイクルでの出来事やダイナミックなビジネス環境の変化に晒され続け、それゆえ、そのあるべき姿について常に再考を迫られる複雑なシス

テムであるということである。第2に、ファミリーの機能やビジネスの業績を改善するうえで有効な手段は、コミュニケーション、プランニング、ガバナンスの3つであるということである。第3に、ビジネス・ファミリーは、ファミリーの調和とビジネスの成長のためには、並行的プランニングを通じて、ファミリーとビジネスの整合性を図る必要があるということである。第4に、ファミリーが価値観を共有できている場合、とりわけ、オーナーとしてビジネスに対して強いコミットメントを持っている場合、そうしたファミリーによるビジネスへの参加は競争上の大きな強みとなる。第5に、ファミリービジネスは、あらゆる要素が相互に関係し合うというきわめて複雑な構造を抱えた存在であり、したがって、こうしたシステム全体の中の小さな変化によっても業績が改善されることがあるということである。これら5つの考えに沿ってみれば、ファミリービジネスの成功とは偶然には成し得ず、ビジネスの業績にとって重要となるファミリーの共有されたビジョンと、ファミリーの目標達成に資するビジネスの共有されたビジョンの双方が必要であることがわかる。ビジネス・ファミリーは、本書で紹介するすべてのことを実践する必要はない。ただ、自らにとって重要だと考える部分についてのみ取り入れて、一歩一歩着実に改善を続けていかなくてはいけない。

　当然のことながら、それぞれのファミリービジネスにはそれぞれ特有の課題があるものだが、新たなるビジネスチャンスを獲得するために、その保有する資源を有効に活用することを決めたら、このファミリーはビジネス上の優れた業績を上げるだけではなく、ファミリーのメンバー間で結束を強めることもできるだろう。もちろん、すべてのファミリービジネスを同列に論じることができると考えるほど、我々は世間知らずではない。しかしながらその一方で、たとえばグッチ（Gucci）においてみられたようなファミリービジネスの盛衰といったものが一見ドラマチックなものに見えても、ファミリービジネスの行動について分析したモデルからまったくかけ離れたものではありえないことも事実である。理論的な裏付けなくしてグッチの事例を語ったところで、それは、ビジネス・ファミリーが上手くやっていくための一助となる何らかのヒント

を提供することにはならないし、ファミリービジネスの研究や知識を進歩させるに資するものとはなり得ない[1]。我々は、ほとんどのファミリービジネスに携わるファミリーは、新たな解決策を考案するためのツールさえ与えられれば、業績を改善させるだけの能力があると信じている。この信念は、我々の過去20年にわたる各ファミリーと行動を共にした経験から得られたものである。

改良された並行的プランニングのプロセス

明確な価値観とビジョンに支えられたプランニングを行うことで、ファミリーは機会を上手く活用できるビジネス戦略を策定することができる。加えて、ファミリーは熟慮を重ねたうえで公正な合意に基づき物事を進めるようになる。並行的プランニングは、ビジネスとファミリーという異なる2つのシステムの戦略的な行動を調整し、ビジネス上のニーズとファミリーの期待の整合性を図るものである。並行的プランニングを実践していくうちに、ファミリー・メンバー同士のコミュニケーションが促され、さらには、ファミリー・メンバーと経営陣との間で、ビジネスの持続的成長とファミリーの調和にとって不可欠な要素について共通の認識が形成されるようになる。

私たちは、過去5年間にわたり、産業界からのプログラム参加者、MBAの学生、各企業の幹部候補生、各ファミリー企業のクライアント、職場の同僚たちと共に、我々が提唱するプランニングのプロセスについて議論してきた。彼らは、我々が提唱するプランニングに対して、これを改良するための数多くの有益な情報やコメントを寄せてくれた。こういった方々の意見を聞くうちに、私たちは、本書をビジネス・ファミリーにとって実用的なものにしていくためには、私たちのプランニングのコンセプトはどちらかといえば学術的なものではなく、より実践的なものにしなければならないと考えるようになった。

INSEADが提供するプログラムに参加していた、あるスーダンのファミリービジネスの幹部は、並行的プランニングを紹介した前作*Strategic*

*Planning for the Family Business*について、次のようなコメントを寄せてくれた。「内容は素晴らしいのだが、それを理解するため、私はこの本を3回読まなければならなかった。もっと実際のビジネスに沿った内容にしてくれないか？」。また、「この本は素晴らしいが、西洋的すぎる」といった意見も多数聞かれた。こうした意見に加えて、様式、レイアウト、対象とする文化圏等、他の同僚や現場から寄せられたアドバイスを参考にして、私たちなりに解釈し今回の版に反映させた。なお本書では、ビジネスよりもファミリーにかかわる部分をより重点的に扱っている。その理由としては、我々がこれまで独自に行ってきた調査から、多くのファミリービジネスがすぐれた事業戦略を持っている一方で、ファミリーに関わるプランニングを行っているところはほとんど存在しないことが明らかになったからだ。どんな企業もビジネスに対する考え方を改めて、好ましい方向へと舵を切り直すことはできても、ファミリーにかかわる未解決の問題（たとえば公平性の確保、各人の役割の明確化、メンバー間の合意が確保された意思決定のあり方、良好な人間関係の維持等の問題など）が、ビジネスの成長と存続にとって障害となることはよくあることである。

本書が想定している読者

　我々は本書『ファミリービジネス　最良の法則』が世界中のファミリービジネスの役に立つプランニングの手引書となってくれることを願っている。本書は、読者である各ビジネス・ファミリーに対して、それぞれのファミリーが抱える重要な課題に取り組む際の実践的なヒントを紹介している。また本書は、グローバルな視点から各ファミリー企業を明快な語り口でとりあげたので、あらゆる国や文化に属する読者にとっても価値のあるものになっている。
　我々は教授として日頃、学部生やＭＢＡの大学院生と接しているので、彼らがファミリービジネスを研究テーマとする際に直面する課題についてよくわかっているつもりだ。ファミリービジネスの研究領域は、多く

のビジネス・スクールに設けられている各専攻の枠組みを横断するものであるため、本書についても、その内容は複数の専門分野にまたがる内容となっている。我々は、本書やそこで紹介される事例研究が大学等の各種教育研究機関で取り上げられ、ビジネス・ファミリーが抱える課題につき、学際的な視点から考察が加えられるとよいと考えている。本書においては、さらにファミリービジネスの経営幹部候補者にも役に立つもので、彼らの養成をサポートする内容にもなっている。それは、本書が学問的な緻密さで書かれていながら、ファミリーとビジネスに関わる各テーマにつき現実的な視点を与えるものであるからだ。

　他にも本書が想定している重要な読者として、ビジネス・ファミリーの顧問やコンサルタントが挙げられる。たとえば、Family Firm Instituteは、ファミリービジネスの関係者や富裕層のアドバイザー向けの各種養成プログラムや資格取得プログラムを用意しているが、こういったコンサルタント等の組織との交流を通じて、我々は、こういった組織が行っている重要な業務と、我々が扱っている研究テーマやアイデアは密接に関連していることを認識するにいたった。

世界的な潮流

　ファミリービジネスは世界的に見ても一般的な営利組織の形態といえる。これは世界的に共通する傾向であり、世界中のいかなるファミリービジネスであっても、同じような課題や懸案事項を抱えている。最近開催したファミリービジネスの管理職を対象としたワークショップにおいて、参加者に「夜考え出すと眠れなくなる問題」を挙げて欲しいと尋ねてみた。その結果は以下の通りとなった。このリストを見て、各問題がアフリカ、アジア、アジア太平洋、欧州、中東、北米、南米のいずれの地域のビジネス・ファミリーから挙げられたものであるか、皆さんは特定できるであろうか。

- 親世代による干渉

- 取締役の地位／その選任
- メンバーに対する公正な処遇
- メンバー同士の意思疎通
- 配当と投資の双方のバランス
- ジェンダーおよび（企業）文化をめぐる価値観
- 相続とオーナーシップ
- ファミリーの価値観と行動
- ビジネスを遂行する能力
- ファミリーの参加
- ファミリーが経営判断／意思決定に及ぼす影響力
- 顧問の役割
- ファミリー出身者ではない役員
- オーナーシップの承継
- 各メンバーの個人的な期待とビジネス上のニーズ

　ビジネス・ファミリーは、各人共通の目標や経験に裏打ちされたいわばファミリービジネス言語（family business language）とでも言うべきものを共有しており、同言語に基づいて、選択可能なあらゆる案を考え、各々共通する文化的／社会的背景や価値観に照らし合わせて、いずれの選択肢が望ましいかを判断する。普通に考えると、世界中のいろいろな立場の人々が、一堂に会して、わずか数分間で、互いに成功体験を語り合って、それについて意見を出し合ったり、そうした他者の経験から自らの個人的な問題やビジネス上の課題について有益なヒントを得るということは、とうてい不可能であろう。本書には、こうした制約を

乗り越えた、有益な情報が多数収められている。特に重要なポイントとしてあげたいのは、文化の枠を越えてさまざまなファミリービジネスを研究の対象とすることは良い学習体験であり、各ファミリー・メンバーはこれまでとは違った考え方ができるようになるということである。参考にしようとする対象を自分たちとよく似たビジネス・ファミリーに絞ってしまうと、他にも考えられる多くの可能性を見逃してしまうかもしれない。

男性と女性の役割の違い（ジェンダー）に関する問題は、本書が強調するファミリービジネスの異文化的なアプローチの意義を最もわかりやすく示す例である。アジアや中東地域では、このテーマについて真剣に議論されることが多いのだが、これらの地域では、ビジネスにジェンダーが絡むと往々にして問題が複雑になる場合が多い。ちなみに西洋においても、建前は別として、男性が取締役や上層部のポジションでまだ幅を利かせていることが多い。こうした事情から、ジェンダーに関しグローバルに普遍的に適用できるガイドラインを作るということは意味のないことなのである。こうしたガイドラインの作成に代わって、私たちが本書で紹介する解決策は、文化の違いに着目したうえで、たとえば公正なプロセスともいえるグローバルに適用できるツールを示すことであり、それを各文化の実情に応じて適用可能なかたちに改めたうえで取り入れている各ビジネス・ファミリーの実例を示すことである。

読者のための指針

本書は5部に分かれており、それらを組み合わせることでファミリービジネスの将来像について考え、プランニングを行うための包括的なアプローチが理解できるように作っている。第1部ではまずファミリービジネスが抱える構造的問題を概観し、それから並行的プランニング・プロセスがそれらの課題にどう対処するのかということを説明する。残りの4つの部では、それぞれ価値観とビジョン、戦略と投資、ガバナンス、受託責任（stewardship）を扱っている。本書の趣旨は、優れたファ

ミリー企業の根幹となる受託責任を軸に、同企業の各メンバーにかかわる問題、ビジネス・プランニング、および投資判断を包含したプランニングの概要を紹介することにある。このアプローチが成功したかどうかは、ファミリーおよびその利害関係者全員に対して価値を創造できたか否かで評価されるものであると考えられる。

●第1部：
なぜグローバル・ビジネス・ファミリーには
プランニングが必要なのか

　第1章ではファミリーとビジネスの双方のシステムや、ファミリーとビジネスの各ライフ・サイクル上の変化、両者で相反し合う目的といったものが、複雑に重なり合うことで形作られるユニークな構造やその特徴について考察する。ファミリーとビジネスの双方を融合させ、ファミリーのビジネスに対するコミットメントを強化するためのプランニングの重要性を説くことが本章での中心的テーマとなる。創業者には必然的に備わっていたと思われるスキル、知識、行動といったものを、将来世代のメンバーが獲得するには、そのための行動をどうプランニングしていけばよいのかということにも重点を置いている。また、バンクロフト家（Bancroft Family）とダウ・ジョーンズ（Dow Jones）の事例を紹介することで、戦略的プランニングを行わず、有効に機能するファミリーとビジネスのガバナンスを持たない帰結がいったいどのようなものになるかということも検証している。

　第2章では、5年前に拙著において初めて紹介した並行的プランニングに改良を加えた、新しい並行的プランニングについて紹介している。今回の新しいプロセスでは、価値観、ビジョン、戦略、投資、ガバナンスという5つの各段階の相関性に着目している。非上場のファミリー企業としては世界最大のカーギル（Cargill）を例に挙げ、カーギル家（Cargill family）とマクミラン家（MacMillan family）が起業家精神を備えたコミットメントをどう育み、ファミリー・オーナーシップの発展と存続にどう寄与してきたのかを、並行的プランニングの視点から明

らかにしている。

●第2部：人間の価値を生み出す

　第2部では対人関係にかかわる問題を扱う。第3章ではファミリーの価値観とビジネス文化がいかにファミリーのプランニングや行動の土台を作り上げるのかということを考察する。ファミリーのビジョンは、ファミリーによる貢献がやがて競争上の強みとなるためのいわばロードマップとなっていくだろう。

　第4章ではファミリーのビジョンがいかにファミリーとビジネスおよびその利害関係者との関係の基盤になっているかについて検討する。ビジネス・ファミリーは、ファミリーの遺産の受託責任者として、自らが人的資本および財務的資本の投資に対して積極的であることを明確にしたビジョンを共有しなければならない。

●第3部：ファミリーおよびビジネスの戦略

　第5章および第6章ではファミリーのリーダーシップとオーナーシップを向上させるために必要となる戦略プランニング・プロセスについて検討している。それは当該企業の強みや機会を上手く活用した堅実なビジネスプランを作ることでもある。

　第7章ではビジネスプランニング・プロセスによってどのように企業の戦略的可能性（Strategic Potential）を決定されていくのかについて述べている。戦略的可能性については、投資判断を行う際の基準となるものとして、ファミリーのコミットメントとも合わせて検討する。本章ではさらに、オーナーが投資判断を論理的かつ系統立てて行うことができるよう、ファミリービジネス投資マトリックス（Family Business Investment Matrix）を提案している。

●第4部：ファミリーおよびビジネスのガバナンス

　本パートでは、ガバナンスならびにファミリーおよびビジネスにおける意思決定と説明責任の統合について検討する。第8章ではガバナンス

について概観し、取締役会は、戦略策定、意思決定、説明責任に関して経営者やオーナーといかに協力すべきかについて考察している。第9章ではファミリー・ガバナンスについて、ファミリー集会（family meetings）、適切なファミリー協定（family agreements）、および争いごとへの対処等も含めたうえで検討していく。ファミリーおよびビジネスのガバナンスは、ファミリーとビジネスの双方のプランの整合性を図り、これらを効果的に実行するうえで重要な要素である。

◉第5部：
企業形態のファミリー企業（Family Enterprise）の受託責任

　終章ではファミリーが有する企業に対する受託責任がファミリーの遺産を如何にサポートするかについて考察する。フランスの短編『木を植えた男』を用いて受託責任の意義とその行動のあり方を明らかにしていく。ここでは並行的プランニングを構成する5つのステップをそれぞれ考察し、これらが適切に行われる場合、ファミリー企業がファミリーによるあらゆる活動において価値を生み出すのに役立つということについて検討している。本章は、価値観と自らの将来像にかかわるビジョンを共有する、有能かつ起業家精神にあふれるファミリーが、ファミリー企業の成長とオーナーシップの存続にとって欠かせないことを本質的に物語っている。

結びにかえて

　我々は、並行的プランニングのプロセスを構成する5つのステップが、ビジネスもしくはファミリーが発展上の形態のいかなる段階にあっても、プランニングに従事しているビジネス・ファミリーに対して論理的な枠組みを提供できると考えている。21世紀は人間の独創性にとって、とりわけファミリービジネスにとって世界的規模での機会が存在する新しい世紀である。我々は、成功したファミリー企業の事例は、ビジネス界全体にとっても教訓になるものと考えている。ビジネス・ファミリー

は、ファミリーおよびビジネスの双方のプランニングを行うプロセスを１つにまとめ、双方をより高度かつ専門的なものとし、お互いが支え合うようなかたちにすることで競争上の強みを手にできる。意外に感じられるかもしれないが、我々の経験から、ビジネスに限らずファミリーを高度に専門化することで、調和、信頼、より強固な人間関係の構築が促されることがわかっている。

　本書はビジネス・ファミリーの助言者や顧問としての我々の見解を反映しており、共に学び合うことの重要性についてもとりあげている。ファミリービジネスは統計や分析を用いて考察するよりもむしろ、成功したファミリーのモチベーションや経験を理解することの方が有益であると考えられるため、彼らの視点や経験を各章で紹介することとした。本書が、ビジネス・ファミリー、さらには同僚たちからの見解や助言を余すことなく包含したものになっていることを願っている。さらに言えば、我々が提示する見解をヒントに、まったく新たなファミリーが参入し、ファミリービジネスの優位性を実証してくれることを願っている。

ランデル・S・カーロック
パリ、シンガポールにて

ジョン・L・ウォード
シカゴにて

2010年9月

目次

日本語版によせて
推薦文
訳者まえがき
序文

第1部　29
なぜグローバル・ビジネス・ファミリーにとってプランニングが必要なのか

1　なぜファミリービジネスは悪戦苦闘しているのか
ファービュー・エレクトロニクスが売却される？　32
ファミリービジネスの課題　36
強いコミットメントのあるビジネス・ファミリーが有する
競争上の優位性　57
並行的プランニング・プロセスの欠如：バンクロフト家の事例　64
　　ファミリービジネス　最良の法則

2　ファミリー計画と事業計画の策定を同時進行させる
カーギル：対立を経て、競争上の優位確立へ　74
ファミリーとビジネスの並行的プランニングがもたらす恩恵　78
並行的プランニング　80
並行的プランニング・プロセスの手引き　99

第2部
人間の価値を生み出す

3　ファミリーの価値観と企業文化

　ファミリーの価値観とビジネスパフォーマンス　　　　109
　ファミリーの価値観の実例　　　　　　　　　　　　　111
　ファミリービジネスの責任と公正さ　　　　　　　　　127
　ファミリーの価値観の特定　　　　　　　　　　　　　140
　ファミリービジネスの文化　　　　　　　　　　　　　145
　　ファミリービジネス　最良の法則

4　ファミリーとビジネスのビジョン：
　　ファミリーのコミットメントを探る

　ファミリーのビジョンとファミリーのコミットメントを築くこと　156
　ファミリーの遺産に注目したビジョン　　　　　　　　159
　ビジネスに注目したビジョン　　　　　　　　　　　　161
　ファミリーに注目したビジョン　　　　　　　　　　　162
　ファミリービジネスのビジョンの策定　　　　　　　　164
　カーギル：ファミリーの価値観、期待、投資および
　ビジネスの可能性のバランスをとる　　　　　　　　　171
　ファミリーのコミットメントを維持するには　　　　　175
　コミットメントを刷新するまでのアジアの企業の葛藤　179
　　ファミリービジネス　最良の法則

第3部
ファミリーとビジネスの戦略

5 ファミリーの戦略：
　 ファミリーの参加に関するプランニング

シナトラ家の「ファミリービジネス」	186
ファミリーによる参加の利点	187
世代承継のマネジメント	188
ファミリー・オーナーの役割	204
ファミリー・リーダーシップの役割	216
ウェイツ・グループ：次世代のリーダーシップ戦略を策定する	218
ファミリーの参加によってもたらされる競争上の優位	221

　ファミリービジネス　最良の法則

6 ビジネス戦略：会社の将来の計画

ビジネス・プランニングを理解する	225
ファミリービジネスにプランニングが必要である理由	227
ファミリービジネスの戦略的なプランの策定	235

　ファミリービジネス　最良の法則

7 ファミリービジネスを成功へと導くための投資

どれだけダウ・ジョーンズは投資を切望していたか	263
投資におけるジレンマ	265
ビジネス資本の必要性	268
ファミリービジネスのコミットメントとオーナーシップ	270

　ファミリービジネス　最良の法則

第4部
ファミリーとビジネスのガバナンス

8 ファミリービジネス・ガバナンスと取締役会の役割

- ファミリービジネスにおけるガバナンスの難しさ　286
- ファミリービジネス・オーナーシップの進化　289
- ファミリーとビジネスそれぞれのガバナンス活動を同時進行させる　295
- 有効に機能する取締役会　304
- 取締役会と並行的プランニング　306
- ファミリービジネス　最良の法則

9 ファミリー・ガバナンス：ファミリー集会とファミリー協定

- 市立倉庫業者に対する裁判所の清算命令　314
- ファミリー・ガバナンスの意義　319
- ファミリーの内紛を理解する　320
- 対立の回避および解決の手段としてのファミリー・ガバナンス　324
- 参加および信頼醸成の手段としてのファミリー集会　328
- 権利と責任を明確にするためのファミリー協定　337
- ファミリー評議会——ファミリー・ガバナンスを専門的なものにする　343
- ファミリー株主協定　347
- ファミリービジネスから、ファミリー・オフィスおよびファミリー財団へ　352
- ファミリービジネス　最良の法則

第5部
企業形態のファミリービジネスの受託責任

10 木を植える人々

植林からプランニングへ　　　　　　　　　　　　　　360
ファミリービジネスの業績を測る真の尺度としての受託責任　　365
受託責任の競争上の強み　　　　　　　　　　　　　367
ファミリーは共有された成功を導く　　　　　　　371

謝辞
注
索引

第1部

なぜ
グローバル・ビジネス・ファミリーにとって
プランニングが必要なのか

1 なぜファミリービジネスは悪戦苦闘しているのか

　機能不全、縁故主義への傾倒、ファミリー間の対立、無関心。これらはファミリービジネスに多く見られるものである。専門のビジネス誌でさえ、ファミリービジネスのモデルは通常、時代遅れで、問題があるものとして扱っている。しかしながら、最近の調査では、ファミリー企業が一般の株式公開企業よりも優れた業績を上げていることを示している。アメリカファイナンス学会機関誌のジャーナル・オブ・ファイナンスに掲載された最近の調査研究によると、株価や自己資本利益率などの重要な指標において、ファミリー企業が公開企業より優れていることを示している。クレディ・スイス銀行（Credit Suisse Bank）のグローバル・インデックスは、2007年1月からファミリー企業がMSCIワールド・インデックスを4.8％ほど上回っていることを示している[1]。ファミリービジネスについて、上記のように評価が分かれる理由をどのように説明すればよいのであろうか？　我々が研究者、教員、そしてコンサルタントとして独自に行った研究では、ファミリービジネスは、最良の形態にも、あるいは最悪の形態にも成り得ることを示唆している。ファミリービジネスが最良の形態になり得る理由として、特有の強み（長期的ビジョン、強い価値観、情熱をもったオーナー）を有することが挙げられる。逆に、最悪の形態となり得る理由としては、一般企業に比べて複雑なシステムを有するがゆえに、より慎重な対応、より優れたプランニング、さらにはガバナンスが要求され、通常、これらを実現することは難しいことがあげられる。

　一般的に、ファミリー企業は堅実なビジネス戦略をとっているが、その一方で、ファミリーに関するプランニングについては、ほとんどの場

第 1 部
なぜグローバル・ビジネス・ファミリーにとってプランニングが必要なのか

合不問に付されているか、あるいは実行された場合でも、その結果として、将来的に解決をしなくてはいけないような激しい摩擦や対立をファミリー内部に生じさせることになってしまった例もある。実際に我々の経験によれば、多くのビジネス・ファミリーにとって、プランニングという行為の価値は正しく理解できていないか、もしくはプランニングをした場合にファミリー・メンバーが心の中に持っている感情的なわだかまりが表面化するようなことになることを恐れている。多くのファミリー企業が、あえてプランニングを実行することで、かえって、プランニングでは解決できないような問題を生み出してしまうかもしれないと考えている。

　このような実態があることを踏まえながら、本書『ファミリービジネス　最良の法則』においては、ビジネス・ファミリーが高い実績を上げるためには、ファミリーとビジネスの共生関係を後押しする、しっかりとしたプランニングが必要であるということを提唱している。我々はこれを並行的プランニングと呼んでおり、ある一定のプロセスを経ることで導かれるアプローチと考えている。我々は、ファミリーが、自らを取り巻く状況やビジネス上の目標に基づいて、ファミリー・メンバーが相互に協力して自らのプランを策定することができるとき、最良の結果が得られると考えている。

　ところで、ファミリーには本当にプランニングが必要なのであろうか？　この点については、ファービュー・エレクトロニクス（Farview Electronics）の事例が、プランニングに対して疑問を抱く者たちに対する１つの回答になるだろう。同社は、香港に本拠を置き、低価格帯の電化製品を製造する企業であるが、1990年代半ばまでは、数十年間にわたって十分な利益をあげ、創業家一族に富をもたらしてきた。この頃には、ビジネスについてのプランニングは、ほとんどあるいはまったくといっていいほど行われておらず、それはファミリーについてのプランニングについても似たようなものであった。しかしながら、独りよがりの運営を続けていくと、やがて何らかの代償を払う結末になることは世の常である。

ファービュー・エレクトロニクスが売却される？

　1996年度末時点で、ファービュー・エレクトロニクスは、同社設立以降30年連続で黒字経営を続けていた[(2)]。同社の社訓はとてもわかりやすく「我々はすべての人々に安価な電化製品を提供する！」というものであった。ビジネス戦略も同じようにシンプルで、「問題が生じていないのならば、へたにかき回すな！」というものであった。この香港企業を所有し経営していたタン家のリーとチャーリーの兄弟は、経営上のあらゆる事柄を一任されていた。その結果、兄弟の行ってきたことは、新製品の投入や設備投資に、あまり資金を振り向けない代わりに、同兄弟をはじめ、同兄弟の姉妹2人に、高額の配当金を数年にわたって継続的に支払うというものであった。

　しかしながら、物事はいつまでも同じように続くとは限らない。それはリーとチャーリーの兄弟についても例外ではなかった。2001年6月、ファービュー・エレクトロニクスは、5年連続で赤字を計上し、またその前年度は過去最悪の業績を記録したのだ。1990年代を通して、多くの顧客が、より安価な製品を求めて中国のメーカー各社に関心を示すようになるにつれて、タン家の売り上げは縮小していった。さらに、競合メーカーが台湾国内の大手代理店を獲得したことも重なって、ファービュー・エレクトロニクスが有する既存の販路が脅かされることになった。

　同社会長である74歳のチャーリー・タンは、次のように述懐する。「この30年間、我が社は高収益企業であった。それゆえ、今日まで行ってきた経験に基づく経営のやり方に対して誰も疑問を差し挟まなかった。皆が、我々創業家一族が行う経営を信頼していたのだ」。

　チャーリー・タンは、さらに続けて言う。

　　問題は、3年前、私の兄が亡くなった後に事業を分割して、兄の2人

第1部
なぜグローバル・ビジネス・ファミリーにとってプランニングが必要なのか

の息子がオーナーシップを承継したときに始まった。市場の変化を把握していた甥たちは、ヒューレット・パッカードやＩＢＭといった製造元に対して、利益率の高い部品を納品できるように生産を開始した。かつては、1つの工場でこうした部品を製造するだけでよかったが、現在では取引先の多くが、個別の構成部品だけを製造する企業よりもある程度部品を組み立てることができる電子組立部品を製造する企業から購入するように変わり、発注先の企業を絞り込むようになっている。取引先からの部品の組み立て納品の要望に応えるためには、我々も複数の工場ラインを稼動せざるを得なくなってきている。

タンは、甥たち、さらには家族のやることを黙って2年以上見てきた。2002年初頭、チャーリー・タンは、米インテルの取締役であった33歳になる息子を説得し、香港に呼び戻し、ＣＥＯに抜擢し後を継がせた。33歳の若いタンが最初に実行したことは、コストと人員の削減であった。年央時点で178名いた従業員は、同年末までに125人にまで削減し、その後でゆっくりと150人にまで戻された。こうした人件費の絞り込みなどを通じて、年度が終わる2003年6月には、ファービュー・エレクトロニクスは、かろうじて利益が出せる状態にまで回復していた。

チャーリー・タンは以下のように述べている。

黒字に回復させることができたのはコスト削減の結果であった。この期間に売上高は28％下がったが、これは、低収益の事業から撤退することを決めた時点で想定されていたことであった。息子は、諸経費にひそむ膨大な額の無駄なコストを削減していったが、その対象には、私の姉妹の義理の息子2人に支払われる取締役報酬も含まれていたために、私の姉妹を激怒させることになった。また、キャッシュ・フローの改善のためには、ファミリーに対する配当金の削減も避けて通ることはできなかった。残念なことではあるのだが、他のファミリー・メンバーたちは、なぜ自分たちが会社から受け取ることができる配当金が減っていくのか理解できなかった。

上記の一連の出来事は、ファミリーの対立の序章に過ぎなかった。最近になってタンは、経営の行き詰った企業の買収を行っている香港を拠点とするプライベート・エクイティ・ファンドからの買収提案を真剣に検討していることを公表した。この申し出を受け入れた場合、タンが設立したファービューエレクロニクスは、別の製造会社に吸収合併され、ファミリーのオーナーシップと役職は一掃されることになる。現ＣＥＯであるタンの息子と、16年間ファービュー・エレクトロニクスに勤務してきた財務担当副主任である彼の姉（妹）は、現在のところ売却に反対しているのだが、彼らは議決権を有しているわけではない。

　タン家の事例は、あらゆる問題の解決にとって、ファミリーやビジネスについて、熟慮を重ねたうえで、なおかつ包括的な内容のプランニングが必要であることを物語っている。会社とは、成長や事業採算についての見通しを立てることが難しい競争の激しい市場において、成熟していく組織である。ファミリー企業は、各世代や一族の期待に応えられるように尽力するものである。事例のように、創業者の死、オーナーシップは有するが事業には一切関与していない姉妹たちの役割、姉妹の義理の息子らの解職、これらの問題を一時期にすべて同時に解決しなくてはいけない場面も出てくる。こうした問題の１つひとつが、ビジネスまたはファミリーの関係を損なうおそれがあるものであるだけでなく、さらにこれらの問題が一度に組み合わさった形で解決しなくてはいけなくなった衝撃は、ビジネスとファミリー双方の終焉を招きかねないほどのものになりかねない。ファービュー・エレクトロニクスにとっては今となっては遅きに失した感を否めないが、仮に、ビジネスとファミリーについての並行的プランニングを早い時点で取り組んでいたのならば、このファミリーを救えたかもしれない。もし彼らが何らかの行動を取っていたら、とりわけプランニングを行っていたら、しかも早い時点において、事態は違っていたかもしれない。

　並行的プランニングは、ファミリーの価値観に加えて、その価値観に

[図1.1] 並行的プランニングの5つのステップ

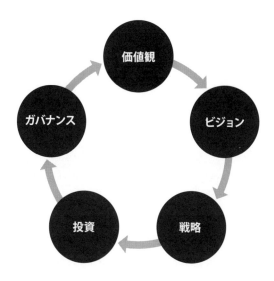

よって導かれるビジョン、戦略、投資、およびガバナンス、以上の5つのステップ(もしくはプロセス)で構成される(図1.1参照)。これら5つのステップはいずれも並行的プランニングにとって不可欠のものである。

　これら5つのステップを経ることで、メンバー各人の目標が明確にされて、それらが1つに集約されていき、さらには、ファミリー・メンバーのビジネスに対するコミットメントと、価値を生み出すビジネスの潜在能力とが望ましいかたちで結び付けられる。換言すると、メンバー間の円滑なコミュニケーションが図られて各人の意見が共有されると、ファミリービジネスが有する財務的資本や人的資本が、その共有されたビジョンの実現に沿うようなかたちで投入されるようになり、ひいてはファミリーとビジネスの2つのシステム間の強固な関係が構築されるようになるのである。そのために、ファミリーとビジネスのそれぞれにつ

いて踏むべき5つのステップが存在するということである。並行的プランニングの詳しい内容については次章で取り上げることとし、その具体的な応用については、本書全体で検討することにする。

ファミリービジネスの課題

（精神分析学者の）ジークムント・フロイト（Sigmund Freud）は、家族の絆の強さと労使関係は、愛することと働くこと（lieben und arbeiten）の間の相克によって生み出されると述べた。フロイトは、愛情と労働は人生における自尊心と喜びの源であり、両者のバランスが保たれている場合に限り、我々は満足を得られるとした[3]。ファミリービジネスは、フロイトが人生において最も重要であると説いた「愛情と労働」の両方を提供してくれるものであり、この愛情と労働のうち、一方が欠けると、他方にも影響が及ぶことになる。そしてその代償は非常に高いものとなる。

　ファミリーとビジネスとは本来、まったく異質のものである。両者は、意思決定のあり方やコミュニケーションにおいて、それぞれに違ったかたちを必要とする。一般的に、ビジネスの様式は、ある程度標準化されており理解しやすいが、一方、ファミリーの仕組みやその運営については、各ファミリーに固有のものがあり、各人の行動の意図等も明確にされない場合が多い。このように、ファミリーのシステムには容易には窺い知ることのできない部分も多いが、その一方で、各メンバーの拠り所となる確固としたものでもあり、ビジネスシステムの側に影響を及ぼす場合もあり、その結果あらゆる問題の根源ともなり得るものだともいえる。ファミリーの中のメンバーからすれば、出生とともにファミリーの一員になったように、ファミリービジネスにおいても必然的に雇用される権利が与えられていると感じるものである。こうしたファミリー・メンバーは、自らの権利のみを主張するのではなく、ビジネス上のニーズ

を理解し、ファミリーとビジネス全体の成功といったより巨視的な視点で物事を考える姿勢を身につけなくてはいけない。並行的プランニングを行えば、各ファミリー・メンバーはファミリーの価値観やビジョンというものに意識を向けるようになり、それと同時に、ビジネスとの関係を考慮したうえで必要な判断を下せるようになるという利点がある。

　ファミリーとビジネスのニーズには本質的に緊張関係が存在する。プライスウォーターハウスクーパース（PricewaterhouseCoopers）が2008年に行った調査によると、3分の1を超えるファミリービジネスが、将来のビジネス戦略を検討した際に、緊張状態を経験したことがあるとしている。同調査によれば、ファミリーとビジネスのニーズをめぐって、そのどちらを優先すべきかで緊張状態が生じたとのことである。具体的な緊張状態が生じたときをあげると、業績評価（報酬）、雇用、再投資、配当等に関する決定をしなくてはいけないときなどがあげられている[4]。通常、どこの親でも自分の子は有能であると感じているし、家族は子どもをサポートするものだと考えていることから、ファミリービジネスにおいて子ども世代への仕事の与え方は、常に潜在的に問題となっている。この際の親はシンプルな考えに沿って、ファミリービジネスは人材を必要としており、その子どもたちは仕事を必要としている、と考えている。

　しかしながらこうした考えは、仕事を期待しているファミリー・メンバーに、ビジネスに必要なスキルが欠けていることになると成立しないことになってしまう。こうした事態は、ファミリーがメンバーの雇用をめぐって適切にプランニングを行っていないとき、あるいは、採用において公平性が欠如しているときには起こり得る。以上、見てきたような事態が生ずると、いずれの場合であっても、ビジネスとファミリーの関係において、緊張や摩擦が生じることになるだろう。しかしながら、このような場面に遭遇したときに、明確なファミリー協定（family agreement）があれば、各メンバーはビジネスに求められる要件を正しく認識することができるはずであり、各人が協定に則って公正に扱われていることを実感することができ、さらにはビジネスが縁故ではなく

真に能力ある人材を欲しているということについても認識できるだろう。

　ファミリーが最初に行うべきことは、自らの価値観、それから将来のビジョンについて、ファミリーの間で意見をすり合わせて明確にしておくことである。次章で述べるように、ファミリーの価値観は、そのファミリーのビジョンを形作ることとなり、そのビジョンが事業の将来像、つまりは事業戦略となっていくのである。たとえば、あるファミリーが、大きな成長を目指すものではなく比較的広がりを欠いたもので、ファミリー企業経営から脱却しないまま、一地方もしくは一地域の市場で競争するに留まるというビジョンを持っているのであれば、ファミリー・メンバーをその企業に雇い入れることは問題ないだろう。このような場合のファミリー・メンバーの雇い入れの基準は、主としてビジネスに対する関心の強さ、忠誠心、奉仕であり、取締役についてもその大部分をファミリー・メンバーが占めることになるであろう。

　一方で、ファミリーが掲げるビジョンが、成長重視、あるいは世界的なリーディングカンパニーになることであるならば、同ファミリーは、より緻密なビジネス戦略を練り上げ、それを実行できるスキルを有した専門的な経営陣を雇い入れて、組織化することを考えなくてはいけない。このようなファミリー企業では、その重要な地位を占めるに相応しいと思われるファミリー・メンバーに加えて、ファミリー出身以外の者で構成される、高度に専門的能力を持った経営陣を組織する必要がある。以上2つの事例を見て明らかなように、並行的プランニングは、まずはファミリーの価値観を明確にすることから始まり、ファミリーとビジネスの両者の各ニーズを調整するために、各メンバーの意見を集約させるという動きになっていく。こうしたプロセスを経ることで、ファミリーとビジネスの両者が最高のパフォーマンスを得ることが可能となるのである。

　もちろん、ファミリーのニーズとビジネスのニーズは常に対立する関係にあるわけではない。実際のところ、本書では、ファミリービジネスが最も成功するのはファミリーとビジネス双方のニーズの連携が取れて

第 1 部
なぜグローバル・ビジネス・ファミリーにとってプランニングが必要なのか

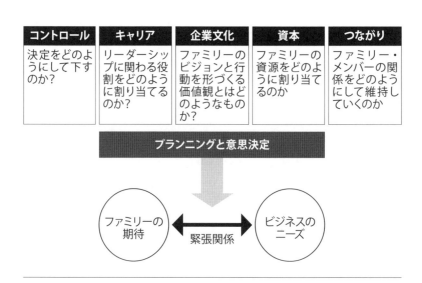

[図 1.2] ビジネスのニーズとファミリーの期待のバランスをとるうえで、プランニングとガバナンスにおいて求められる一般的な 5 つの C の各要因

いる必要があるということを前提としている。それにもかかわらず、この後で説明するように、ファミリー内部の者にしか通用しない目標に基づいて決定を下し、それがビジネスを苦しめる原因ともなっているファミリー企業の事例は数多く見られる。こうした多くの事例から、ファミリーとビジネス双方のニーズは、次に挙げる 5 つの C において適切なバランスがとられていなければならないことがわかった。その 5 つの C とは、「コントロール」（Control）、「資本」（Capital）、「キャリア」（Career）、「つながり」（Connection）、および「企業文化」（Culture）である（図1.2参照）。ビジネス・ファミリーは、これらのきわめて重要な事項についてメンバー間の意思疎通を図り、プランを立てる必要がある。

　タン家の事例をもう一度考えてみよう。同ファミリーは、先に見た 5 つの C すべてにおいて問題に直面していた。事業は苦境にあったが、その一方で、いったい誰がファミリービジネスの支配権を有していたのか明確ではなかった。父親世代のタン、ＣＥＯを務める息子、あるいは父

親から譲り受けた工場を経営していた2人の甥たちの間で、権限や責任があいまいであった。資本においては、配当がビジネスの財源を圧迫し、重大な問題となっていた。キャリアも深刻な問題となっていた。義理の息子たちが解雇されたことに加えて、会社の売却によって次世代すべての者が仕事を続けられないかもしれない状態となっていた。ファミリー・メンバー同士の関係は、各世代間、従兄弟間、さらには老父親のタンの家族内においてさえも緊張していた。これらの以上のことにも増して、ファミリーの文化を醸成するという最後の課題が、もしかしたらタン家が抱えるすべての問題の根源となっていたのかもしれない。タン家の中では、ファミリーの文化や価値観について、ファミリーが考慮しておくべき事項に含まれるとの認識が欠けていたのかもしれない。タン家はビジネスに何を求め、どのようにしたかったのだろうか？　タン家にとってファミリービジネスとは単に経済的利益を追い求める実体、あるいはファミリーの雇用創出の場にすぎなかったのであろうか？　それともタン家の伝統や遺産を体現するものであったのか？

　仮にファミリーが適切なプランニングを行っていたとしても、依然として、先に見たような問題から逃れられることはないだろう。事業が成熟していき、オーナーも壮年期を迎え、さらには兄たちがこの世を去ったり、各ファミリー・メンバーが配当を要求したり、次世代の者たちがファミリービジネスでの地位を要求したりと、悩みの種は尽きることはないだろう。しかしながら、プランニングがまったく行われていなかったり、ファミリーとビジネスの望ましい共存関係に向けての努力が一切払われていないのであれば、これらの問題はどれ1つをとっても、ビジネスまたはファミリーにとっては致命的な問題になりかねない。その一方で、メンバーが協力してプランニングを行っているファミリーの場合、お互いに争い合うのではなく、各メンバー個人の利害を調整し団結して困難な問題に取り組む素地がすでに出来上がっていることになる。ファミリーに、今後のシナリオや選択肢について真剣に検討するように促すこと、さらには戦略、投資、ガバナンスを包含したビジネス・ビジョン

の共有を推し進めるべく協働するように促すこと、こうしたことができることこそプランニングの大きな利点である。

　我々は、ビジネス・ファミリーにとっては、「コントロール」「キャリア」「企業文化」「資本」、メンバー同士の「つながり」という5つの基本的な事項に関連して、起こり得る問題をあらかじめ認識しておくことは有益であると考えている。重要なことは、ファミリーとビジネスが、これら5つの事項を基に、ファミリーとビジネス双方のシステムの意思決定と行動様式を調整するプランニングをきちんと行っておくことである。実際のところ、ファミリーとビジネスの双方の期待やニーズを完璧なかたちで調和させることは不可能ではあるかもしれないが、少なくとも両者が補完的な関係を維持できるようにすることは可能である。

●コントロール（Control）

　いかに決定を下すかという問題は重要であり、特にビジネスが成長するにしたがって、避けては通ることのできない問題となっていくものである。ファミリー・メンバーは、ファミリーとビジネスという2つのシステムの中で、各々違った役割を担うことから、ファミリービジネスにおける意思決定はより一層複雑なものとならざるをえない。子どもが幼く、成長途上であるときには、親が上位の地位を占め、重要な意思決定を行う。やがて子どもたちが成長し成人となるにしたがって、次第に彼らも意思決定の一翼を担うようになるが、この時にはファミリーの頂点にはなおも親の世代が君臨している。若い世代がビジネスにおいてマネジメントの役割（たとえばＣＥＯや重役など）を担いつつも、依然として親たちの「下位」に位置づけられる場合、往々にして緊張関係が生まれることがある。しかしながら、こうした場合であっても、バランスをうまくとることはできる。卸・流通業を営むアメリカのファミリービジネス、メリティクス（Meritex）のＣＥＯ、パディ・マクニーリー（Paddy McNeely）は、意思決定の際の父の役割について、次のように語っている。「父はいつも物静かだ。しかし、我々は、父と、父が我々に与えてくれるものについて敬意を払うようにしている。父はファミリーにお

いて影響力を持っているが、その影響力を無駄に使ったりはしない。父の発言は他の者より公平で、正しいと言える」。

●キャリア（Career）

フロイトの言葉を借りると、「働くことと愛すること」は、有意義な人生にとって、重要な要素である。通常、キャリアの選択は、個々人の判断に委ねられるべきものである。しかしながら、創業間もないファミリービジネスのメンバーであれば、経歴や資格等を問わず、同ファミリービジネスの下で働くことが多い。やがてビジネスが成長し、専門化し、さらにはビジネスに興味を示すファミリー・メンバーの数が拡大するにつれて、個々人の有する資格や業績等が雇い入れの基準となる。中東で最大のコンサルティングなどの専門サービス事業を運営するタラル・アブ・ガザレー・オーガニゼイション（Talal Abu-Ghazaleh Organization）の副会長、ルアイ・アブ・ガザレー（Luay Abu-Ghazaleh）は、同氏のファミリービジネスにおいてキャリアにかかわる問題がどのように扱われているかについて、次のように語っている。

> 創業家の者として、次世代のファミリー・メンバーは全員、同ファミリービジネスに参加する資格を持っている。しかしながら、雇い入れの際には、次のような基準が設定されている。彼らは、大学で関連する教育を受けている必要があり、さらに各人のスキルと経験に合致した最適のポジションに就くには、最低2年間は外部の企業で働いている経験が必要である。こうした過程を順調に経ることで、はじめてファミリービジネスの組織において昇進を重ねていくことが可能となる。

●文化（Culture）

すべてのファミリーは、一連の価値観、あるいは「相応しい物事の処理のあり方というものを、ファミリー企業としてどのように考えるか」という、ある種の感覚のようなものを持っている。感覚とは言うものの、これらはきちんと定義され、明確にされている。多かれ少なかれ、これ

らの価値観が、ファミリービジネスの文化を形作っている。これらの価値観はビジネスの成功に強い影響力を持ち、たとえば起業家精神や誠実さといった健全な価値観は、多くの成功したファミリービジネスのバックボーンとなっている。逆に、秘密主義、信頼を否定するといった不毛な価値観は、負の影響力を持ちがちである。ファミリーは、自らの価値観、ひいてはその価値観がビジネスの業績に与える影響について、認識しておく必要がある。個人経営の建設／開発会社としては英国内最大手の一指に数えられるウェイツ・グループ（Wates Group）の4代目オーナーであり、同創業家の家長でもあるティム・ウェイツ（Tim Wates）は、同社の考え方について次のように語っている。「我々のファミリー企業の価値観は、はっきりと示されている。それらは、結束、進取の精神、持続性、誠実さ、そしてリーダーシップである。これらの価値観は、いささか剛勇な感も否めないが、我々にとっては有効であった」。

● 資本（Capital）

ファミリービジネスの投資には2つの側面がある。財務的資本への投資と人的資本への投資である。我々は、ファミリーの人的資本への投資について、本書を通じて詳しく検討する。ビジネスの成功によってもたらされた利益をどう使うのかについての意思決定は、すべてのファミリービジネスにおいて非常に重要な問題となる。すなわち、配当もしくは事業への再投資に、利益をそれぞれいくら割り当てるかは非常に重大な問題である。さらに、ビジネスの業績について、経営陣の貢献に対する報酬をどうするのかという別の問題もある。端的に言うと、それらはファミリーのニーズを優先すべきか、ビジネスのニーズを優先すべきかとの葛藤であると言い換えることもできる。もちろん、成功によってもたらされた利益の多くの部分を将来のさらなる成長のために再投資に向けようという強い決意を持っているファミリービジネスほど成功につながっているという話しもある。

会社内での株所有をどう割り振るか、誰がオーナーになるか、オーナーが持ち株を売却したいとき、どのように現金を手当てして株を買い戻す

かなど、深刻な問題はある。サウジアラビアの大手輸送グループの会長兼ＣＥＯのモハメド・アブドゥルジャワード（Mohammed Abduljawad）は、この点に関して次のように述べている。

> 我々ファミリーがオーナーシップに関して講じておくべき重要な措置の１つは、持ち株の売却を望むオーナーの出口戦略を明確にしておくことである。ファミリー・メンバーの退陣の道筋が明確にされている場合、関係者を同ファミリー企業に留まるように促すことができる。我々の目的は、オーナーシップの問題が、ビジネスの妨げとならないことを保証することである。

● つながり（Connection）

ファミリービジネスのメンバーの多くは、強固で永続的な家族的関係の維持を望んでいる。ファミリービジネスの発展における初期段階では、通常、創業者がファミリーにおいて中心的な役割を担うものである。家族関係はビジネスを軸にして形成される場合が多く、ファミリー・メンバーはお互いに、創業者およびビジネスを通じて関係が築かれる。この強固で永続的な関係は、ファミリーに特別な感覚を植え付け、ファミリーを繋ぎ止めるいわば接着剤の役割を果たしてくれる。ＧＡＰインターナショナル（GAP International）の前社長であり、現在では取締役会のメンバーを務めるビル・フィッシャー（Bill Fisher）は、ファミリーとビジネスの共生関係を持続させる際に生じ得る課題を的確に捉えたうえで、次のように話している。「企業が成長を続けること、それは常に家族の食卓の話題となってきた。しかしながら、次世代は、我々がこれまで歩んできたのと同じ生き方をするわけではない。つまり、私に求められている役割は、あくまで子どもたちにとっての語り手に徹することだということである」。ファミリーとビジネスが成長し成熟していくにつれ、ビジネスよりもむしろ、家族を繋ぎ止めるいわば接着剤の役割を果たすファミリーの活動について、それをどのように計画し、また構築するかを模索することが大事なことだろう。

第1部
なぜグローバル・ビジネス・ファミリーにとってプランニングが必要なのか

ファミリーの目的とビジネスの目的の不一致

　株式公開企業においては、利益の拡大、または株価上昇に伴う株主利益の増大など、財務実績の向上が最重要課題とされる。ファミリービジネスも良好な財務実績を上げたいと考えてはいるが、その一方で、ファミリーがその業績を測る尺度としているものには、財務実績以外にもさまざまなものがある。その中には、社会的責任をより重視したものも含まれる。具体的な例としては、解雇（レイオフ）を認めないとする雇用の保障などが挙げられる。ポルトガルの食品流通会社、ジェロニモ・マーティンス（Jeronimo Martins）は、「従業員の解雇は、給料、ボーナス、投資、および配当の削減を行った後、最後に選択されるべき手段とする」と明言している[5]。こうしたファミリー企業は、たとえ経済が苦境にあるなかでも、従業員の雇用を維持することを選択する。なぜならば、従業員を守ったり、純粋に金銭的な価値だけでは計りきれない地域社会に対する貢献に、価値を見出しているからである。

　明確な合意に基づいたビジネス上の目的や目標を掲げることは、ファミリーのエネルギーやコミットメントを結集させるために必要である。こうした目的が曖昧にされたり、集約されていないと、ファミリーとビジネスの双方にとって、摩擦や対立の火種となる事態につながりかねない。ファミリーの目的を無視してしまうと、どのような理由であろうとも、ファミリーはビジネスに対するコミットメントを弱めてしまうことになるだろう。ファミリー・メンバーの抱く願望やビジョンを考えずに、ビジネス上の目標ばかりを強調しているようなファミリービジネスでは、ファミリーのメンバー相互の関係が希薄になるだけでなく、ビジネスに関して、心理的に嫌悪するファミリー・メンバーを生み出してしまう場合が多い。これとは対照的に、ファミリー・メンバーの求めるものをビジネスの目標よりも優先させてしまうファミリービジネスは、ビジネス上の競争力を弱めかねないから、注意しなくてはいけない。

　いくつかのビジネス・ファミリーと共同で行った研究から、ビジネス・

[図1.3] ファミリービジネスの各目標の階層関係

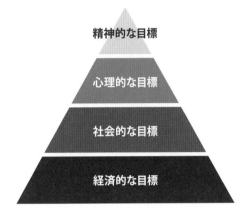

ファミリーにとって重要となる主な目標が4つ存在することがわかった（図1.3参照）。これらの目標は、各ファミリー企業の文化ごとにそれぞれ違ったかたちとなってあらわれるものの、たいていのビジネス関係の基礎となる単なる経済的な利益をこえて、ビジネス上の意義を見出そうと、一丸となって懸命に働こうとするファミリーの試みを示すものとなっている。

- 経済的な目標：富の創造および維持とは、ファミリーの富の増大と持続と同義であるとする。

- 社会的な目標：地域社会の象徴的な存在として責任を果すこと、ビジネス上の名声は多くのファミリーにとって大切なものである。ファミリーは、自らを地域社会、さらには経済界、あるいは国家の利益を代表する存在であると見なすかもしれない。こうしたファミリーは、総じて、自らの経済的な影響力や名声を使い、社会全体に

貢献することに重要な意義を見出している。

- 心理的な目標：ファミリービジネスが各個人の能力の開発や精神的安定に重きを置いていることは、各メンバーの能力開発や職業上の成功体験を享受する機会を創出する場として、ビジネスを遂行するというファミリーの意図を表している。

- 精神的な目標：ファミリー・メンバーはそれぞれ、個人としてもしくはファミリー集団全体としてのより深い存在意義を見出そうとしている。こうした目標は通常、宗教的なコミットメントか、あるいはビジネス上の取引関係や利害を持たない第三者に対する奉仕のかたちとなって現れる。

　財務的な目標と性格を異にするこれらの目標を、明確かつ体系立って評価することは困難である。財務上の利益を把握することは非常に容易だが、ファミリーの社会的な目標については、それをどのように設定し、また測定することができるであろうか？　あるいは、たとえファミリー・メンバー間で優先順位をめぐる明確な合意があったとしても、どのようにしてファミリーの社会的な目標と財務的な目標という相対立するものに、折り合いをつけるのか？　このように、ファミリーの対立は、どの目標を追い求めるべきかについてファミリー・メンバーの間で明確にされていないとき、あるいは、ファミリーのプランニングやガバナンスのプロセスの一部として、優先順位をめぐる相違の解決方法が議論されていないときに発生することとなる。

　時を経るにしたがい、創業家のメンバーの数が拡大するにつれて、各ファミリーが掲げる目標や、その各目標の相対的な重要性は必然的に変化してくる。創業者は主として事業の成長に注力し、同ファミリー企業を新たな成長の段階へと押し上げようとするものであるが、一方で、次世代のファミリー・メンバーは、自らのキャリア形成、会社の資本の使いやすさ、財産の保全を重視する。複数の世代からなるファミリーは、世代ごとの違いを超えたファミリー共通の多面的な価値観を確認し、ファミリーとビジネスの双方にとって戦略的な思考やプランニングを行

ううえでの土台となるビジョンについて、意見を集約しておかなくてはいけない。

ファミリーおよびビジネスのライフ・サイクル上の変遷

　人間そして人間が作り出す組織に関する議論において、ライフ・サイクル上の変遷は避けては通れない事柄である。ファミリー・メンバーの結びつきや交流のかたちについても、同様に各メンバーのライフ・サイクル上のイベントによって決定付けられることから、ファミリーの在り様は、各メンバーのライフ・サイクル上のイベントによる直接的な影響を受けることとなる[6]。子どもの成長、結婚、出産、離婚および死別は、ファミリーの構成に変化をもたらし、その都度、新たな関係の構築に向けての取り組みを必要とする。なかでも、次世代のファミリー・メンバーが大学を卒業し、ファミリー企業での就職を望むといったライフ・サイクル上のイベントが生じたときには、ファミリービジネスのシステムにおいて新たな難題を引き起こす場合が多い。たとえば、3人の兄弟姉妹が、数々の試練を経ていくなかで、徐々に信頼関係を築き、ビジネスを共同経営および所有してきた場合であっても、彼らの子の世代がビジネスに参加するようになった途端、突然危機にさらされることも考えられる。こうしたファミリーの移行期、あるいはこうした移行期を見越した上での話し合いが、ファミリー・メンバーによってなされていないと問題が生じる場合が多い。MBA修了後、他の企業で十分な経験を積んできた息子または娘は、ファミリービジネスに加わるにあたって、一人前の大人として扱われることを期待するものであるが、彼らの期待に反し、相応しい処遇がなされないのであれば、彼らはフラストレーションを感じ、さらに悪い事態となれば、ファミリー内部での敵意や衝突につながることもありえよう。

　人間の一生は、平均70～80年で、ある程度予測可能なサイクルをたどる場合が多い。このサイクルは出生に始まり、成長や発達を経て、やがて生産性の高い成人期初期～中年期を迎え、そして晩年期の安定した

第 1 部
なぜグローバル・ビジネス・ファミリーにとってプランニングが必要なのか

[図1.4] 人間のライフ・サイクルと生物学上の原理

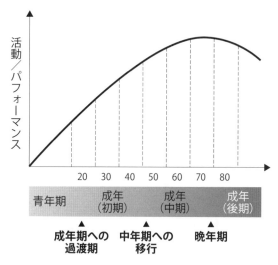

出典：Erikson, E.H. (1950) *Childhood and Society*. New York: W.W. Norton

時期へと進んでいく（図1.4参照）。ファミリービジネスにおいては、こうしたライフ・サイクル上のイベントは、マネジメントやオーナーシップの承継とも絡んで展開していく。ビジネスに関しては、経営者あるいはオーナーが35歳前後から60歳もしくは70歳に差し掛かるまでの成人期初期～中年期の間において、各メンバーに対して最も直接的な影響を与えることとなる[7]。

　ファミリービジネスに勤めているものとしては、中年期に差し掛かった頃に、これまでに自らが培ってきた経験、忍耐、そしてモチベーションを、ビジネスの創出、またはビジネスの活性化につなげたいとの思いをめぐらすようになる。遅かれ早かれ、新たな関心事、次世代を育成したいという思い、あるいは自らの健康状態の悪化が引き金となって、経営やオーナーシップの権限の移譲がもたらされるといえるだろう。中年期に差し掛かってくると、さらに、ファミリービジネスにおいてリーダーとしての地位を望む子、従兄弟、孫の代による下の世代からの突き上げ

も感じるようになる。承継は、ファミリーだけでなく、メンバー個々人のライフ・サイクル上でのイベントによって直接的な影響を受けることとなる。たとえば、会長や筆頭株主が死んだときには、ファミリーとビジネスの双方に大きな影響を与えることは明らかである。

　世代間でのオーナーシップおよび支配権の承継は、ファミリービジネスが直面するもっとも重大な問題の1つである。最近のエコノミスト誌（Economist）の記事は、ファミリービジネスが直面するさまざまな問題について考察を加えたうえで、次のように指摘している。

　　オーナーシップと経営の整合性は、支配権が次世代に移る際に脆弱なものとなり得る。ドイツの法律事務所、シュルツ＆ブラウン（Schultze & Braun）のヴォルカー・ベイッセンハーツ（Volker Beissenhirtz）は次のように語る。「権限を委譲される次世代の者たちは、時に横柄で、時にナイーブで、時に非常に優秀であったりと、実にさまざまな面を持ち合わせてはいるのだが、いずれにせよ彼らは決して本来の創業者ではない」[8]。

　ファミリービジネスは、人間のライフ・サイクルを考慮すると、不可避的に生じることになる承継上の問題に対処しながらも、この承継の問題以外にもビジネスに関連したさまざまなライフ・サイクル上の問題を処理しなければならない。ファミリービジネスは、ビジネスそのものについても成熟するにつれて、ライフ・サイクル上の問題に直面することになる。以下のライフ・サイクルの図（図1.5参照）は、メンバー同士の交流に加えて、ファミリービジネスが一般的に4段階で構成されるオーナーシップの諸形態、「オーナー経営者（Owner-Manager）」「兄弟パートナーシップ（Sibling Partnership）」「従兄弟連合（Cousin Collaboration）」「企業形態のファミリービジネス（Family Enterprise）」を順番にたどっていく際にビジネスのライフ・サイクルがどのように影響を与えるのかについて表している[9]。なお、上記の

50

第 1 部
なぜグローバル・ビジネス・ファミリーにとってプランニングが必要なのか

[図 1.5] 個人、ファミリー、ビジネスのライフ・サイクル上の変遷が、ファミリー・オーナーシップに与える影響

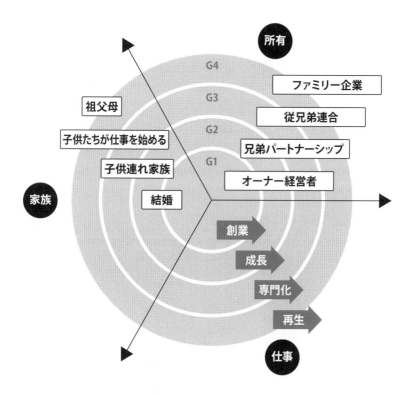

出 典：Sigelman, C.K. and Shaffer, D.R. (1991) *Life-Span Development*. Belmont, California: Brooks ／ Cole Publishing; Eggers, J.H., Leahy, K.T. and Churchill, N.C. (1978) *The Season of a Man's Life*. New York: Balantine Book; 'Stages of small business growth revisited: insights into growth path and leadership ／ management skills in low and high growth companies', in Bygrave, W.D, Birely, S., Churchill, N.C., Gatewood, E., Hoy, F., and Wetzel W.E. (eds) (1994) *Frontiers of Entrepreneurship Research*. Boston, Mass.: Babson College.

51

オーナーシップの諸形態の変遷はあくまでも一般的なものであり、仮に後継者がいない場合、もしくは株の買戻しがあった場合、各段階をスキップする、または前段階、たとえば「オーナー経営者」に戻ることも十分考えられる。

　こうした問題は、特定のファミリー企業に特有のものであるというよりはむしろ、ファミリーとビジネスの双方が成長し成熟していくなかで、その発生が想定できたはずの変遷に伴って生じるものと言える。それにもかかわらず、こうした問題の対応は、一貫性がなく、場当たり的にとられる場合が多い。その背景として考えられることとしては、おそらくは、将来の願望や展望について、各世代が異なる想定を抱いていることがあげられる。創業間もないファミリービジネスが、次の段階である「兄弟パートナーシップ」へと移行する際には、すでに「企業形態のファミリービジネス」の段階に入って成熟したファミリービジネスとは違った戦略と戦術が求められる。オーナーシップの諸形態を巡っての円滑な移行は、自動的に生じるものではなく、周到な戦略とガバナンスが要求されることも注意しなくてはいけない。

　ライフ・サイクル上の変遷がファミリービジネスにどのような影響を与えるかを認識しておくことは、貴重な洞察力を養うことに効果があり、ファミリービジネスのプランニングを行う際に大いに役立つものだといえる。ファミリービジネスの各メンバーの関係や役割に重複が見られるということは、従業員およびファミリーのライフ・サイクル上のイベントが、ビジネスに対して直接的な影響を及ぼすことを意味する。非ファミリービジネスの株式公開企業のCEOが引退する場合には、その後任に最も相応しい者を選任されるという具合に、承継はきわめて合理的なプロセスを経るものである。一方、ファミリービジネスにおいては、長兄をCEOの地位から退かせることは、とりわけ次の候補と目される後継者が若い親戚縁者であるという場合に、（たとえ当人に相応しい資格や能力がある場合であっても）ファミリーにとって合理的なプロセスであるとして受け入れられないものである。

　この時に、兄弟のライバル意識、各人の思惑、世代間や分家間での確

執、親子間での摩擦などが、すべて、何らかの影響を与えるものかもしれない。複数の世代から構成されるファミリービジネスにおいてその関係性を明確にするのは、他ならぬオーナーシップであることから、オーナーシップの承継は慎重に検討を要する事柄である。経営者の承継については常に円滑に行われるとは限らないが、少なくとも、その指針となる先行事例の蓄積とでもいうべきものがあるので、それを見ておく必要はあるだろう。

所有と経営の役割の分離

　ファミリービジネスは、オーナー経営者、パートナー、または夫婦によって開始される（図1.6参照）。「オーナー経営者」の段階では、1人の人間が経営と所有の役割を兼務することから、双方の役割の整合性が完全に図られる。たとえパートナーもしくは夫婦の形態をとるとしても、経営と所有の整合性は十分に図られることになる。この段階においては、何をおいてもまずは、ビジネスが生き延び、成長することが優先される。

　創業者の子どもたちがファミリービジネスに参加するようになると、オーナーシップの形態は次段階である「兄弟パートナーシップ」へ移行するが、この段階への移行は、ファミリービジネスに参加するメンバー数の増大とともに、事業の目的や展望にズレが生じる可能性が出てきたことを意味する。この段階では、複数の兄弟姉妹のうち、「オーナー経営者」を務める者がいる一方、単に株式を所有するだけの者（オーナー）に留まる者も存在することから、創業以来、初めてオーナーシップと経営の分離が生じることになる。兄弟姉妹の世代では、通常、事業の確立と会社経営の高度化に重点を置く傾向がある。こうして兄弟姉妹の世代によって提起された課題は、やがて彼らの子（従兄弟）に引き継がれていき、新たなプランニングとガバナンスが検討されるようになる。図1.6には、オーナー兼従業員（owner-employee）を表す黒塗りのマーク、現場の第一線からは退いているオーナーを表す灰色のマーク、オーナー

[図 1.6] ファミリーとビジネスのプランニングの各ステップ

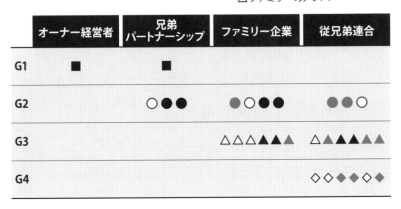

もしくは現場の第一線のいずれにも関わっていない者を表す白色のマーク、以上の三種類のマークが示されている。ファミリーの世代が3代、4代と進むにつれ、通常、オーナー兼従業員である者の割合は減っていくことがわかるだろう。

　ファミリーによっては、経営の高度化を図るため、またはファミリーの摩擦を避けるため、意図的にファミリー・メンバーをビジネスの雇用関係から除外しているところもある。コロンビアのファミリービジネスであるコロナ（Corona）のファミリー評議会（family council）の代表を務めた、トニー・エチェバリア（Tony Echavarria）は、同社がどのように運営されているかについて次のように語っている。

　　わが社では、職場体験的なもの、あるいは短期雇用を除き、ファミリー・
　メンバーがビジネスには一切関わらないことを方針としてきた。ファミリー
　は、ファミリーの方針を策定する場面に限り、会社、財団（Foundation）、

第 1 部
なぜグローバル・ビジネス・ファミリーにとってプランニングが必要なのか

ファミリー役員会（Family Boards）、もしくはファミリー総会（Family Assembly）の一員として参加することにしており、こうした方針は、第2世代以降も受け継がれている。創業当時のファミリー・メンバーはビジネスの第一線から退き、ビジネスの経営については高度に専門化された経営陣に委ねられることとなった。これまでに、こうした方針に対して異議を唱える者も第4世代の中に何人かいたものの、実際に変更が加えられることはなかった。

トニー・エチェバリア氏の2番目の従兄弟にあたり、コロナでは第4世代のファミリー・メンバーとして、同社の取締役会の一員を務め、同ファミリー財団の評議会議長も兼務している、ダニエル・エチェバリア（Daniel Echavarria）は、上記の方針を支持している。

> 私は、我々ファミリー・メンバーがビジネスへの関与を禁止されていることを受け入れている。すでに取り決められたことであり、今更変えるつもりもない。しかしながら、長期的な視点で考えた場合、ファミリーによる株式保有の割合が次第に減少していくにつれて、ファミリーのビジネスに対する知識やコミットメントが次第に失われていくリスクを抱え込んでしまっているとも言えるかもしれない。今後のことを考えると、我々は、この点について注意を払う必要があるのだろう。

「従兄弟連合」の段階では、創業者として、さらにはビジネスに関して、限られた経験しか持っていないファミリー・メンバーが多く加わるようになる。こうした従兄弟の親たちにもしファミリービジネスにかかわった経験がないのであれば、彼ら（従兄弟たち）の成長期に、ファミリービジネスが親子間での会話において大きな話題を占めることはなかったかもしれない。ビジネスが成長し成熟していくにつれて、高度に専門的な能力を有するリーダーが求められるようになるため、次世代のファミリー・メンバーは必然的にキャリア形成に必要な教育と訓練を受けることを求められるようになる。経営とオーナーシップの分離がより一層進

むにつれて、意思決定のあり方やメンバー間のコミュニケーションが、よりいっそう重要かつ困難なものとなっていくとみえるだろう。業績についての説明責任、戦略や投資をめぐる意思決定、ファミリーの参加といった問題は、以前であれば、雇用されていたファミリー・メンバーという小さなグループの間で担うべき責任にとどまっていたが、今ではファミリー間、また場合によっては非ファミリーの経営陣、取締役会、オーナーたち、もしくはより拡大したファミリーグループによって共有されることとなる。ファミリーの拡大は、意思決定のあり方が、場当たり的なものではなく形式化される必要があること、意思決定とガバナンスの関係が明確にされる必要があることを意味しているのだ。

オーナーシップの最終段階は、「企業形態のファミリービジネス」の段階である。これは、ファミリービジネスが株式上場を果たし、投資活動のためのファミリー・オフィス（Family Office）や慈善活動のためのファミリー財団（Family Foundation）を設けるなど、ファミリーが中核となる事業以外にも活動領域を広げていくにしたがって、プランニングおよびガバナンス構造において、転換が求められる段階となっている。アグリビジネスの分野で世界最大手であるカーギルは、複数の世代で構成されるファミリー企業の典型例とされる。同社では創業家出身者以外のＣＥＯがビジネスをリードし、創業家出身者はオーナー又は取締役員としてビジネスに参加するという立場にとどまることとなっている。同社のファミリー・オフィスであるウェイクロス（Waycrosse）は投資活動や、ファミリー・メンバーのサポートおよびキャリア開発を行い、また、カーギル財団（Cargill Foundation）は教育研究をサポートしている。オーナー・グループは投資家としてビジネスに影響を与えており、彼らが果たしているガバナンスの役割はビジネスおよびファミリーの活動について、ファミリーの影響力を維持し、経営陣の説明責任を確かなものにするうえで重要なものとなっている。

ファミリーがオーナーとして及ぼす影響力については、重要性の観点から、所有の役割が経営と比べてあまり重要視されてない場合が多いことから、見過ごされがちである。ただし、INSEADの名誉会長であり、

同校のインターナショナル・カウンシル（International Council）の会長であるクロード・ジャンセン（Claude Janssen）はこうした考えに疑問を持っている。

> 21世紀のファミリービジネスにとって最大の課題は、リーダーシップの承継であり、それはＣＥＯにおいてのみ語られるものではない。専心的なオーナーや取締役等も含めて、ファミリーの強いリーダーシップが無ければ、ファミリービジネスは消滅するだろう。こうした課題は、ファミリーを主要な利害関係者として扱う際には常に「永遠」の課題として我々の目の前にあらわれてきた。

会社の重役の役割は確かに重要であることに異論は無いのだが、会社のオーナーが何十年にもわたってその役職を務め続けるのに対して、典型的な経営陣や重役等がＣＥＯとして職務を果す期間は一般的に10年にも満たないであろう。オーナーは、取締役の選出や、ビジネスのビジョンおよび目標を表明することを通して、会社の戦略とマネジメントに正式に影響力を及ぼすことができる。また、次世代のオーナーを指名し、この者を育成することを通じて、正式では無いながらも実質的に影響力を及ぼすこともできる。後者のオーナーによる実質的な影響力については、何世代にもわたってファミリーのリーダーシップやビジネスの参加のあり方について方向性を定めている場合も多いようだ。

強いコミットメントのある ビジネス・ファミリーが有する競争上の優位性

ファミリービジネスの専門家の多くは、起業家精神が「ファミリー企業の存続にとっての必要条件」であると考えている[10]。創業間もないファミリービジネスにおいては、ファミリー・オーナーがこうした起業家精神にあふれる形での事業へのコミットメントは当然のことである。

ファミリービジネスを開始した企業家であれば、何よりも第一に、自らが立ち上げた事業を成功させたいとする気概を持っている。独創性にあふれる創業者の「グローバル規模での」コミットメント、ビジネス能力、資産は、新たな企業文化や事業戦略をかたち作る。しかしながら、すでに述べたとおり、ファミリーとビジネスの両者の対立、ライフ・サイクルをめぐる変化、経営と所有の分離は、時の経過に伴って、後に続く各世代のコミットメントを徐々に弱らせてしまう。ファミリー企業が成長し成熟するにつれ、かつては1人の専制的なオーナーによって独占されていた会社の所有権や経営権は、より多くのメンバーへと引き継がれて分散されていく。オーナーシップが、経験、価値観、ビジネスの理解度においてさまざまである複数の者に分散されていくにつれ、ビジネスを所有することにおいて一貫性やコミットメントが失われるという、ファミリー企業が抱えるリスクが存在する。より多くのファミリー・メンバーがファミリー企業に関わるようになることは、明瞭性、意見の一致、コンセンサスを図ることが困難となることを意味する。

　ファミリー企業が成功するためには、承継する世代ごとにコミットメントを再確認する機会を積極的にもつ必要があるだろう。こうしたコミットメントは、創業間もない頃のオーナーが有していたコミットメントとは形式的には違う部分はあるかもしれないが、企業を成長させて存続させるとする強い意志を示す点では同じものである。ファミリーが、財務的資本または人的資本双方に対する投資についてコミットメントを広く共有しない限りは、同ファミリーのオーナーシップはその影響力と焦点とを失ってしまうだろう。本書では、ファミリーが、自らのコミットメントとビジネスのニーズとを一致させる必要があることを論じている。ファミリー・メンバーが自らの期待やコミットメントをビジネスのニーズと一致させることは、並行的プランニングの核心に位置付けられ、ファミリービジネスにとっても欠くことのできない部分であると考えている。たとえば、あるファミリー企業が、市場での位置付けを強化できる重要な買収の機会を持っているとしたら、当該企業のファミリー・メンバーは、その買収行動を後押しするように、買収資金の調達のため、

第 1 部
なぜグローバル・ビジネス・ファミリーにとってプランニングが必要なのか

すすんで配当や多額の債務償還の要求を控えるようになるかも知れない。並行的プランニングにおいて、経営の主な目的は、企業の競争力を高めるとともに、株主等のファミリー・オーナーに利益をもたらすことである。一方では、会社を所有するファミリーは、その会社に対する自らのコミットメントを、時を追うごとに高めていくことに主眼を置くべきである。仮にファミリーが自らのコミットメントを維持することができないのであれば、所有する会社や事業を高値で売却することを検討するべきである。

ファミリー企業が複数の世代にわたって存続していくうえで、ファミリーのコミットメントは不可欠である。創業者が私財を投じることでそれを体現したのと同様、ビジネスの受託責任(stewardship)のコミットメントをもったファミリーが長く企業をコントロールするのは、事実である。創業者あるいは第2世代のオーナーやマネージャーの人生は、比較的シンプルである。彼らは、社会的にも、精神的にも、さらには経済的にも、彼らが所有し経営する企業に全身全霊を注いでいる。企業が彼らに対して金銭的にも心理的にも報酬をもたらすことから、彼らは専ら企業に対して心を傾けているのである。しかしながら、このことは、他のファミリー・メンバーには当てはまらないであろう。特に、後の世代においては、ファミリーとビジネスの結びつき、さらにはファミリー・メンバー間の結びつきは次第に希薄になっていくものである。こうした段階においては、ファミリーに対して、財務および人的投資に関わる戦略を積極的にプランニングに反映させることで、ファミリーは、ファミリー企業から先代のときとは違ったかたちの利益を得ることができるであろう。本書で紹介する並行的プランニングはこうしたことを意図して作られているのである。

換言すると、ファミリー企業が取り組むべきことは、いかにしてファミリーをビジネスにコミットさせるかということであり、さらには、承継によってオーナーシップとマネジメントの世代交代を機に生じやすい企業のパフォーマンスの弱体化をどう防ぐかということである。これはいずれも本書の重要なテーマである。さらに積極的に言えば、創業家が

オーナーを務める企業の競争上の優位性をいかに確立するのかという言葉で表すことができるだろう。その際、ファミリー内部で教育や円滑なコミュニケーションが行われていることは、重要な役割を果たすこととなる。上の世代の果たすべき役割としては、次世代に対して、ビジネス上の経験を積ませることで、将来のビジネス・リーダーやオーナーとなるには、いったいどのような能力やキャリアを積み上げていく必要があるのかを深く考えさせる機会を提供することがあげられる。次世代は、オーナーに求められる知識を把握しておく必要がある。たとえば、短期的な個人的利益（配当）と長期的なファミリービジネスの成功のトレードオフ関係をどう処理するかなどは重要な問題である。ファミリー企業にとって献身的な次世代のファミリー・オーナーは、同企業の今後の財務・戦略上の成功において必要不可欠な存在である。本書第5章において、この重要な論点をさらに詳しく扱っていく。

　ファミリー企業のオーナーシップの形態やコミットメントが世代を経るにしたがって進化していくように、各ファミリー・メンバーの起業家精神の本質も進化していかなければならない。これは重要なことではあるが、見過ごされがちである。ファミリービジネスは成長するにつれて次第に専門化していく。後に続く各世代は、自らのコミットメントや起業家精神に富む才能を、ファミリーやビジネスのビジョンを策定すること、あるいは受託責任を自らの手で引き受けるということに活かすだけではなく、ファミリー企業が有する資産や投資の管理、慈善事業、ガバナンス等のより幅広い領域を対象に考える必要があり、さらには、拡大したオーナー・グループをまとめあげることや、ファミリーの調和を維持すること、あるいはその人数においてファミリー・オーナーの数をはるかに上回る存在までになった一般的な株主の利益を保証することなどの新しい活動に振り向けなくてはならなくなっている。こうした活動のほとんどが、ビジネス主体としてファミリー企業の活動領域を狭い範囲で定義するものではなく、むしろ、ビジネス以外にも関心を向けたうえでファミリー企業の実像をとらえ再定義するものである。本書では、ファミリー企業が、ビジネス主体として行っている中核的な事業以外にも、

第1部
なぜグローバル・ビジネス・ファミリーにとってプランニングが必要なのか

ファミリー財団やファミリー・オフィスの設立など、同ファミリーに価値をもたらすものと思われる新たな活動に乗り出すことによって、各ファミリー・メンバーのコミットメントを望ましいかたちで引き上げることも可能であると考えている。

並行的プランニング・プロセスによる恩恵

ここまで見てきたように、ビジネス・ファミリーは、オーナーシップの存続において、重大な課題に直面することとなる。創業家によるオーナーシップの存続や、良好なビジネス業績の維持は、円滑なコミュニケーションやプランニング無くしては実現できず、ファミリーは、ファミリーとビジネス双方の今後の戦略について検討する体系的な枠組みを必要とする。しかしながら、プライスウォーターハウスクーパースの最近の研究によると、実際には、これが実行されていないことが報告されている。

（プライスウォーターハウスクーパースが行った調査において）回答者のうち半数が、後継者を自らの判断で選び、さらに、かなりの割合（44%）の回答者が、重要なポストについて承継プランを用意していないと答えている。これに加えて、こうしたファミリー企業が望ましい経営体制を整えるには数年を要する場合もあるため、これが将来の不確定要素を増大させ、企業の利益を脅かし、存在自体をも危うくしかねないのである。仮にオーナーがしっかりとした承継プランを用意することなく急逝した場合、多くの利害関係者に影響が及ぶことは間違いない[11]。

本レポートの中では、ビジネス・ファミリーがプランニングにもっと時間を割く必要があることが示されている。我々は、並行的プランニングを開発することで、コントロール、資本、キャリア、（メンバー間の）つながり、企業文化という、ファミリービジネスをめぐる5つの構造上の課題と、ファミリー・メンバーのコミットメントを長期にわたって持続させることの重要性を明確に認識したうえで、体系立ったプランニン

グのアプローチをファミリービジネスに提供することができるようになった。さらに、並行的プランニングは、ビジネスとファミリーの双方の調和を持続的に図るうえで不可欠な要素となる、ファミリー・メンバー、オーナー、経営陣間の良好なコミュニケーションを支える役割も果たすことができる。カナダを拠点に作業用手袋の製造／販売を行っているミダス・セーフティ（Midas Safety）の第２世代のファミリー出身の役員であるミハエル・カサーム（Mikhail Kassam）は、次のように語っている。

> あらゆるファミリーにとって、その規模が拡大し成長していくにつれて、メンバー同士が各々の役割やファミリーの望ましいあり方について再度話し合うことが必要不可欠であり、変化に対する対応をめぐって話し合いをする際に、コミュニケーションが果たす役割は重要である。まだ話し合われていない課題についても、洩れなく取り上げることができるように、ファミリー企業は、高いレベルのコミュニケーションに達する必要がある。ファミリー企業での女性の扱いをどうするのか？　我々には、望ましいリーダーシップ・スキルが備わっているのか？　次世代の者の扱いをどうするのか？　これらは未だ議論の俎上にのぼっていない課題であり、特にファミリービジネスにおいては、こうした課題について話し合っておかないと、今後ビジネスの命運を左右するほどの要素となり得る。

これまで見てきたように、ファミリーのコミットメントはビジネスの成功に不可欠である。成功している多くのファミリー企業において、オーナーであるファミリー・メンバーが、ビジネスに自らの能力、時間、金銭的資源を惜しみなくつぎ込みたいと考え、自らが所有する会社に競争上の強みを加味したいと考えている。並行的プランニングを通して、ファミリーには、自らが有する能力、関心、資本を、会社の持続的な成長に生かす具体的な方法が明確なかたちで示されることになる。逆に言えば、ビジネスに対するファミリーのコミットメントを維持できなくなると、

第 1 部
なぜグローバル・ビジネス・ファミリーにとってプランニングが必要なのか

ファミリービジネスにとって破滅的な結果を招きかねないことは言うまでもない。

それでは、オーナーとしてのファミリーのコミットメントとはどういうものか。簡潔に言ってしまえば、投資をする意欲があるのか、それとも、金銭的な資本に限らず人的な資本までも無にしてしまうかに集約される、と言ってもよいだろう。本書においては、オーナーとしてのファミリーのコミットメントは、利益やキャッシュ・フローをどうするのか、資本金をさらに積み上げるのに使うのか、それとも配当に回すのかといった意思決定を含めて、ファミリーによる再投資か、投資を止める比率という数値によって測ることができると考えている。投資に関しては、実際には、ビジネス戦略上の観点から、最終的に経営陣の判断に委ねられるものではあるが、投資をめぐってのオーナー・ファミリーの決定は、ファミリー全体のコミットメントをそのまま表したものであるとも言える。こうした意思決定の詳細については本書第4章で扱う。

程度の差こそあれ、ファミリーは往々にして、自らのビジネスに対するコミットメントや会社が有する価値創造の潜在能力を考慮することなく、ほぼ踏襲的に再投資を選択するものである。自らが属するファミリーが興したファミリービジネスを支えることは、メンバーとしての責務であり、分別ある行動であるように思われるが、残念なことに、こうした行動が常にファミリーに富と調和をもたらすとは限らないのである。ファミリーが責任あるオーナーとしての役割を果たせない、もしくはそれを望まない場合に、とりわけ上記のことが当てはまるといえる。それでは、ビジネス・ファミリーに不可欠である、オーナーとしてのコミットメントが備わっていない場合、いったいどのような結果が待ち受けているのだろうか？　バンクロフト家の例を見てみよう。

並行的プランニング・プロセスの欠如：
バンクロフト家の事例(12)

　それは、秘密主義を重んじるバンクロフト家（Bancroft Family）に対して、世界のメディア業界において最も影響力のある人物、ルパート・マードック（Rupert Murdoch）によって仕掛けられた、近年の企業の歴史上、最も興味深い買収劇の１つであった。バンクロフト家は、ダウ・ジョーンズ（Dow Jones）の創業者を祖とし、さらには、ウォール・ストリート・ジャーナル（Wall Street Journal）やバロンズ紙（Barrons）を発行しており、米国の経済情報の草分け的存在であった。同社に対し、マードックが、株式公開買い付けに向けて動いているとの情報は、やがてバンクロフト家の目に留まるところとなった。あるコメンテーターの言葉を借りると、バンクロフト家にとって、ウォール・ストリート・ジャーナルを売却することは、「自分を鞭打つような行為」であるという。バンクロフト家は当初、マードックの申し出を直ちに断ったが、やがてマードックと再度会うことに合意した。こうしたなか、同社の取締役兼管財人である、クリストファー・バンクロフト（Christopher Bancroft）は、重要なファミリー集会への参加を拒否することを決めた。同じく取締役のレスリー・ヒル（Leslie Hill）も、当初は、マードックと再度会うことに合意を示していたものの、その後180度姿勢を転じ、マードックからの電話を取ることを拒否した。さらに管財人を務めるファミリー・メンバーが、議決を前に職を辞した。最終的に、2007年７月、バンクロフト家はウォール・ストリート・ジャーナルを売却することに合意した。
　ダウ・ジョーンズの経営が脆弱であったことは疑いようが無かった。1990年代までは、ウォール・ストリート・ジャーナルは小さな新聞社にすぎなかった。時価総額はわずか32億ドルで、扱う分野も経済情報に特化していた。バンクロフト家はビジネスには干渉しない姿勢をとっており、過去30年にわたって、会社の経営をファミリー出身者以外の者に委ねてきた。同社にとって不幸であったのは、同社の経営を委ねら

第1部
なぜグローバル・ビジネス・ファミリーにとってプランニングが必要なのか

れた者が皆ジャーナリスト出身であり、ビジネス上の戦略を立てられるような者はいなかったことである。彼らのこうした経歴が災いして、同社は、他のファミリービジネスや起業家たちが次々にものにしていった経済情報市場における重要なチャンスを取り逃がしたのである。

　投資家にリアルタイムで経済情報を提供するブルームバーグ L.P.（Bloomberg L.P.）は、まさにウォール・ストリート・ジャーナルが紙面を通じて提供してきた経済情報市場について、ネットによる情報提供という新たな市場を創り出した好例である。一方、カナダを本拠とするトムソン家（Thomson family）は、自らの会社を一地方の新聞社から法律とビジネスを扱う世界的規模の出版社として再編した。トムソン家は近年、ロイター（Reuters）を買収したが、同社は現在、世界有数のニュース配信会社の１つに数えられる。英国に本拠を置き、ウォール・ストリート・ジャーナルの競合相手として、長年にわたりファイナンシャル・タイムズ（FT: Financial Times）を発行しているピアソン（Pearson Publishing）も、世界的企業にまで成長し、世界各国においてＦＴを主要紙に育て上げている。

　ダウ・ジョーンズはファミリー企業として100年以上もの間存続してきたが、変化を続ける市場には対応できず、ダウ・ジョーンズ本来の価値を生かしきれていたとは言い難い。問題の根源は、ダウ・ジョーンズに対するバンクロフト家の関与のあり方であった。ダウ・ジョーンズでは近年、バンクロフト家出身者が経営役員を務めていない。同社の経営陣は、当時バンクロフト家の第３世代にあたるメンバーとしては唯一存命であり、同社の筆頭株主であったジェーン・Ｂ・クック（Jane B. Cook）による無条件かつ概ね疑念を差し挟まれることのない全面的な支援を享受することができた。「当社は、ジャーナリスト出身の経営陣によって常に成功裏に運営されてきた」。彼女はそう語る。「彼ら経営陣は、ダウ・ジョーンズにとって、とてつもなく大きな財産であったと感じる」。バンクロフト家出身メンバーが取締役会に参加している間、彼らは、経営陣の決定につき、ただ単に承認の印を押すだけの存在にすぎないと見られていた。

バンクロフト家は、ダウ・ジョーンズに対して人的な貢献をほとんど行わなかっただけでなく、財務的な貢献もほとんど行わなかった。ダウ・ジョーンズは、何十年にわたり、多額の配当をバンクロフト家にもたらしてきたことから、同家にとって価値のある存在であった。実際のところ、配当金の額が企業の利益を上回っていた時期もあった。ダウ・ジョーンズがニューズ・コーポレーション（News Corp.）に売却される直前には、バンクロフト家はダウ・ジョーンズから以前の倍に相当する額の配当金を受け取っていた。こうしたダウ・ジョーンズによる内部資金の流出につながる行為は、疑いようもなく同社の競争力を蝕むものとなった。

　バンクロフト家がファミリービジネスについて話し合うために集まることはほとんど無かった。彼らの集会は、管財人1名によって執り行われる場合が多かった。さらに、バンクロフト家は概ね、会社の経営については何ら干渉しない態度を取り続けていた。バンクロフト家のメンバーとして、ダウ・ジョーンズの運営に疑問を差し挟むことや批判をすることは、不忠の行為とみなされた。1990年代にファミリーの一員となったクロフォード・ヒル（Crawford Hill）は語る。

　　経営、戦略、オーナーとしてのファミリーの役割に関して、重大な問
　　題を提起しようとする行為は、経営陣を強力にサポートしようとするバ
　　ンクロフト家の姿勢に背く行為であり、さらに取締役として参加しているファ
　　ミリーの役割につき疑問を差し挟むことは、反乱分子としての烙印を押
　　されることを意味していた。

　売却時、バンクロフト家の世代間の亀裂ははっきりと現れていた。若いバンクロフト家のメンバーたちは、ビジネスを積極的に支えるか、もしくは、ビジネスを売却するか、そのいずれかの必要性に気づいており、さらに、戦略を立て直して、財務情報といった新たな市場に資金を重点的に投入することの必要性を認識していた。年長のファミリー・メンバーは、自らに課された使命やコミットメントを、企業の存続や競争力を確

保することや資金や人材を投入することよりも、むしろジャーナリズムの固有の高潔さを守ることであると捉えていた。投資とオーナーシップをめぐるファミリー間の合意が欠如していた結果、ダウ・ジョーンズは10年前より安値で、当時、同社のジャーナリズム的慣行や商業的慣行を快く思っていなかった競合先のファミリー企業に売却された。

　ダウ・ジョーンズ売却直前の数日間、クロフォード・ヒルは家族に宛てて、今回の問題の発端を次のように伝えている。「我々、バンクロフト家には、ファミリービジネスに対する責任を積極的に引き受け、情熱的な、あるいは活動的なオーナーが必要とされているにもかかわらず、そうしたオーナーの育成のために何をするかということや、いかにして価値ある遺産を後の世代に引き継いでいくかということに関して、代々、認識が欠けている」。彼は次のように続ける。バンクロフト家とダウ・ジョーンズの関係は、「まったく当然のものとして受け止められていた」。責任あるオーナーシップというものに対する認識の問題が、すべての問題の発端となっていた。

　　創業家とファミリー企業の関係は、まったく当然のものであるとして受けとめられるものではない。創業家とファミリー企業の関係は、創業家がビジネスに積極的に働きかけることで、それを通じてファミリー・メンバーが育てられ、教育され、能力や資質を試され、そしてこうしたプロセスを経て築かれていくものである。こうしたことは、バンクロフト家には起こらなかった……ファミリービジネスに対する責任を積極的に引き受けるファミリーオーナーが生まれる素地はなかった。そして、さらに重要なことに、ファミリー・メンバーが取締役としてビジネスに参加するということは、どういうことを意味しているのかについて、創業家や分家を貫く共通の認識が存在しなかった。

バンクロフト家の事例は、失敗した例として取りあげた。バンクロフト家は、オーナーとしての立場から支配権を行使することで、ダウ・ジョーンズのビジネス戦略と実績に重大な影響力を及ぼすこともできたはずである。しかしながら、実際には、オーナーとして会社を統治する役割を果すどころか、彼らはその責任を放棄した。これは、同ファミリービジネスが第3世代に入り、事業計画案の策定を怠り、創業家がビジネスへの関与を避けるようになってから、顕在化してきた。バンクロフト家がダウ・ジョーンズをルパート・マードックに売却した後、ファミリー・メンバーの1人がこう語っている。「もし物事が違うかたちで進んでいたら、我々は今日35億ドルでも50億ドルでもない500億ドルの価値のある会社を所有していたかもしれない」[13]。

ファミリービジネス
最良の法則

創業家は、ファミリービジネスを成長かつ存続させるために、ファミリー計画およびビジネス戦略を策定しなければならない。

適切なプランニングを行うことで、事業資金や人的資本といったビジネスのニーズと、配当やキャリア形成といったファミリーの期待の双方の緊張関係のバランスを取ることができる。

ファミリービジネスのリーダーは、ライフ・サイクルにおいて想定され得るイベントを念頭に入れたうえで、承継に関わるプランをあらかじめ策定しておかなければならない。

ビジネスに対する創業家のコミットメントの構築や維持は、ファミリービジネスが競争上の優位を獲得するうえで欠かせない。

2 ファミリー計画と事業計画の策定を同時進行させる

　いかなる組織も、生き残るため、成長するため、さらには存続するために、事業計画を作成する。企業は、競合企業、販売先、仕入先、あるいは納税、銀行取引、場合によってはジョイント・ベンチャーの設立、または買収等により、事業計画を実行に移していくことになる。企業は、競争に対しては受動的に市場や環境の変化に対しては能動的に、あるいは競争市場の今後の動向を想定したうえで戦略的にプランを立てていかなくてはいけない。すべての企業が何らかのかたちでプランニングを行っている。それは正式な文書のかたちで実行される場合もあれば、あるいは、正式な文書のかたちをとることなく日常の業務のなかでその都度対処的に行われることもある。プランニングは、ビジネスの成功を支える重要なものとして認識されている。

　ビジネス計画策定の必要性を迫る外的圧力が、必ずしもファミリー計画の策定を促すものになるとは限らない。創業者たちはビジネスに心血を注ぐ一方で、ファミリーについて計画的な取り組みが必要であるとは考えない。とりわけ、自らの子たちによるビジネスへの参加については無関心である場合が多い。創業間もないファミリービジネスのオーナーにとっては、これは致し方ないことなのかもしれない。場合によっては、第2世代（もしくは「兄弟パートナーシップ」の段階）に入ると、子世代によるファミリービジネスの参加について何らかのプランが用意されることもある。通常であれば、遅くとも、第3世代（もしくは「従兄弟連合」の段階）に入り、ファミリー・メンバーが企業に入社し、あるいは将来のオーナー候補としてビジネスに参加するようになるにつれて、正式なプランニングが実施されるようになる。プランニングのプロセス

第 1 部
なぜグローバル・ビジネス・ファミリーにとってプランニングが必要なのか

を経ることなく第3世代のビジネス・ファミリーの世代は、成長を続け、より複雑さを増したファミリーを統率する手段を欠くことになりかねない。この第3世代の段階にいたるまでに、ファミリーは、ファミリービジネス特有の課題に直面するのである。その課題を掲げると以下のようになる。

- ファミリーの雇用と報酬
- キャリア・プランニングと承継
- オーナーシップの移譲
- 配当と再投資の対立
- 世代間における意思決定した内容の共有

多くのビジネス・ファミリーに共通する最も深刻な問題の1つに、彼らがビジネスにおいて、いかに素晴らしい事業計画を策定していたとしても、承継といった事柄やファミリーの雇用／報酬等といったファミリーにとって日常的な問題については、プランニングはおろか話し合いの機会さえ一度も持ったことがない場合があり得るということがあげられる。ビジネス・ファミリーは、各メンバーのキャリア、オーナーシップ、あるいは意思決定に関して、何らかの対立や危機的な状況が生じるまでは、特定のプランを持とうとしない場合が多い。プランニングが行われなければ、問題が生じることになる。たとえば、現状に不満を持つファミリー・オーナーたちは、うやむやにされた問題をＣＥＯも同席したファミリーの会合の席上など、公式の場に持ち出してくる。ファミリー企業に勤めていながら、何がしかの不満を持つファミリー・メンバーは、本来であればビジネスに関して討議するべき、社内の役員会議の場でファミリーに関わる問題を持ち出すようになる。このように、事業計画とファミリー計画の立案が同時進行していないのは、両者のプランニングに大きな差異が認められることを含めて、数多くの理由があげられる（表2.1参照）。

[表 2.1] ビジネス・プランニング vs. ファミリー・プランニング

行動	ビジネス・プランニング	ファミリー・プランニング
様式	公式的	非公式的
時期	事業年度ごと	世代ごと
評価基準	金銭的	感情的
計画策定責任者	経営陣	ファミリー
情報	機密	共有

　複数の世代で構成されるビジネス・ファミリーが、良好な業績を実現し、ビジネスがファミリー内部の不毛な対立に巻き込まれないようにするためには、綿密なプランニングと意思決定のプロセスを備えておく必要がある。企業におけるファミリーの役割が十分に理解され、明確にされている場合には、ファミリーによるビジネスへの参加やリーダーシップは競争上の強みとなることから、あらかじめプランニングを行っておくことが重要となる。ところで、実際にプランニングを行う際しては、数多くの難題、なかでも特に承継やオーナーの役割をめぐるような問題にかかわるプランニングが難題となる。承継もしくはオーナーシップについて前もって議論することはまったく不適切であると考えられているような文化圏もある。また、どの文化圏でも共通する事項として、親世代のファミリーリーダーたちは、承継にかかわる問題を自らのリーダーシップや地位を脅かしかねないものと考えがちであり、次世代の者たちが承継のことを考えようとしても、まだ「時期尚早である」とか、ある

第1部
なぜグローバル・ビジネス・ファミリーにとってプランニングが必要なのか

いは、承継について話し合うことは「大いなる論争を招き、感情的な対立を生じさせかねない」として、承継プロセスの先延ばしを画策したり、あるいは、それに関するプランニングの実施に抵抗を示すことだろう。ファミリーの経営陣は、他のファミリー・メンバーによるビジネスへの関与の増大、あるいは意思決定のプロセスにおける自らの影響力の喪失を恐れて、ファミリー集会の開催に抵抗するようなこともあるだろう。

年長のファミリー・メンバーのなかには、ファミリーにかかわる問題を検討することは、自然の成り行きにまかせるべきものをあえて表面化させるような行為であると考える者もいることだろう。正式なプランニング・プロセスは、それがどのようなものであれ、第三者的な立場のビジネス・リーダーに、ファミリービジネスについての決定事項や財務諸表を、ファミリー内部の者およびビジネス内部の者と共有することを要求する。仮にプランニングが適切に行われなければ、メンバー間に誤解が生じたり、事業を遂行するに相応しい能力が各メンバーに備わらなかったり、あるいは次世代の者たちが抱く関心が明確にされない結果、ファミリービジネスが何らかのダメージを負うおそれがある。プランニングのプロセスの一部として、ファミリーの価値観を明確にする作業を経ることで、ファミリーが自らのアイデアを行動へと移すことが可能となり、上述したさまざまな問題を克服するのに役立つものと思われる。

並行的プランニングが有効であることを確かめる最も良い方法は、何年にもわたってファミリー計画と事業計画を並行して策定してきた、巨大なファミリービジネスを分析してみることである。複数の世代で構成されるファミリービジネスとして、世界最大の規模を誇るカーギルの事例は、並行的プランニングがファミリーの対立を避け、事業の不振を回避し、株主のコミットメントを強めるうえで有効であることを示す好例である。

カーギル：対立を経て、競争上の優位確立へ

　カーギル家とその姻戚であるマクミラン家（MacMillans）は、世界最大のアグリビジネスを100年以上にわたり所有してきたが、ファミリーの歴史は、まさに対立と非難の応酬に満ちている[1]。同ビジネスはカーギル家によって開始され、1900年代初頭まで同家によって所有されていた。その後、マクミラン家出身の娘婿がＣＥＯに就任して以降は、マクミラン家が株式の過半を占めるようになった。姻戚へのオーナーシップの移行をめぐってさまざまな問題が持ち上がったこと、そしてカーギル家がビジネス上の支配権を失ったことを機に、両家の間に激しい確執が生じることとなった。カーギル家の多くのメンバーが、自ら事業を「奪われた」と考える一方で、マクミラン家は、財務的な窮地からビジネスを「救った」ことを正しく評価されていないと感じていた。

　両家の対立はやがて、１つの有益な帰結を迎えることとなった。それは、不毛な対立を経たことで、両ファミリーが、起業家精神、フェアプレー、そして長期的なオーナーシップに対するファミリーのコミットメントといった中核的な価値観（コア・バリュー）に立脚して共有されるビジョンを作り出す必要性を認識するに至ったことである。早い段階で、両ファミリーは、事業計画とファミリー計画の作成に着手し、ビジネスがファミリー内の対立に巻き込まれないように保護することとし、さらには、（縁故ではなく）資質と実績に基づいて経営幹部の選任が行われるようにした。ファミリー・メンバーは、ファミリー外部の重役たちと昇進を争ったが、ファミリー外部者が登用される場合が多かった。世界規模での成長を見据えたうえで、低い配当と高投資を基調とした同社の戦略が実行に移された。カーギルは、先を見据えたうえで最先端の通信システムにも投資し、さらには、商品を売買したり、変動しやすい市場に対して優位に対処すべく、コンピューター技術をいち早く導入した。

　カーギルの経営陣は、時代の変化に合わせて組織の形態を変えながら

第 1 部
なぜグローバル・ビジネス・ファミリーにとってプランニングが必要なのか

も、同社のコア・バリューについては、これを維持すべく尽力してきた。彼らは、「自らの上に立つ経営幹部については自らの手で育て上げる」との強い信念を常に抱いていた。事実、カーギルの最高経営幹部7名全員が、30年間もしくはそれ以上、同社に勤続してきた。カーギルの現ＣＥＯのグレゴリー・ページ（Gregory Page）はファミリー出身者ではないが、大学卒業後、すぐに同社に入社し、勤め上げることでＣＥＯまで登り詰めている。

その一方で、カーギルは、ビジネス戦略に修正を加えてきた。それは、商品から高付加価値を生むビジネス活動へと軸足を移す同社の最近の動きに反映されている。「かつて効率的とされた売買および処理に関する同社のビジネスモデルは、1990年代後半には崩壊の一途をたどっていたことは明らかだった」同社の財務担当取締役のボブ・ランプキンス（Bob Lumpkins）は語る。「顧客の統合が起こっていた。我が社の生み出す商品・サービスは代わり映えはしなかった。その後、顧客層を絞った競合他社による参入が見られたが、こうした他社に比べて、我が社のコスト構造はとても高かった」[(2)]。1998年中ば、2010年までの事業計画を作成するチームが編成された。「戦略的意志（Strategic Intent）」と銘打たれたレビューには、大口供給元としての同社の事業を再編することから、特定の事業領域への集中、さらには消費者への企業イメージの浸透を図ることに至るまで、4つからなる事業戦略の検討が含まれていた。

最後のファミリー出身のＣＥＯであるホイットニー・マクミラン（Whitney MacMillan）は、引退する直前に次のように語っている。「企業として、我々は125年間変わることなく同じファミリーの価値観を信じてきた。その価値観は我々が5年ごとにビジネスを変化させてきたとしても変わっていない」。この絶えず変遷を続けていくビジネス戦略と、その一方で健全なファミリー・プランニングというこの両者の関係は、幾度となく（事業の）刷新を余儀なくされた際にも顕著に見られた。それは、たとえば創業家出身者向けに取締役のポストを5つ確保しておくこと（取締役の全ポストのうち、5つを外部の者に、他の5つをファミ

リー出身の経営陣に与えること）、ファミリー集会を定期的に開催すること、強い権限を有するファミリー評議会を設けることという行動に表れている。カーギルは、もはやビジネスへのコミットメントを失ってしまったり、オーナーを辞めたくなったり、あるいは個人的にいくらかのお金が必要になったりしたファミリー・メンバーを対象とした持ち株の買い戻し策さえも計画した。こうして、ファミリーの持ち株は、カーギルの従業員が運営するオーナーシップ信託（An Employee Ownership Trust）に売却され、同社の議決権を行使する一大勢力の１つになった。それは従業員のコミットメントを確立するのに悪くない方法である。

　おそらく最も重要とされる刷新は、ファミリーの教育とトレーニングであろう。カーギルのファミリー・オフィスであるウェイクロスは、財務計画、納税、財産プランニングなどのファミリーにかかわるあらゆる問題や、ファミリーのトレーニングおよび教育などについても扱っている。主なねらいは、ファミリービジネスの現場から退いているファミリー・メンバーをカーギルにつなぎ止めておくことであり、さらにはメンバー間のつながりを持続させることにある。この目的を達するため、ウェイクロスは、教育プログラム、夏季のファミリー集会、工場見学、ファミリー株主による総会を開催したり、ファミリー・メンバーからなるプロジェクトチームを編成したりしている。たとえば、ファミリーの関係と教育に関するプロジェクトチーム（Family Connections and Education Task force）をみると、同チームの使命は、「次世代教育の励行、およびファミリー・メンバー間のつながりの持続を促す」ことである[3]。

　要するに、カーギルにおいて、並行的プランニングとは、ファミリー内部での対立の有無にも関わらず、こうしたファミリーによる影響からビジネスが守られ、効率的に成果を挙げることを可能にするという意味を持つ。ファミリーの結びつきは、経営や戦略における大きな変化の節目を通じて、やがて、ビジネスに資する方向に強まっていく。この点に関して、カーギルのＣＥＯグレッグ・ページ（Greg Page）は、次の

第 1 部
なぜグローバル・ビジネス・ファミリーにとってプランニングが必要なのか

ように端的に語っている。「今期の業績が前年度と比較して良いとか悪いとかということを指摘されるような主旨で、創業家のメンバーから呼び出しを受けたことは、これまでほとんどなかった」。

カーギルの事例が示すように、ビジネス・プランニングはたしかに重要であるのだが、ファミリービジネスにおけるプランニングは、ただ単に重要であると言うにとどまらず、複数世代にわたるオーナーシップの維持の成否を握る点において重要である。ファミリーが絡むこうしたプランニングは、各メンバー個人の感情、能力やモチベーションにみられる差異、さらには家族関係が複雑に絡み合ってくることから、非常に困難な作業となる。ビジネス上の人間関係は、高度に専門的な性格が強く、その関係も一時的なものであることから、ビジネス・プランニングには、明確さが求められ、かつ比較的短期間のものを想定した形で作られるものだといえる。その一方、家族関係は、感情を交えたものであり、永続的なものであるため、こうした点を考慮すると、ファミリー・プランニングという作業は、通常、ファミリーにとって重要な位置を占めるものではないと思われる。なぜならば、創業者が、ファミリーのなかに、形式ばった枠組みやプロセスを持ち込むことの必要性を感じていないか、あるいはそれを望んでおらず、さらに世代を下って、兄弟パートナーシップの世代も、先代たちと同じく、この形式張らないスタイルを採用し、プランニングによってあらかじめ取り決めた大枠というものよりも、その時々の、個々人の判断で、案件ごとに対処しようとするからである。したがって、多くの成功したファミリー企業において、初代（創業者の代）もしくは第 2 世代（兄弟パートナーシップの世代）において、正式なプランニングを行っている例は限られている。なぜならば、インフォーマルで、場当たり的にも思われるモデルであっても、常に十分機能することができるからである。

ファミリーとビジネスの
並行的プランニングがもたらす恩恵

　第1章において、ファミリービジネスを複雑かつ特異なものにしている構造上の課題をいくつか考察した。こうした課題に対処するには、ファミリーの期待とビジネス上のニーズの双方を考慮した同時進行的なプロセスを取り入れることを必要とする。並行的プランニングを行うことで、ファミリーとビジネスが相反するかたちではなく、お互いのニーズや目標を支え合う補完的な関係を築くことができるように、ファミリー計画と事業計画の整合性を図ることができるようになるというのが、最大の恩恵であるといえる。たとえば、ファミリービジネスの事業戦略は、ファミリーの価値観と財務的な業績の期待の双方を考慮に入れて策定する必要がある。仮に、ファミリーが、専ら自らの富の創造にのみ価値をおくために、低収益のビジネス戦略を遂行し続けるようなことになっている場合には、本源的にはファミリーのニーズにマッチしたものとはいえないだろう。

　ファミリーとは組織であり、規模および複雑さが増すにつれて、各メンバーの思考、参加、および行動を調整させるためのプランニングが必要になる。十分に組織されたファミリーは、対立の機会を減らすことができ、その結果、強固なファミリー関係を構築することに、より多くの時間を割くことができる。さらにプランニングを行い、多くの場合において表沙汰にされることのないファミリーの重要な問題を明るみにし、これに対処する機会を創っておくことで、ビジネスおよびファミリー・メンバー間の対立の可能性を減らすこともできる。プランニングを通じて、こうした埋もれた問題、なかでも特に、資本（お金）、キャリア（仕事）、コントロール（意思決定）といった、本質的に難解とされる問題にファミリーの視点を向かわせることが可能となるだろう。さらにプランニングを行うことで、ファミリー内部での懸念事項や問題を適切に議

論する場が与えられ、ビジネスの場にファミリー内部の問題が持ち込まれることが回避されることとなり、ファミリーとビジネスをめぐる双方の線引きが明確にされることも、その効果として挙げられる。

　個々人の才能を伸ばすことを第一の目的としているビジネス・プランニングと同様、ファミリー・プランニングもまた、とりわけ次世代を担う個々人のスキル、リーダーシップやオーナーシップに求められる能力を伸ばしていく機会を取り入れたものでなければならない。創業者の代や、その子世代は、通常、オーナーシップの役割やその責任について話し合わない。しかしながら、ファミリービジネスが成熟し、世代を経るに従って、こうした役割や責任を明確にしておく必要性が生じてくる。ファミリー・オーナーの権限と責任とは何か？　ファミリー・メンバーが、ビジネス上の業績に関する懸念についてどのように情報交換をするか？　ファミリー・メンバーが協定（guideline）に合意することで、より多くの時間が建設的な取り組みのために創出され、その一方で、特定の問題や意思決定をめぐる不毛な対立の機会が減少する。一般的に、ファミリーは、事業計画の策定に比べて、より多くの時間をファミリー計画の策定に費やすことが必要になるだろう。特に、兄弟パートナーシップ期以降のオーナーシップ形態に入ったファミリーは、以前にも増して、仕事上の信頼関係と信用を築く必要があり、さらに、ファミリーの価値観、ビジョン、コミットメントといった、感情的な性格の濃い問題を扱うことから着手する必要がある。

　本書のこの後の章では、並行的プランニングを取り入れているファミリーをいくつか紹介する。各ファミリーが行うプランニングのパターンはそれぞれ異なっている。大多数のファミリーがビジネスの一部分にかぎり並行的プランニングを取り入れている一方で、ビジネス全般について並行的プランニングを取り入れることで個別の問題にも対処しているファミリーもわずかながら存在する。必要に迫られた場合に限り、その都度並行的プランニングを行うファミリーがいる一方、より体系的にこれを行っているファミリーも存在する。ただし、すべてのファミリーが、ビジネスのプランニングや運営を行うことを通じて、並行的プランニン

グがもたらす利益を明確なかたちで体験しており、さらに、並行的プランニングを取り入れているファミリーの多くが、ビジネスとファミリーが相互に依存していることを認めている。以下、世界中の各業界をリードするファミリービジネスの実例を引用しながら、並行的プランニングをどのようにしてファミリー企業の価値創造に役立てていくのかを概観することにする。

並行的プランニング

　多くのビジネス・ファミリーが、会社を成功へと導く力強いコミットメントを促すような価値観やビジョンを掲げているが、ビジネスの長期的な好業績を支えるうえで必要となるプランニング、投資、ガバナンスについては、その対応を誤ってしまう。並行的プランニングは、ビジネス・ファミリーが、オーナーとしての自らの役割を模索するうえで有益な、5つのステップで構成される戦略的なツールであり、ファミリービジネスで往々にして見られる3つの弱点に対処するために特別にデザインされたものである。
　その3つの弱点とは以下のとおりである。

- ファミリーとビジネスの活動に関するファミリー・メンバー間のコミュニケーションの機会が限られていること
- ファミリーとビジネスにおける意思決定のプロセスが、高度に専門化されていないこと
- ファミリーとビジネスのパフォーマンスに関する説明責任が果されていないこと

　本章では、プランニングにかかわる5つのステップを紹介する。各ステップは後の各章においてもそれぞれ詳しく扱う。5つの各ステップは

第1部
なぜグローバル・ビジネス・ファミリーにとってプランニングが必要なのか

[図2.1] ファミリーとビジネスのプランニングの各ステップ

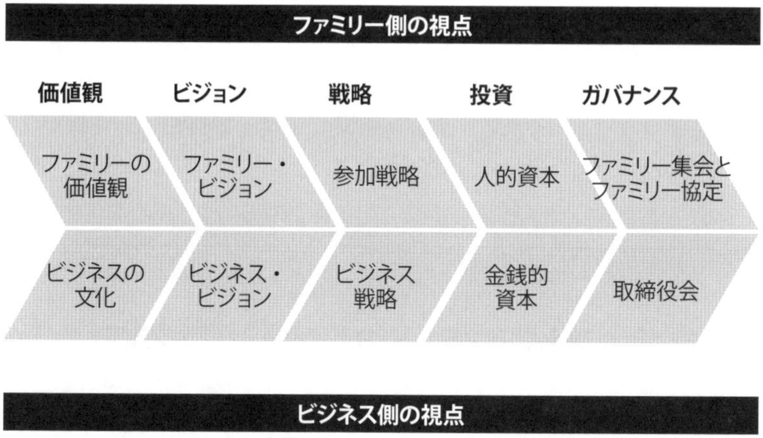

ファミリー側の視点

価値観	ビジョン	戦略	投資	ガバナンス
ファミリーの価値観	ファミリー・ビジョン	参加戦略	人的資本	ファミリー集会とファミリー協定
ビジネスの文化	ビジネス・ビジョン	ビジネス戦略	金銭的資本	取締役会

ビジネス側の視点

互いに相関し合っていることから、ビジネスとファミリーの各行動を別個に扱うことは往々にして難しいことが明らかとなるであろう。

　ビジネスの業績向上に向けて真摯に取り組んでいるビジネス・ファミリーは、自らの価値観やビジョンを、戦略、投資、ガバナンスに反映させるべく尽力している。今回、本書で新たに紹介する並行的プランニングは、互いに相関関係にある5つの各ステップ（価値観、ビジョン、プランニング、投資、ガバナンス）を経ることで、上記の課題に対処するのに適している（図2.1参照）。

　いかなるプランニングであっても、価値観の探求から始めることは理にかなっているが、このように、ファミリービジネスが運営されているわけではない。一般的なケースとして、仮にファミリーが配当の割合をめぐって争っているとしよう。この場合、ファミリー・メンバーは、配当の割合がファミリービジネス全体にとってどのような意味を持つのか

を確認することよりも、真っ先にその問題それ自体を議論し、すぐに一定の解を得たいと考えるだろう。ビジネス・ファミリーにとっては行動こそが重視され、まずは価値観の探索から開始するといったような回りくどいやり方は好まれない。そのような方法は株式を上場している大企業にかぎりあてはまるものであると考えられている場合も多い。しかしながら、プランニングの5つの各ステップは互いに相関し合っているので、配当をめぐるファミリーの思考様式や行動のようなものでも、連携のため、価値観、ビジョン、プランニング、投資の枠組みのなかで分析される必要がある。

ステップ1：ファミリーの価値観とビジネス文化

　本章で紹介した米中西部のカーギル－マクミラン家から、第1章の極東のタン家にいたるまで、すべてのビジネス・ファミリーは、各国の実情や文化的背景を問わず、各ファミリーにおいて共有された信念、経験、目標を反映した価値観に基づき行動する。並行的プランニングの最初のステップは、ファミリーの価値観を明確にすることである。ファミリーの価値観を明確にした後、メンバー共有のビジョンを策定することになる。起業家が事業を始める際、そこには価値観を行動に結びつけることで、ビジネスを成功に導きたいとする個人的なコミットメントが存在する。ファミリーの価値観がビジョン、戦略、投資、ガバナンスにとって最も重要な影響を与えるということを認識しておくことが非常に重要である。

●ファミリーの価値観
　最初のステップは、ファミリーの価値観を明確にすることである。ファミリーの価値観を明確にしたうえで、それを文書のかたちにすることで、ファミリーの信念、遺産、共通の経験、各ファミリー個人の関心事を反映したファミリー全体の関心事や興味の対象を探ることができるのである。ファミリーが、自ら所有するビジネスに関心を持つことは当たり前

[図2.2] ファミリーの価値観とビジネス文化

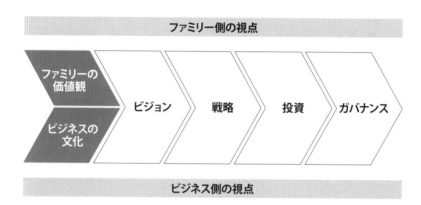

のことのように思われるが、本書第1章のバンクロフト家の事例のように、必ずしもそうであるとは限らない。ビジネスに対するファミリーのコミットメントも次第に変化していき、時としてそれは混乱を招き、有害なものとなり得る。ファミリーはその世代ごとにビジネスに対するコミットメントの程度を調べる必要があり、具体的には、ファミリーのビジョンがどのように人的・財務的資本の投資に反映されているかを調査する必要がある。

　ファミリーの価値観を探ることは、並行的プランニングの出発点であり、ビジネスのビジョン、戦略、投資、ガバナンスについての意思決定を行う際の土台となるものである。ファミリーの価値観とは、ビジネスの将来の成功にファミリーがどういったかたちで貢献するのかについて、メンバー間の共通の認識に焦点を当てることでわかってくる。ワインをはじめ酒類醸造メーカーとして世界第2位のペルノ・リカール（Pernod Ricard）は近年、アブソルート（Absolut）ブランドの獲得

のため大規模な企業買収を行った。同創業家の起業家精神あふれる価値観は、グローバル市場での主導的地位を占めるという同社ファミリーのビジョンを支えるものとなる。この世界規模で繰り広げられたブランド買収劇は、南フランスの一酒造家として創業を開始して以来、同社の活力の源となっている成長と起業家的精神というファミリーの価値観を反映している。ファミリーの価値観やビジョンがこの大規模な買収を導いたことからも、ファミリーとビジネス双方の価値観、ビジョン、戦略、投資、ガバナンスは連携がとれていたといえるだろう(4)。

　ファミリーの価値観はさらに、同創業家がその従業員や他の利害関係者とどのように関わっていくかを反映したものとなりうる。英国内で靴の修繕と鍵の製作他を手掛ける急拡大中のティンプソン（Timpson）は現在、従業員のケアに気を配り、会社のスタッフをファミリー・メンバーのように扱う実践的な取り組みを行っている。従業員は各人の誕生日に休暇をとり、会社は従業員に休暇用の別荘で過ごす時間を与え、さらには貧困層のための基金を運営している。近年では、犯罪者を雇用する新たな取り組みや、リバプール監獄内に職業訓練所を設ける等、コミュニティにおけるさまざまな活動を行っている。

　同社会長を務めるジョン・ティンプソン（John Timpson）にとって、こうした従業員への支援や配慮、地域社会での活動は企業の社会的責任とは一切関係無く、むしろファミリーの価値観を体現したものである。「我々は、これらの従業員を通じた活動を義務としてやっているのではない。何かの見返りや利益を期待して行っているものでもない。我々は、こうしたことを行うことに喜びを見出しているのであり、何よりも我々にとって重要なことであると考えるから行っているのである」と同氏は語る。「当社は、社会からの恩恵があってはじめて利益を計上することができている。他社のオーナーたちはその利益をサッカーのクラブチームや絵画を購入することに使うかもしれないが、我々の関心は、たまたま別のことにあったというだけだ」。

　ビジネス・ファミリーは、ファミリーの価値観について共通の理解や認識を図る必要があり、ひいてはそれが、ファミリーのビジョンや意思

決定、さらにはビジネス・ファミリーの文化を形作ることにも繋がる。価値観は、ビジネスとファミリーにとって、いわば強力な接着剤としての役割を果たし、さらに変遷や激動期には強力な指針となる。価値観を明確にしてメンバー間であらかじめ合意を取り付けておくことは、将来の対立の可能性を減じて、起業家精神に富む戦略を後押しするうえで重要であるといえるだろう。ファミリーは、あらゆる価値観につき完全には合意に至らないかもしれないし、あるいはプランニングを行う際の各ファミリー・メンバーの関与のあり方をめぐって対立が起きる時があるかもしれない。しかしながら、これらのことは、各ファミリー・メンバーに現状を分析させ、問題を解決するためのプランを策定するうえで欠くことのできない極めて重要なステップであるともいえるのである。

「我々ファミリーの価値観は、今日の我々ファミリー・メンバーを真につなぎとめている礎である」。世界最大のスコッチウィスキーメーカーの1つに数えられるファミリー企業、ウィリアム・グラント&サンズ（William Grant & Sons）の第5世代目にあたるグラント・E・ゴードン（Grant E. Gordon）は言う。「我々は、当社が、創業家の所有する独立したファミリー企業であることを誇りに思う。スコットランドのファミリー企業としての伝統と、ファミリー・メンバーとしてその伝統の恩恵を受けていることを誇りに思う。当然のことながら、当社の提供する商品やその品質にも誇りを持っている」。

●ファミリービジネスの文化

ビジネス・ファミリーは固有の価値観を持っており、そのファミリー企業は組織的文化を持っている。企業文化とは、成功する企業とはいったいどのようなものか、企業が成功するのはいったいなぜなのかということについて、その組織と利害関係者が共有する一連の考え方である。企業文化は、従業員を鼓舞したり、企業の戦略を支える行動基準を作り出したりする際の強力な手段となり得る。企業文化は、ファミリーの価値観や、オーナーおよびリーダーの振る舞いから醸し出される影響を色濃く受けるものである。スイスのプライベートバンク、ピクテ銀行

（Pictet & Cie）は、マーケティングを通じて、創業家オーナーが掲げる尊敬、誠実、自主性の3つの核となる価値観を伝えている。多くのファミリービジネスと同様、ピクテ銀行の活動は、こうした価値観とその価値観を反映した企業文化に基づいて実践されている。市場圧力や不確実性が叫ばれる時代にあって、こうした価値観は企業の拠り所となる。こうした価値観はさらに、従業員や他の利害関係者に対して、どのような行動がピクテ銀行の持続的な成功に資するかを明らかにしている。

　ビジネス文化についてはすでに、経営の分野において重要なトピックとして扱われていることから、本書においては、あらためてビジネス文化自体を延々と論じることはしない。その代わりに、本書では、財務的、金銭的な業績が、文化、戦略あるいは報酬といったものよりも優先されがちな、ごく一般的な株式公開企業に比べて、ファミリービジネスの企業文化が強みをもち得ることを指摘しておきたい。ファミリー企業ではない一般的な企業では、ファミリービジネスに比べて帰属感や、あるいは人と人を結び付ける力強い文化に欠けていることが多いと思われる。というのは、これらの企業は、信頼や共通する目標へ向けた信念等ではなく、あくまでも方針とその実行手順、業績の評価、資金の監査と配分、階層的な承認プロセスといったものを通じて、広範な支配や経営が行われていると考えられるからである。一方、こうした企業とは対照的にファミリービジネスの文化は、人間関係を基に形成され、あらゆる利害関係者を重視する立場を鮮明にして、より長期的な視野と受託責任を促すこととなる。従業員と自らの経験や歴史を創造性と起業家精神を発揮するツールとして共有するファミリーは、力強い企業を作り上げることが可能となる。

ステップ2：ファミリーとビジネスのビジョン

　ビジネスとファミリーについてのビジョンを共有することは、意思決定や次のステップである並行的プランニングにおいて、重要な基準である。共有されたビジョンを得るために議論を重ねることは、ファミリー

[図2.3] ファミリーとビジネスのビジョン

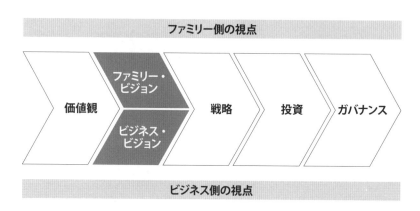

がその考えを明確なかたちで示し、追い求めるべきファミリーとビジネスの戦略について合意を得るために必要不可欠なことである。自ら所有する会社をファミリーに配当と富をもたらす源泉として捉えることにしか興味がないファミリーは、会社の競争上の強みを強化することを第一に考えて利益を再投資に回すことに関心があるファミリーとは違ったビジョンを持つことになるであろう。

●ビジネス・ビジョン

　ファミリービジネスのビジョンは、互いに相関し合う2つの部分から成り立っている。1つには、ある一定の期間、たとえば今後10年間を対象とするのであれば、その間、影響力、規模、（市場での）評価、ターゲットとする市場、財務的構造、従業員数、利益といった観点から、ファミリーはビジネスをどのようなものにしたいと考えているのか、というビジョンである。これはいずれも定量化できるものであり、これらにつ

いて明確な合意が得られたならば、2つ目のビジョンの形成に大いに役に立つ。次に、2つ目のビジョンは、どのようにしてファミリーがビジネスの成功に貢献し、その利益を享受するかという観点から考えられるビジョンである。並行的プランニングを通じて、ファミリービジネスは、まずはビジネスについてのビジョンを模索する機会を得ることができ、次にファミリーによる所有形態がいかにしてビジネスの競争上の強みを得ることができるのかについて検討する機会を得ることができるだろう。

● **ファミリー・ビジョン**

　ファミリーのビジョンを模索することを通じて、各メンバーの会話の焦点を「ファミリービジネスのなかで自分の利益になるものは何か?」から「我々はファミリービジネスに対してどのような貢献できるのか?」へと移させる効果が期待できる。ビジネスの継続的な成功についてのファミリーの貢献の考え方の根底には、自らが受け継いだものよりも、多くの資産を次世代や他の利害関係者に残したいとする受託責任が基本的な考えになっている。ファミリーの長期的なビジョンがあることは、ビジネスの競争上の優位性と成りうるだろう。共通のビジョンを定めておくことで、長期的視点からプランを実行し、意思決定を行うように、ファミリーの行動に影響を与えることができるだろう。

　多くのファミリーが、自らのビジョンを、投資や戦略的行動の指針となるものとして位置付けている。たとえば、スイスの大手製薬企業、ロシュ (Roche) は、治療が困難であるとされる疾患に全力を注いでいる。それを可能にしているのは、同社のオーナーであるホフマン家 (Hoffmann family) が、同社に対して超長期にわたる投資を約束しているからである。ロシュ・ホールディング (Roche Holding Ltd) の非常勤副社長であるアンドレ・ホフマン (Andre Hoffmann) は次のように語っている。

　　我々創業家オーナーの目標には、次世代により力強いビジネスを受け

渡したいとの想いが反映されている。こうした目標には、ファミリーにとって最大の利益に焦点をあてることで、各メンバーを結びつける、言わば接着剤のような役割がある。我々には、「案内役(Compagnons de la Route)」としての責務も果さなければならないとする思いもある[5]。

ステップ3：ファミリーとビジネスの戦略

　ファミリー企業にとっての戦略的プランニングとは、本書全体を通して検討することになるオーナーシップやファミリーに関わる事項を除けば、他の企業と同じものである。戦略的プランニングは、経営陣、取締役会、ファミリーの各主体が、ファミリーの期待とビジネス上のニーズ双方の調整を図るために継続的に協議する機会を作り出すものとなる。
　ファミリー・メンバーの参加に関わるプランニングは、ビジネス上のプランニングとはかなり異なるものである。ビジネスに関するプランニングは、技術的な事項（マーケティング、ファイナンス、流通）に焦点を置いているが、一方で、ファミリー関するプランニングは、社会的な役割や人間関係といったものに焦点が置かれることとなる。ファミリーに関するプランニングを行うことの目的とは、各ファミリー・メンバーに対して、経営陣、オーナー、取締役員といった役職、あるいはファミリー評議会、ファミリー・オフィス、ファミリー財団といった新たな組織における役職を務めるに相応しい能力を身につけさせることである。これらは、より良い人間関係を構築するため、あるいは、優れたリーダーシップとガバナンス能力をファミリーおよびビジネスに備えさせる目的から、各メンバーに新たな技能、知識の習得を促すことに焦点を当てたものであるともいえる。

●ビジネス戦略

　戦略的なビジネス・プランニングは、ビジネスにかかわる重要な問題を提起するための体系的な方法を提供する。どういった市場をターゲッ

[図 2.4] ファミリーとビジネスの戦略

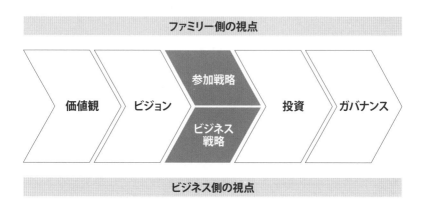

トとするべきか？　今後の競争上の優位を確立するため、どういった分野をてこ入れする必要があるのか？　どれほどの規模の投資が必要とされているのか？　こうした問題は、従来のビジネスの手法に対して問いを投げるものであり、そのアプローチを通じて、新たな機会や行動を探るきっかけとなりうるものだともいえる。ファミリーによる投資判断が実際のビジネス戦略をかたち作るのは、まさにファミリー・オーナーが単独で、あるいは多くの場合において取締役会と共に、投資と配当のバランスを決定するときである。

　ファミリーのビジョンと整合性のとれたビジネス戦略を構築するこができれば、企業の将来像と、そのビジネス戦略を実現していくうえで、どのような企業内資源を利用することができるのか、メンバー全員が共通の青写真をはっきりと描くことに役立つだろう。ファミリービジネスにおいては、経営陣は、自らが示す目標やコミットメントに対して、ファミリー・オーナーからの同意を得る必要があるため、ファミリーの価値

観やビジョンには注意を払っておかなくてはいけない。ファミリーが掲げるビジョンとファミリーのビジネスに対するコミットメントが互いにリンクして、ファミリーの投資に対する考え方や判断が導かれることになる。仮にファミリーが、配当を増やして、投資を減らすことを決めたとすると、経営陣にとっては、会社の内部資金のみを活用して積極的に成長戦略に打って出ることは難しくなってしまう。人的貢献あるいは財務的資本への投資に基づいてオーナー・ファミリーのビジネスに対するコミットメントを評価することは、経営陣にとって同企業の長期的戦略と投資計画を策定するうえで、決して無視できない重要な事項である。

●（ファミリー・メンバーによる）参加戦略

　ファミリーが価値観とビジョンについて議論することは、ファミリーによる会社支配を複数世代にわたって維持し、ファミリー・メンバーによるビジネスへの参加のあり方を探るための出発点である。一方、各メンバーの感情、能力、モチベーション、ファミリーの関係には差異があることから、ファミリーの参加戦略を考えることは、並行的プランニングにおいて最も難しい問題ともいえる。ビジネス上の人間関係は専門的であり、一時的なものであることから、そのプランの内容も明確であり、検討対象となる期間も比較的短期間なものとなる。対照的に、ファミリーの関係は、感情に左右される場面が多いうえに、一生涯続くものである。承継、キャリア、オーナーシップ等のファミリーの問題は、非常に個人的なものであり、メンバー同士の言い分を対決させるよりはむしろそれを回避するように、内容もシンプルにしたいものである。世代を経るにしたがってファミリーが拡大し、ビジネスも複雑になるにつれて、ファミリーは、各メンバー間の関係、たとえば意思決定のあり方、プランニング、リーダーシップの役割等を明確にするなど、意思疎通において高度専門的なものにしていかなくてはいけない。

　ファミリー計画と事業計画の策定を戦略的に同時進行させる主な理由の１つとして、各システムの目標、計画、方針の整合性を図ることで、ファミリービジネスのあらゆる資源を一点に集中させたり、不毛な対立や摩

擦を防いだりすることがあげられる。今後のファミリービジネスの発展に向けて、ファミリーと経営陣との強固な連携が確保されているファミリービジネスにおいては、戦略の方向性が明確に示され、さらにはファミリーと経営陣の双方が互いを利する目標を作り出す素地ができていることになるだろう。

ステップ４：人的資本および財務的資本への投資

　本書では、ファミリーが（リーダーシップとお金）人的資本や財務的資本の投資に消極的であることは、ビジネスの成長を阻害し、さらにファミリーのオーナーシップの存続を危うくする可能性があるものだと考える。ファミリーが金銭面での投資に消極的であることでビジネスチャンスを失いかねず、さらにはファミリーがビジネスに対する人的投資や関与に消極的な姿勢を示すことで、ファミリー間の対立、不安定なリーダーシップ、意思決定の欠如、説明責任の不在といった問題が引き起こされかねない。

　投資の判断をめぐっては、ライフスタイル、名声（reputation）、富の創造と確保、ビジネスの成長と存続の可能性、会社に対する心理的なつながりなど、多くのファミリーの関心事に影響を及ぼすことから、常に困難なものとなる。今後についてしっかりと検討したいとビジネス・ファミリーが考えるのであれば、次の２つの問いに答える必要がある。ファミリービジネスが長期的に価値を創造できる可能性はどうか？　どれほどの財務的投資（再投資かそれとも配当か）や人的投資（ファミリーによるリーダーシップおよびガバナンス能力）が、今後のビジネスの成功を支えるために必要か？　の２つの問いである。

●財務的資本に対する投資
　ビジネス・ファミリーは、ビジネスがファミリーのコミットメントを存分に活用して、市場での機会を確実にものにできるように、投資について戦略的に考える必要がある。ファミリー企業の１つであり、トルコ

[図 2.5] 人的資本および財務的資本に対する投資

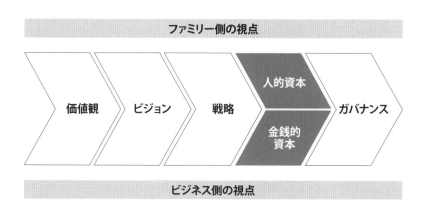

　国内でチョコレートとビスケットの製造を営んでいるウルカー（Ulker）の事例は、ファミリーのコミットメントがビジネスに対してどのように体現されるのかを示す好例である。世界有数のチョコレートブランドであるゴディバ（Godiva）が売りに出された際、ウルカーは、最も高い買値を提示できる用意ができていた。なぜならば、ウルカーにとって、ゴディバを買収することは戦略的に見て価値ある行動であると考えており、同社の創業家であるウルカー家（Ulker family）のオーナーたちも、ゴディバの買収に全面的に協力していたからである。これにより、ウルカーの経営陣は、規模において自社よりも巨大な他の競争相手よりも、魅力的な買値を提示できたのである。ウルカー家は依然として、そのファミリーに少数のオーナーメンバーを抱え、企業家精神も色褪せていないファミリーであるのだが、さらに規模の拡大したファミリーについては、ファミリーとビジネスとの整合性を図るためにも、体系的なプランニングを用意しておく必要がある。

●**人的資本に対する投資**

　コミットしたビジネス・ファミリーはまたファミリーの人的資本に対する投資についても考慮しなければならない。こうした投資は、優れたリーダーおよびオーナーとされる者たちにとっては、ファミリービジネスを支えようとするファミリー・メンバーの意思や能力を示すものとなる。欧州と北米の各地に関連施設を持ち、アジアを拠点に事業を展開しているアブドン・ミルズ（Abdon Mills）の創業者であり、同社のＣＥＯを務めるロルフ・アブドン（Rolf Abdon）は、自身の「ファミリー」ビジネスの成功にとって、ファミリーの人的資本の形成がいかに重要であるかを語っている。

　　私は、自らをファミリービジネスの創業者ではなく、第2、あるいは第3世代に属する者であるかのように感じている。なぜならば、私がファミリービジネスを立ち上げる以前に、私の父は北欧最大の穀物製粉メーカーのＣＥＯを務めていたからだ。父は、その会社において、創業家出身ではない外部の者として役員を務めていたが、私は父から、ビジネスではなく、それよりももっと重要な何かを引き継いでいたのだと思う。それは、父が有していた知識であり、姿勢であり、知恵であり、経験であった。さまざまな意味で、ビジネスではなく、こうしたソフト・スキルを私の父から引き継ぐことができたのは、私にとって、より意義のあることであった。

　人的資本および財務的資本に対する投資から、ファミリーがオーナーとしての立場から、ビジネスの競争上の優位性を築いているという信念をうかがい知ることができる。ベルギーのロイストグループ（Lhoist Group）の取締役代表を務めるジーン・ピエール・バーグマン卿（Baron Jean-Pierre Berghmans）は、INSEADのＭＢＡコースの参加者らに対して、次のように語っている。「もし成功したいのであれば、ファミリービジネスの株主から全面的なコミットメントを得る必要がある」。同氏

第1部
なぜグローバル・ビジネス・ファミリーにとってプランニングが必要なのか

は、自身のファミリー企業の目覚ましい成長を可能にした金銭面での投資、さらには、役員もしくは取締役として勤務することで会社の経営に参加するという、同社の株主のコミットメントを引き合いに出している。ファミリーが、自ら所有する会社の経営に積極的に関与するのであれば、彼らは、自社や競合相手の業績により厳しい目を向けるであろうから、自己満足に陥るリスクも避けることができるであろう。

ステップ5：
ファミリーおよびビジネスにおけるガバナンス

　ガバナンスは、並行的プランニングの最終段階に位置し、ファミリーと経営陣が意思決定と説明責任に関して協力し合うことを促すうえで、不可欠なものである。ファミリービジネスのガバナンス機構は概ね、取締役会、ファミリー集会もしくはファミリー評議会、ファミリー協定の3つで成り立っており、すべてのファミリービジネスに共通したものである。取締役会は、重要事項の意思決定、ビジネスの持続性の確保、経営のチェックを行い、会社、従業員、株主を代表する。ファミリー集会も同様の役割を担うものの、ファミリー・メンバー間のコミュニケーション、良好な人間関係の構築、教育、合意形成、内輪もめの収拾、社会活動、慈善活動等、専らファミリーにかかわる問題を扱う場として機能している。ファミリー協定については、正式に文書化された方針（ファミリー規約、ファミリー憲章、もしくはファミリー議定書としても知られる）であり、本書で紹介するファミリーとビジネスに関するありとあらゆる事項（ファミリーの価値観、雇用方針、配当政策、オーナーシップの役割と責務等）をその対象とする。

●ビジネス・ガバナンス
　すべての企業が何らかの取締役会を有している。各社が取締役会を設ける理由は、単に法律上、その設置が義務付けられているからというものから、戦略的なプランニングの実践、ビジネスの運営、もしくは経営陣の説明責任を求めるために不可欠であるから、といったものまでさま

[図 2.6] ビジネスとファミリーのガバナンス

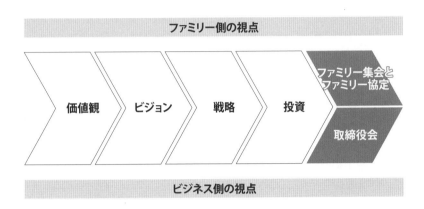

ざまなものがある。取締役会の機能や役割として見過ごされやすいものとしては、戦略的プランニングのプロセスにおいて実行される、重要事項の特定、実現可能な各選択肢の検討、経営側が下した判断に対する異議申し立て等のプロセスを通じて、取締役会がどのような貢献を果たすことができるのか、という点が挙げられる。また取締役会は、各事業、投資、報酬に関わる方針を策定することになっているが、さらに経営陣の行動を監視する機関でもある。ビジネスとファミリーが成長し、複雑になるにつれ、取締役会の役割は、徐々にその重要性を増していくことになる。

● **ファミリー・ガバナンス**

　ファミリー・ガバナンスについて考えることは、多くのビジネス・ファミリーにとって馴染みのないことである場合が多い。「我々は家族であり、取締役会など必要ない！」という反応はよく見られる。しかしなが

ら、拡大を続けるビジネス・ファミリーにおいては、ビジネスと同様、ファミリーに関しても正式なプランニング、意思決定、問題解決へのプロセスを定めておく必要がある。ファミリーは、雇用、取締役会への代表者の選出、配当、投資について意思決定を行わなくてはいけない時がある。創業間もない頃のファミリービジネスにおいては、その創業者が、事業運営の一環としてこうした問題についても並行して取り扱うことが多い。しかしながら、ファミリービジネスが時を経て、兄弟パートナーシップ期、もしくはこれ以降の期に移った場合、あるいは経営と所有の分離が生じた場合、意思決定のための新たな機構が必要となるものである。

ケロッグ経営大学院で教鞭を取っているグラント・E・ゴードンは、次のような力強い見解を述べている。

> たとえ企業が外部出身者で構成される経営陣によって運営され、高度専門的な取締役会によって監視されていたとしても、ファミリー自らも監視を行い、戦略的課題について議論することは重要である。ファミリーにおけるガバナンス機構としては、1つには、ファミリーにかかわる問題、ビジョン、その他ファミリー憲章に基づくさまざまな問題について、株主グループを代表するファミリー評議会がある。その他にも、経営トップの行動を監視する監査役も存在する。

ファミリーが搭乗する飛行機(family airplane)を操縦しているのは誰か？

INSEADの同僚であるイワン・ランズバーグ(Ivan Lansberg)が、我々に説明してくれた飛行機の比喩を使うと、ファミリービジネスにとってプランニングが重要であることが理解しやすいだろう。すなわち、ビジネス・ファミリー、とりわけ創業者や起業家によって率いられている創業間もないビジネス・ファミリーが、自分たちが搭乗する飛行機（ビジネス）をどのようにして操縦していくのかを考えると、ファミリーとビジネスの並行的プランニングを行うことが、ファミリービジネスにとって重要な答えを導き出すきっかけになるということがよく理解できるか

もしれないということである。まず、飛行機を航行させることは、プランニングと判断を要する極めて高度な仕事であることはすべての者が納得できることだろう。ファミリービジネスを運営することは、飛行機を航行させることと多くの共通点があるといえる。なぜなら、双方ともに、最終目的地（ビジョン）についての慎重なプランニング、乗組員（ファミリー・メンバー・非ファミリー・メンバーの取締役）、航行計画（ビジネス戦略）がないといけないからである。コクピットに多くのパイロットを抱えてしまって目的地が定まらないといった事態を回避するためにも、並行的プランニングを検討することが欠かせない。

　ファミリーと経営陣が明確なビジョンを持っていれば、どれくらいの燃料が必要か、パイロットが何名必要か、何名の乗客を運ぶことができるか、どういった飛行プランを用意しておけばよいかといった問題を事前に把握することができる。パイロットが、乗客（オーナー）の目的地に加え、気象状況（経済状況）および航空管制官の指示（取締役会）に基づいた航行計画（ビジネス戦略）を作成しておけば、飛行機に搭乗している全員に共通のコミットメントが生まれるだろう。

　誰が飛行機を操縦するべきか、という点については、ほとんど異論はない。それは十分な飛行経験があり、正式な資格を有するプロのパイロットであり、これに加えて、承認済みの飛行計画もなくてはいけない。飛行機が適切な航路をとり続けるには、計器（財務諸表）と管制官からの指示（ガバナンス）も必要であり、こうした計器や管制官からの指示に従うことで、飛行機が正しい目的地に向かって航行するのみならず、その耐空性を保つうえで必要となる保守（投資）が適切に行われることになる。

　航行中、誰が飛行計画を変更できるのか？　との問いは、ほとんど問われることがないが、これと同様の問題が生じたときには、ファミリービジネスを対立へと導く場合が多い。多くのファミリー企業がその答えに悩んでいる。取締役会？　経営陣？　あるいはファミリー？　各主体それぞれがビジネスに対して深いコミットメントを持っており、豊富な経験も持っている場合が多い。我々はこの問題に対する唯一正しい解は

存在しないと主張したい。また、免許や十分な飛行経験の無い乗客が飛行機を操縦しようと無謀な行動に出ることのないように、もし、もちろん必要な免許と飛行時間を有しているのであれば別だが、ガバナンスに関わる基本的な事項については、ファミリー協定やガバナンスのプロセスにおいて、明確にしておく必要があることは言うまでもない。

並行的プランニング・プロセスの手引き

　本書の読者はおそらく気づいているものと思われるが、本書はファミリービジネスを扱った一般的な書物とは異なる構成になっている。本書は、個別具体的な課題、もしくはファミリービジネスに起こる課題について、解決策を提示するものではない。したがって、索引で「承継」の見出しを調べて、9つのステップがあるというように、本文中の「承継」に該当する箇所を読むという方法は適切ではない。本書が提示しているものは体系的なプランニングのプロセスであって、それはファミリービジネスの競争上の優位性を創出するために、ファミリーの各メンバーが協力し合うこと、および同ビジネスにとって好ましくかつコミットされたオーナーとなるべく尽力することを促すものである。

　並行的プランニングによって、ビジネス・ファミリーは自らのコミットメント、価値観、ビジョンを探り、各人それぞれの役割を認識し、プロセスを策定し、さらに、時宜を得た意思決定やガバナンスを通じての説明責任の確保を実現することができる。並行的プランニングのプロセスは確固としたものであり、すでに有効性が証明されたものであるが、それがすべて一から十まで実践される必要はない。並行的プランニングに関してこれまで研究を続けてきた経験から、我々は、ビジネス・ファミリーにとって有益となるいくつかの原則を紹介することにしたい。これらの原則につき事前に理解を深めておくことで、ファミリーは並行的プランニンを実践しやすくなり、そのプロセスにおいてつまずく場面も

少なくなるであろう。

- 文書化されない限り、それはプランでも協定でもない。世界はアイデアにあふれているが、そのほとんどが実行に移されることは無い。ファミリーは、覚書や議事録に記録を残したうえで、それを基に協定と行動プランを作成する必要がある。覚書は、最終的に完成された文書のかたちにする必要はないが、協定等を作成する際の元になるものである。紙の形で残すのである。ファミリーが最初に作成することになる文書は、初回のファミリー集会の開始時に起草する、簡単な行動規範（code of conduct）である（第3章参照）。ファミリー集会が開催される度に、毎回作成される議事録は、たとえ集会に参加していないメンバーであっても、話し合われた内容を把握することができるように、さらに、プロセスに関与させるためにも必要不可欠なものである。

- すべてのファミリーがファミリー・プランニング・プロセスに参加する必要はない。プランニングは、プランニングに関心がありかつコミットした当事者が、ファミリー全体を代表してプランニング作業チームに参加する場合、最も機能する。プランニングは、まずはプランニングに関心を示す者たち（仮にファミリー全体を代表して組織されるグループが大人数の場合は、いくつかの作業チームに分け、プランニングの各プロセスをそれぞれ担当させる）によって開始され、その後、他のメンバーが、自らも参加できる段階になったと感じた時にこのプランニングに加わることが望ましい。重要なファミリー・メンバーがプランニングへの参加を拒む場合、こうした者たちを除いてプロセスを開始せざるを得ない。ただし、彼らを含むファミリー全員がすべての意思決定とプランについて把握できるようにしておく必要がある。情報を秘匿するようなことがあってはならない。

- 変更のプロセスを開始することができるのは他ならぬあなた自身である。1日の終わりに、自らの行いを改めることができるのは、（仮にそれがあなたの意思に反しない限り）あなただけである。自らの

第 1 部
なぜグローバル・ビジネス・ファミリーにとってプランニングが必要なのか

行いを改める場合、それに対する他人の対応によっては、自らの変化に何らかの影響があるかもしれない。しかしながら、あなたにとって何よりも重要なことは、まずはあなた自身を変えることである。行いを変えてみることは、新たな解決法を得るうえで不可欠である。

- プロフェッショナルの助けを借りる。ファミリーの身動きが取れなくなり、メンバー間の意思疎通もままならず、組織も有効に機能しない場合、信頼できるファミリーの顧問、取締役、ファミリービジネスのコンサルタント、プロの仲裁人に、プランニングのプロセスへの参加を要請して、事態を好転させることが賢明であるかもしれない。仮に、あなたが、効果的ではないと思われる行動を繰り返すのみに終始するのであれば、そこから得られる結果に変化が生まれないことは明らかである。ファミリーは往々にして身動きが取れなくなる。なぜならば、共に協力し合う術を学んでおらず、さらにファミリービジネスを所有することに伴って生じる問題を十分には把握していないからである。それゆえ、別の選択可能な方法を模索する機会が必要であり、たとえば、INSEADやケロッグ経営大学院が提供しているような、ファミリービジネス・エグゼクティブ・プログラムへの参加等が挙げられる。

- ファミリー・プランニングのプロセスのうちいくつかの側面は、最終的なプランや全員の合意がなくとも進行する。これについては問題ない。ファミリーには時間が必要で、場合によっては、まずはプロジェクトを開始することにつき合意を得ることが、適切な一歩であることもある。ファミリーは、何やら大き過ぎることに挑戦したり、達成することよりも、むしろ出来ることから実行に移す必要がある。たとえシステム内部の小さな変更であっても、それが他の箇所で大きな変化を導くことがある。ファミリーによっては並行的プランニングのすべてのステップを完遂できないところもあるだろうが、ファミリーがプラン作成とその実施につき効果的に協力できるのであれば、これは問題ではない。

- 少しずつ物事を進めることで、周囲からの抵抗をできるだけ最小限に抑える。いつ何時であっても、ファミリーからの理解を得るため

には、物事を進める際の優先順位というものが存在する。物事によっては、周囲からの抵抗が大きかったり、それを抑えることが困難であったり、その逆に、あまり抵抗に遭わなかったり、理解を得られやすいものもある。場合によっては、扱いに慎重を要するような困難なものではなく、あまり抵抗に遭わないような比較的取り組みやすいものに焦点を当てて、そこから開始し、物事を進展させることも良い方法である。比較的取り組みやすいものから開始することで、当事者たちが互いに協力し合うことを学び、さらに自らの問題解決能力に自信を深めることにつながる。こうした自信が他のビジネス上の課題に取り組む原動力になる場合もある。物事をどのように進めるかについての判断は、常にファミリー、もしくはファミリー内に組織された作業チーム次第である。

- 先見的なファミリー・プランニングとは、学習を通じて獲得したものによって可能となる。我々の経験では、ファミリーは必要に迫られると変化する。ファミリーには、ある特定の問題を解決したいと欲する、いわば変化を生じさせる引き金のようなものが存在する。ここでも、プランニングについて事前に学習しておくことおよび行動を起こすことは、問題やメンバー間の対立が生じるのをただじっと待つよりも、良い結果を産むという単純な原則があてはまる。プランニングや意思決定をめぐるファミリーの不信が、扱っている問題そのものの枠を越えて尖鋭化していき、このままでは事態の収拾が困難になりそうな場合、専門家の助けを得ることは非常に重要である。仮に、あるメンバーの息子もしくは娘が、正式に文書化されていない協定のせいで同ファミリービジネスへの就職を拒否された場合、当該ファミリーは出来るだけ迅速にその問題に対処するべきである。多くのファミリーにおいて、いったんプランニング・プロセスが始まってしまえば、予め開催日時が設定された定期的な集会の場で、優先事項が記された年間予定議事スケジュールに沿って話し合いが行われることになる。議事進行と意思決定が一部のファミリー・メンバーで行われたり、あるいは、ある特定の問題しか扱われないといったことが無いように、先を見越したうえで計画を立てることが非常に重要である。

第1部
なぜグローバル・ビジネス・ファミリーにとってプランニングが必要なのか

- 各ファミリービジネスがプランニングを実行に移す際、すべてのファミリービジネスにあまねく通用する唯一の方法と呼べるものは存在しない。ファミリー企業が、ファミリーとビジネスの双方のシステムを有機的に結びつけ、ファミリーの期待とビジネスのニーズの整合性を図るまでには、数年を要する場合も考えられる。カーギルの事例がこの点を物語っている。同社のプランニングは現在もなお進行中であり、今後数年をかけて策定され、絶えず修正が加えられることになる。ビジネスとファミリーの今後の共生関係を持続させるための並行的プランニングは、ほぼ絶え間ないプロセスであるといっても過言ではなく、成功しているファミリービジネスの根幹をなすものである。

- 教育とトレーニングは優先度が高い。再び、カーギルの事例が好例となる。プランニングは、その前提となる知識や共通の認識がないと成り立たない。参加者に共通の認識とは、以後、本書第5章で扱う、ファミリーの参加戦略の策定の一部として、ファミリーのなかに形成されなければならない。教育の重要性については、異論は少ないであろう。教育は、ファミリーの人的資源の向上に貢献し、ひいてはファミリービジネスの競争上の優位性の確立に資する。

第 2 部

人間の価値を生み出す

3 ファミリーの価値観と企業文化
(Business Culture)

　ファミリービジネスにおける価値観の重要性については、創業家出身のＣＥＯとしてはカーギルで最後となるホイットニー・マクミランが、次のように明確に述べている。「企業として、我々はビジネスの進め方を5年ごとに変化させてきたが、その一方、125年間変わることなく同じ価値観を信奉してきた」。並行的プランニング・プロセスのスタートに際し、まず初めにファミリーの価値観を探求することは、ファミリーそのものについての認識を深めたり、ファミリーにとって何が重要か、どのようにファミリーはふるまうべきかについて考えることになるため、自然な行為といえる。他の営利組織と同様、ファミリービジネスも、ビジネスである以上、競争、富、責任、公正さ、勤勉さといった経済的な価値観によってつき動かされている。他方、こうした経済的な価値観に相対するものとして、愛情やしがらみ、自尊心や思いやりといったファミリーの価値観がある。

　ファミリーの価値観がビジネスの場に持ち込まれたときには、経済的な価値観との調整は必要ではあるが、ファミリービジネスに対して、ビジネス上の強みや継続性の源泉につながるものがもたらされることとなり、より人間性の感じられる事業計画や行動が行われるようになってくる。ファミリーの価値観は、変化や激動の時代において、確かな方向性を示してくれるものとなり、ビジネスとファミリーの両方を成功へと導くものとして機能する。ここで極めて重要なことは、こうしたファミリーの価値観が、多くの成功したファミリービジネスにとって、競争上の強みの源泉となっているということである。

　ファミリービジネスの信念や価値観は創業者によって生み出される

が、そこには彼のファミリーのリーダーとしての、あるいは起業家としての姿勢が反映されている[1]。こうした価値観は、時間の経過とともに、より多数のファミリー・メンバーに共有され、必要に応じて時代ごとに多少の修正を加えられることはあるものの、大きな考え方としては世代から世代へと引き継がれていく。ファミリーの価値観というものは、つねに明確なかたちで示されてはいないものの、企業文化としてファミリービジネスの運営に対し大きな影響を与えるものである。仮に、ファミリーの間に共有された価値観が無いときには、メンバー間で優先順位や意思決定をめぐって不一致が生じることとなり、ひいてはそれが争いや衝突の元になって、ファミリービジネスは成功から遠ざかっていってしまうこととなる。こうして考えてくると、並行的プランニングのつくり方の第一段階は、ファミリー・メンバーが、ファミリー・メンバー自らやビジネスにとって不可欠となる価値観を探求し、これに同意し、書き留めることであるといえるだろう。

　ファミリーの価値観を探ることは、自分たちがいったい何者であるのかを問いかけて、自らの存在意義を明らかにする試みともいえるものであり、ファミリービジネスを導く羅針盤としての役割を果す。価値観はそれぞれのファミリーに固有のものであり、いかにふるまうことが成功へとつながるのかを物語るものとなっている。成功はつねに社会的に築かれるものである。言い換えれば、成功の定義とは各ファミリーが社会の中で培ってきた経験や取引上の関係に基づいて、表現されたり解釈されたりするものであるといえるだろう。ファミリーの中には、良好な財務上の業績を成功と解するファミリーがいる一方で、ファミリーの評判や他者への貢献度合いを成功の尺度とするようなファミリーもいるかもしれない。価値観はさらに、ファミリー内での貢献度合いや将来の期待をはかる尺度にもなっている。具体的に考えてみれば、学歴の有無をファミリーに対する貢献度を測る尺度として用いるファミリーがある一方で、職務の実績を実際の貢献度を測る尺度として用いるようなファミリーもいるということである。

　ファミリーの価値観は、ファミリー内部での行動規範を示すものであ

るため、各メンバーはお互いにどのようにふるまうことを期待されているのかを自然に身につけることとなる。子どもがファミリーにとってふさわしくない振る舞いをした時に、多くの親が決まってこういうものである。「我が家ではそのような振る舞いはふさわしくありません」。ファミリーの各メンバーが、認識し合っている価値観に沿った行動をしていると、ファミリーの間に信頼関係が生まれてくる。ファミリーの間で共通の認識、規範、信念、経験を持っていることは、ファミリーのメンバーがお互いの欲求やモチベーションをわかり合ううえで役に立つ。ファミリーの間で共有された価値観があることで、ファミリー内部での意思決定やプランニングの枠組みが作り上げられ、ファミリー・メンバー同士の協力関係を推し進め、不毛な対立を減らすことができるため、何かあった場合にも効果的な対応ができるのである。

　ファミリーの価値観は、それぞれのビジネス・ファミリーごとで実にさまざまな役割を果すものである。ファミリーの価値観がファミリーの行動規範を表しているようなケースがあれば、組織の文化を強固なものにし、企業のビジネス戦略を支える礎として価値観を位置付けているファミリーもある。また、その価値観を、社会的責任を示すものととらえるファミリーがいるほかに、その価値観に基づいて慈善活動を行うようになっているファミリーや、次世代のリーダーとしてふさわしい振舞いがその価値観の中に列挙されているようなファミリーもある。さらに、ファミリーに共通する価値観があることで、世代や分家の垣根をこえて、長期にわたるファミリーとメンバー間の関係を構築し維持させることにつながるような、まさに接着剤としての役割を価値観が果しているようなケースもある。共有された価値観は、次世代の者たちが互いにどう協働していくのかについて有益な示唆を与えるものであり、ファミリーにとって大変重要なものである。さらに、ファミリーの価値観に基づいて、キャリアや報酬等に対するファミリーの考え方、思考のパターンが形作られてくる。仮にファミリーの価値観が平等性を重んじるものであるならば、そのファミリービジネスでは、年功や勤続年数に基づいて給与を支払うことが理にかなっている。一方、ファミリーの価値観が業績を重

んじるものであるならば、賞与を基本とした報酬体系がより適切だということになるだろう。

　価値観が共有されていることで、ファミリービジネスの安定の基盤となる一方で、とりわけ世代交代の際には、変化に対する障壁にもなりかねない。同じ価値観を巡っても、各人の経験や教育、あるいはビジネス環境の変化によっては、解釈が分かれるようなことも生じることもある。世代が下り、姻戚が増えるにしたがって、価値観をめぐる対立が生じかねない。年功に基づく平等な給与を享受してきた上の世代の者たちは、自らの子をトップレベルのビジネス・スクールに通わせるかもしれないが、そこで子たちが学ぶことは、上の世代がかつて享受してきたものとは異なり、各人の能力と貢献に基づく給与のあり方かもしれない。

　本章では、並行的プランニングの最初のステップである、ファミリーの価値観の検討および設定について扱う。この最初のステップを経ることで、プランニングのプロセスの全体像や方向性がはっきりとし、目指すべきゴールや、取りうるべき行動が定められることになる。また、価値観について検討することを通じて、個々の瑣末な問題をめぐってお互いに反目しあうよりも、建設的でなおかつ広い視野に立って、お互いの相違を考える機会や機運が創り出される。プランニングを通じて、ファミリーの価値観が共有され、受け継がれ、さらには必要に応じてその時々の慣習や信念を反映したものに改めるべくメンバーが再検討を行う機会も与えられる。ファミリー内部で深刻な衝突が起こるのは、ビジネスを巡っての行動の不一致から生じるのではなく、ファミリーの価値観への違反行為によって起こるものである。

ファミリーの価値観とビジネスパフォーマンス

　ケロッグ経営大学院でファミリービジネス論を専攻する受講生を対象に、ファミリー企業が有する最も大きな強みは何であると思うかと最近、

問うてみた。さまざまな回答があったが、強固な価値観に基づく企業文化であるとする回答が最も多かった。強固な価値観は重要である。ファミリーの価値観は、それが明文化されているかどうかを問わず、ファミリービジネスの運営方法、ビジネス文化や戦略、今後の業績への期待に影響を与える。サム・ウォルトン（Sam Walton）の徹底した倹約精神が、米小売チェーン、ウォルマート（Walmart）のあらゆる面に影響を与え、やがてそれが成功戦略として語り継がれることになった事例を見てみよう。想像してみてほしい。売上高数十億ドルを誇るグローバル企業のうち、いったいどれほどの企業が、自社の上級役員に対して、出張時にはエコノミークラスを利用し、ホテルは相部屋とするように求めるであろうか？　いったいどれほどの企業が、コスト削減のため、社員に対して文具を持参するように求めるであろうか？　こうした問いを挙げたのは、経費削減のための徹底した倹約姿勢、その重要性を論じることにあるのではない。むしろここでは、ビジネス（事業）というものをどう捉え、それをどう遂行していくのかということにつき、考えを明確にしておくことの重要性を説いているのである。このコストというものに敏感であるという企業文化が同社に浸透していることで、同業界内において同社のコスト構造が最も低く、それゆえ、価格競争力のある商品を提供することが可能であるという、ウォルマート全体のビジネス戦略の根幹をなすものになっている。

　従業員や顧客をどのように扱うか、あるいは株主等のステークホルダー（利害関係者）に対してどのような責任をはたすべきかといった、ファミリーにとって核となる価値観は、それが暗黙の了解とされているか、あるいは並行的プランニングの一環として十分に議論されているかどうかにはかかわりなく、必然的に、事業計画、事業方針、ファミリー協定の策定に影響を及ぼす。前章で取り挙げたカーギルとマクミランのファミリーは少ない額の配当金を支払う一方、ビジネスに再投資することで長期的にもたらされる価値があると明らかに信じていた。ファミリー企業であることで、四半期ごとや年度ごとに決算の開示を求められる株式公開企業であれば実行に移すことを躊躇するようなプロジェクト

であっても、積極的に投資を行うことができるような時もあり、積極投資がカーギルの戦略に大きな影響を与えていると考えられる。

　長期にわたって存続するファミリー企業の多くが、その中核を占める価値観を根拠に、自社がビジネス上のミッションにどのようにかかわっていくべきなのかを定めている。シンガポールのユウ・ファミリー（Eu family）の事例を見てみよう。彼らの偉大な祖父は、後のユウ・ヤン・サン（Eu Yan Sang）の前身となる、中国古来の薬草を販売する個人経営の店を構えた。ユウ・ヤン・サンとは、ファミリーネームであるユウ（Eu）に、「人々のために」を意味する「ヤン・サン（Yan Sang）」とを組み合わせたものである。もし、ファミリー・メンバーが、ファミリーにとってビジネスとはいったい何を意味するものであるのか、さらには、ビジネスに対するファミリーの責任とはいったい何であるかについての意見や考えを共有していないとしたら、ユウ・ヤン・サンが1980年代に悩まされたのと同じような不毛な対立を起こしてしまうかもしれない。1980年代において、ユウ・ヤン・サンでは、商号、戦略、さらには支配権をめぐる対立が絶えず、そのためにビジネスは一時終焉の瀬戸際まで追い込まれたのである[2]。

ファミリーの価値観の実例

　本節では、ひと口にファミリーの価値観といっても、ファミリービジネスのシステム全体のなかで、実にさまざまな面に焦点を当てたものが多数存在し得ることを見ていく。各ファミリーが、ファミリービジネス全体の中で、それぞれさまざまな側面のある一点に着目して価値観を定めているということを認識しておくことは重要である。しかしながらファミリービジネスとはさまざまな要素が有機的に相関した複雑な1つのシステムであり、それゆえ、ある一部分のみに着目したように思われるファミリーの価値観、ビジネス戦略、あるいは社会的責任であっても、

ファミリーとビジネスのあらゆる面に影響をもたらすことになる。ビジネス・ファミリーは、彼らが抱えるあらゆる問題に対応できるような、いくつもの価値観を持つ必要は無い。ファミリーが、各々優先度が高いと考える事項に絞って、1つの明確な価値観を定めておくことは、メンバー間のある種の共有された認識や感情を醸成し、それが円滑な計画策定や意思決定にも資することになるだろう。

ファミリーの価値観と受託責任

ファミリーの受託責任とは、現役世代が、より健全でより価値のある事業を次世代に譲り渡すことを規定する価値観である。受託人（steward）となる現役世代は、自らが現在行う意思決定が後の孫の代にも影響を与えることを認識し、現在のオーナーだけでなく将来のオーナー、さらには社外の各利害関係者の長期的な利益にも影響を及ぼすことを自覚しなくてはいけない。ファミリーが、長期的な視点を持ち、将来的にもたらされるだろう成果や実績等に責任感を持つことで、受け継がれていく世代の中での受託責任を引き受け、自らの行動を律することができるのである。

受託責任については、英国内大手パン製造会社、ワーバートン（Warburtons）の中核を占める価値観でもある。同社会長のジョナサン・ワーバートン（Jonathan Warburton）は次のように述べている。

> 私は、受託人としての自らの役割について、当社を、私が仕事に加わった当時よりも、より強固な存在にすることであると考えている。この思いは私が早く起きるようになっている大きな理由ともなっている。会社をより良くすること、改善すること、ファミリーに良いかたちで財産を残すこと、これらの事柄に対する飽くなき欲求があるため、早く起き、仕事を始めるのである。私の近親者がその保有する財産や達成した事柄に対して誇りを持っていることが非常に重要であることに疑いの余地はない。

シンバル製造元として広く名を知られているファミリー企業を経営し、アルメニアン・アメリカン家系（Armenian-American family）のファミリーの一員である、クレイギー・ジルディアン（Craigie Zildjian）は、会社が長期にわたって存続する鍵を握る受託責任について同じような見解を持っている。「我々ファミリーのアイデンティティの主要部分は、世界中で一番優れたシンバルを383年にわたり作ってきたという伝統によって形成されている」。彼女はビジネスウィーク（Business Week）のオンライン情報誌であるビジネス・エクスチェンジ（Business Exchange）において、こう述べている。「したがって、我々は、自分たち自身を、会社が求めるものを実現していく、会社にとっての受託人であるとみなしている」。

　受託責任の考え方を取り入れると、ファミリーおよびビジネス双方のシステムにおいて、しっかりとしたプランニング、時宜にかなった判断、さらには厳格な説明責任が求められるような各局面において、非常に大きな変化がもたらされる。実際のところ、受託責任という価値観を体現するにはかなりの労力を要することになるが、それによってもたらされる恩恵も多大である。ビジネス・ファミリーが、長期的な業績を確保するためには、短期的な利益を犠牲にしなくてはならない場面も出てくるであろう。受託責任に関して、他に検討すべき重要な点としては、インドのムルガッパグループ（Murugappa Group）が示すように、ビジネスとファミリー双方に対するファミリーの責任を明確にしておくことが挙げられる。

　ムルガッパグループは、5世代にわたるファミリービジネスであり、インド国内で最大規模を誇る企業の1つに数えられ、総売上は10億米ドルに達し、従業員は2万3,000人を超えている[3]。同社は過去10年の間に、メンバー各人が会社に対して負うべき責任、さらにはメンバー同士いかに協力し合っていくかというファミリーの価値観に基づき（図3.1参照）、オーナーシップとマネジメントの仕組みを構築し直し、その結果、他社に負けない強みを築くことができた。ムルガッパグループの

[図 3.1] ムルガッパファミリーの価値観および受託責任

責任に関する覚書：個人がビジネスに対して負うべき責任

- 株主、従業員、顧客、金融機関、政府機関と取引する際には倫理規範を遵守すること。
- 品質の良い商品やサービスを通じて顧客に対してその金額に見合う価値を提供すること。
- グループ内の仲間に対して敬意と思いやりをもって接すること：学習し、貢献し、自己実現するための機会を与える：主体性、革新性および創造性についてはこれらを認めたうえでそれに相応しい報酬を与える。
- 信頼感、開かれたコミュニケーションのあり方、およびチームの団結心に資する組織づくりに寄与すること。
- 身の丈に合った、節度と謙虚さをわきまえた事業スタイルを保持すること。
- 機会を役立てるため効果的に環境を管理すること。
- 社会的な要請および環境保全に対する責任を果すこと。
- 継続的に組織の刷新を行うことで、加速度的に成長しつつも、価値観や信念からは逸脱しないこと。

　成功に関して、同社の社外取締役の1人は、最近行われたインタビューのなかで次のように語っている。「もし、街頭でムルガッパグループについてどう思うか尋ねてみたら、多くの人は、その会社が掲げる価値観については申し分ないのだが、何しろ、旧来の伝統に固執しすぎていて、歩みも非常に遅々としている、と答えるだろう」。

　ファミリーの価値観というものは、宗教上の信念やビジネス上の慣習を独特なかたちで融合させた、精神的および経済的な側面をあわせ持ったものである。創業間もない頃の世代を導いてきた価値観が、やがて将来に向けてのオーナーシップおよびリーダーシップなどのための新たなかたちを指し示すものとなっていく。かつてムルガッパグループで会長を務めたM.V.スビア（M.V. Subbiah）も、ファミリーの役割についてその甥と同様の見解をもっている。

　　我々は自らを、遺産の管理人、伝統の継承人であると認識している。

第 2 部
人間の価値を生み出す

　これらはいずれも、連帯感、信頼感、敬慕の情、倫理的な価値観に加え、さらには、尊厳、主体性、そして規律の上に成り立っている。これらはファミリーおよびビジネスのリーダーシップに求められる領域や重要性に変化が生じる際、我々は今後直面するだろう大きな難題に対処できるように準備しているともいえる。

　スビア氏は1996年、ムルガッパグループの会長に指名されたことを受けて、年長のファミリーリーダーや、ファミリーからの信頼や尊敬を集めていた顧問と共に、ビジネスのリーダーシップとガバナンスに関する検討を行う特別作業チームを編成した。同作業チームの目的は、グループ傘下の5つの各事業部門においてそれぞれ強い影響力をもつ各経営陣のニーズと、ファミリーの価値観、戦略的思考およびガバナンスとの調整を図ることにあった。同作業チームはほぼ2年にわたり、ファミリーが、オーナー兼経営者としての立場よりも、統治者兼オーナーとして、いかにオーナーシップとガバナンスの新しいかたちを作り出せるか議論し、いくつかの成果を得ることとなった。まず、ムルガッパグループ傘下の5つの各事業部門をより密に連携させ、より客観的な行動をとるようにすること、次に、ファミリー出身以外の常務取締役の能力を開発し、さらにはガバナンスのプロセスを強化し続け、ファミリー・メンバーの個人としての責任および受託責任にかかわる同グループの価値観が再認識された。

ファミリーの価値観と組織の文化

　創業者は、自らのリーダーとしての立場から直接的に、あるいは後継者となる子どもたちの後見役として間接的に、その企業の文化をかたち作る。その好例として、一般家庭向けクリーニング機器の世界的メーカーであるSCジョンソン（SC Johnson）を見てみよう。創業者のサミュエル・カーティス・ジョンソン（Samuel Curtis Johnson）は53歳の時に、床張りの事業を開業したが、顧客が床の品質を一定に保てる新商品

を求めていることに気づいて、床用ワックスの事業に乗り出してビジネスを多様化させていった⁽⁴⁾。ジョンソンのワックスの評判が高まるにつれて、彼はワックス事業に本腰を入れるようになり、同社は地元で有名になり、アメリカ国内、そして最終的にはワックス業界において世界的企業となった。創業者の起業家精神にあふれる価値観は、ジョンソン・ワックスの企業文化の発展に寄与し、革新の精神を取り入れるとともに、自社製品の品質向上、世界的規模での業務拡大、マーケティング戦略、従業員間の良好な関係等（図3.2参照）を同社の企業理念として受け入れることを可能にした。彼はその生涯を終える86歳にいたるまで、精力的に会社の発展のために力を注ぎ、大衆紙を刊行し、さらには、有給休暇制度の導入や事業収益を労働者に積極的に還元するなど、従業員向けの各種福利厚生を充実させた。

彼の死後、その息子であるハーバート（Herbert）が同社社長に就任した。ハーバートが18歳で父親が経営する会社に加わったとき、同社はまだ創業後2年を経過しただけだったので、ハーバート自身も創業メンバーの一員であったといえる。ハーバートは、ファミリーに脈々と受け継がれてきた「革新」という価値観を存続させるべく、同社の中に初めてとなる研究開発部門を立ち上げ、その部門を通じて数多くの洗濯用新商品が世に出されることとなった。また、事業を拡大するために同社の拠点をカナダにまで広げる一方で、従業員の福利厚生面では週40時間勤務体制にするなど、さらに充実させている。さらに、地域社会のニーズに応えるために慈善財団であるラシーン・コミュニティ・チェスト（Racine Community Chest）を同社の本部があるラシーヌ（Racine, Wisconsin）に創設した。ハーバートは晩年（1928年）に自らの行動を振り返って次のように語っている。「いかなる企業においても、人（従業員および顧客）の善意こそが後世まで長く残るものだ。これこそが唯一、実体をともなったものだ……そのほかは、幻影にすぎない」。

父親のハーバートが60歳で急逝したことを受けて、その息子ハーバートJr.（Herbert Jr.）は、若くして同社社長兼最高執行責任者に就任す

[図 3.2] ファミリーの価値観と企業文化

ジョンソン家の価値観
- 企業家精神
- 革新
- リスクをいとわないこと
- 知識と技術
- 従業員の厚生福利
- 顧客のニーズを満たすことを第一に考えたマーケティング
- ビジョン
- 先見的な行動
- グローバルな思考様式

ることになった。H.F.の別称としても知られるハーバートJr.は、大恐慌期の最中、同社を10年間にもわたって率いることとなり、売上を40％減少させたにもかかわらず、ファミリーの価値観を堅持し続け、1人たりとも従業員を解雇しなかった。恐慌期を抜け、同社の経営が安定すると、H.F.は、ファミリーの伝統である起業家的な経営スタイルで積極拡大を再開した。彼は、新たにフランスと南米に子会社を設立したり、24を超える新商品を投入したが、その一方で、従業員に対して年金や医療に関する計画案を提示したり、ファミリーによる慈善事業への取り組みを拡大することも忘れていなかった。ジョンソンワックスは、その当時米国で新たに登場した媒体であるラジオによって初めて全国的に宣伝された広告主の1つとなった。より革新的な企業の実現に取り組むために、H.F.は、現代建築の第一人者であるフランク・ロイド・ライト（Frank Lloyd Wright）に対して、同社の本部を斬新かつ間仕切りのないレイアウトで設計するよう依頼した。これは従業員のことを考え、各部門や

職務間での情報のやりとりや共有を後押しすることを意図したものであった。

　H.F.の息子、サム（Sam）は、その父親であるH.F.が重い脳卒中をわずらったため、再び若くして会社を引き継ぐことになった。ジョンソンワックスでのサムの最初の任務は、新商品企画部を立ち上げて、これを率いることであった。彼のリーダーシップの下、同社は新たに４つの主力商品を世に出した。レイド（Raid insecticide：家庭用殺虫剤）、オフ（OFF insect repellant：虫除け剤）、プレッジ（Pledge furniture polish：家財用ツヤ出し剤）、グレイド（Glade air freshener：消臭剤）の４商品である。1960年までには、これら４つの新商品が、会社の総売上げの35パーセントを占めるまでになっていた。サムの在任期間中、同社は世界45カ国に進出し、売り上げの規模は50億米ドル超にまで拡大した。このように同社のファミリー・メンバー全員は、世代が変わっていこうとも、自らのマネジメントとリーダーシップの基盤として、企業家精神にあふれる行動を是とする価値観を共有していた。

ファミリーの価値観と行動規範

　フイゼンガ・ファミリービジネス（Huizenga family business）の創業者ウェイン・フイゼンガ（Wayne Huizenga）の息子にあたるP.J.フイゼンガ（P.J.Huizenga）は、ファミリーの価値観は同社の成功にとって不可欠なものであったと言っている。ケロッグ経営大学院で行われたファミリービジネスをテーマにした講演において、同氏はフイゼンガ家（Huizenga family）にとって強固な行動規範を形作るもととなる、同家において中核を占める９つの価値観について語った（図3.3参照）。「兄弟パートナーシップ」の時期にあるファミリービジネスはさまざまな困難を抱えやすく、明確な行動規範を持つことは、誤解を減らし円滑な意思決定を導くうえで役に立つ。P.J.フイゼンガは、次のように語った。

　　私の父や叔父は、フイゼンガ＆サン・プライベート・スカベンジャー

[図3.3] ファミリーの価値観とファミリーの行動

フイゼンガ家の価値観
- 勤勉
- 神を敬い、厚く信仰すること
- 強固な関係を築くこと
- 違うやり方を実践してみること
- リスクをいとわないこと
- 奉仕型リーダーであること
- 他人に敬意をもって接すること
- 他人に報いること
- 謙虚であること

（Huizenga & Sons Private Scavenger）という名で一般顧客向けに小規模の廃品回収業から始まり、フイゼンガ家に伝わる価値観（図3.3参照）にしたがって事業を行ううちに成長を遂げ、今では社名をウェイスト・マネジメント（Waste Mnagement）に改めた。世界規模の廃棄物処理会社にまで育て上げ、全世界に2,700万人をこえる顧客を抱えるまでに成長した。ファミリーの価値観を共有するために、曾祖父の実例を引き合いに出して、あるいはファミリーの集会を通じて世代から世代へと受け継いできた。ファミリーの価値観を、世代を越えて伝承していくことは、我々にとって、非常に優れた企業文化を形成していく支えとなった。こうしたファミリーの中核を占める価値観無くして、これほどの成功を我々が成し遂げられたとは考えられない。

息子のP. J. フイゼンガが言うように、ビジネス・ファミリーにとって重要であり課題となるのは、ファミリーの価値観を伝承し、必要に応じ

て更新していくことである。事業を立ち上げた創業者たる父親は、自らの価値観を、あらゆる行動や言葉を通してその子に直接伝えることができる。これはファミリー内で影響力ある人物が直接、その子と交わすコミュニケーションである。父親としての立場とそれに伴う信頼感から、その子は、ビジネス・ファミリーはどう行動すべきか、何がビジネスでの成功をもたらすのか、ということについて学び、父親から心理面において多大な影響を受けることになる。こうした心理面での影響は、世代を経るに従って次第に薄れていく。孫の代が直接、創業者と時間を共有できる場面はなくなってくる。こうした背景から、ファミリーには、その価値観を明確に規定し、世代をこえて伝承できるプロセスを作り上げる必要があるのである。

ファミリーの価値観とビジネス戦略

　ファミリーの価値観は、ファミリーの目標とビジネス戦略の目標とを一体化させることで、相乗効果をもたらす。これは、兵器製造業界では世界を代表する大手企業であり、創業家が所有と経営を兼ねる企業としては世界最古に数えられるベレッタ家（Beretta）に特にあてはまる[5]。ベレッタ家においては、あらゆるプラン、判断、および行動につき、ファミリーとビジネス間の直接的なつながりを重視する。創業以来500年を数える多くの老舗ファミリービジネスとは異なり、ベレッタ家はオーナーシップとマネジメントの役割に明確な区分を設けていない。ファミリーがビジネスのあらゆる側面を引っ張っていくのである。同ファミリーの価値観を見ると、ビジネスに大きな比重を置くビジネス・ファミリーとはまさにベレッタ家のようなファミリーをいうのだということが明らかとなろう（図3.4参照）。

　ファミリーが明確な価値観を持つことは、オーナーシップとマネジメントの承継が進行している時期に、次世代の者が新たなビジネス機会や戦略を見定めるうえで役に立つ。ファミリーがリーダーを長期にわたっ

[図 3.4] ビジネス戦略にとってのファミリーの価値観

ベレッタ家の価値観
- 「慎重かつ果敢に」
- 個人の自由:「一人が有する力」
- 毎年、新技術に投資する
- 妥協なき品質向上
- 最新技術と世代をこえて
  脈々と受け継がれる職人技の融合
- 十分に機能するように
  調整された組織は、成功に不可欠である
- 自らが世に出した商品に
  誇りと愛着を持て
- 組織的な革新:
  革新のためのプロセス、手順および設備(を整える)

て務めることで安定性が生まれ、さらに次世代の者がビジネスについて学び、事業を承継していくときにも、自らの考えを整理しておく十分な猶予期間が与えられる。ベレッタ家に強固な価値観が根付いていることで、次世代のファミリー・メンバーが、長年にわたって信奉され続けてきたビジネスのパラダイムの是非を問い直し、新たな技術を推進し、より果敢に新規事業に打って出ることを可能にしているのである。ファミリービジネスにおいては、次世代の者へファミリーの価値観を首尾よく伝えることが、ビジネス戦略を更新する鍵となることが多い。価値観の伝承がうまく行われることで、当該ファミリービジネスは、起業家精神にあふれる企業文化を自らに取り入れ、これを保持していく確かな能力を獲得することができるのである。

[図 3.5] 次世代のリーダーシップのためのファミリーの価値観

アル・ジャベル家の価値観
- 責任感を持つこと
- 他人の意見に耳を傾け、学習すること
- 人を公正に扱うこと
- ファミリーの遺産を守っていくこと
- 清らかな心と道徳的価値観
- 寛容であること
- メンバーの問題解決能力を高めること
- 人の上に立つリーダーとしての資質およびのモチベーションを高める方法（を理解していること）

ファミリーの価値観と次世代のリーダーシップ

　有能なリーダーやオーナーの育成は、いかなる組織であっても最も難しい課題の1つである。とりわけアジアや中東地域におけるファミリービジネスの場合、より一層困難を極めることになる。というのも、こうした地域においては、ビジネスとファミリーそれぞれの価値観が異なることや、各世代によって期待や欲求が異なることから摩擦が生じ、事態がさらに複雑になる例が多いからである。社会的な価値観の変遷、新技術の出現、競争の激化、政治的な圧力、物理的な制約等、ファミリービジネスを取り巻く外部環境も、その企業や将来世代のリーダーたちにさまざまな要求を突きつけてくる。これは見方を変えれば、次世代のファミリー・メンバーが、さまざまな難題に直面することを通じてやがて有能なリーダーやオーナーになっていくことを意味する。

第 2 部
人間の価値を生み出す

　エミラティ・ジャベル・グループ（Emirati Jaber Group）の創業者であり家長でもあるオバイド・アル・ジャベル（Obaid Al Jaber）は、次世代のリーダーシップの成功は、同ファミリーの価値観（図3.5参照）次第であるとする自らの考えを明らかにしている[6]。最初に、すべての経営幹部と同様、ファミリー・メンバーには高い実績を収めることが求められる。ファミリー・メンバーの息子や娘には、ファミリーによる経営に対する信頼を損なうことのないよう、ファミリー出身以外のいかなる従業員にも負けない実績を示すことが求められる。次いで、ファミリー・メンバーは、おそらく自分たちにとって最も厳しい批評家であろうと思われる株主、さらには自社の従業員たちからの信頼を得なければならない。3番目として、次世代のファミリー・メンバーは、ファミリーの遺産を適切に管理することで、ファミリービジネスにおけるリーダーシップの移行が、株主にとって、同ファミリービジネスとの関係を見直すきっかけとなることを避けなければならない。

　正直に言えば、自分の子にファミリー企業を成功に導くだけのリーダーとしての資質が備わっていないことを最も危惧していると答えるビジネス・リーダーは多いだろう。ここで問題となるのは、シニア世代のリーダー本人において、優れた次世代リーダーに求められる基準がはっきりとしていないことである。アル・ジャベル率いる同ファミリーは、この点について問題がなかった。なぜならば、創業者であるアル・ジャベル本人が、経営スキルが重要であることは承知していたものの、何よりもまず二人の子どもが経営者として成功を収めるためには、彼ら自身の価値観とリーダーとしての度量が重要であることを初期の段階から認識していたからである。アル・ジャベルは、後継者を選任する際には、その者の財務的および技術的な実績を考慮するよりもむしろ、多様な従業員と良好な信頼関係を築ける能力を重視した。アル・ジャベルが語るリーダーに求められる最も重要な資質とは、「曇りなき心」である。それは、仮にその者の心が乱れた状態であるならば、その思いが仕事に投影されて、仕事の質が落ちると考えていたからである。

ファミリーの価値観と企業の社会的責任

　企業の社会的責任が、競争上の強みとなることはほとんどない。スリランカで衣料品製造を手掛ける会社MASを創業したマヘシュ（Mahesh）、アジェイ（Ajay）およびシャラド（Sharad）のアマレアン三兄弟（Amalean）は、新興国を拠点に低コストでの生産を実現できるライバル各社としのぎを削ることは、持続可能なビジネスモデルではないことをわかっていた [7]。スリランカ国内に目を向けると、同国の関税制度や規制に関しては将来的にどのようになるか不透明であり、また、政治的にも内戦は長引いており、同国の搾取的な労働慣行に対する欧米消費者の懸念等、さまざまな問題に直面していた。これは見方を変えれば、ファミリーの価値観をそうした国内のさまざまな現実に引き合わせたものとして考えることになるきっかけともなった。ここでも、人々のニーズや博愛精神について扱ったアマレアン家の価値観が、いかにして同ビジネスに競争上の強みをもたらしたのかについて検討することが重要である（図3.6参照）。

　MASは、品質と他者への敬意の価値を信じる3人の兄弟によって創設された。同社の名称には、そうした彼らのお互いに対するコミットメントがこめられている。在スリランカホールディング会社会長のマヘシュ・アマレアンは次のように語る。「当社の社名であるMASには、我々3兄弟、マヘシュ、アジェイおよびシャラドのビジネス上での関係性が表されている。我々の成功の鍵は、兄弟それぞれが有する能力とお互いへの深い尊敬の念を柱に、各人の役割を組織化することにある」。マヘシュは、その他にも、中核となる価値観として品質と市場におけるリーダー的地位を挙げ、さらに次のように述べている。

　　我々は、自らが手掛ける事業についてどれほど成長できるかという観
　　点から考えたことはない。我々にとってそれは、我々ファミリーに対する

第 2 部
人間の価値を生み出す

[図 3.6] 社会的責任を扱ったファミリーの価値観

MAS ファミリーの価値観

- 我々は、国連憲章・世界人権宣言と国連グローバル・コンパクトの 10 原則を受け入れる。
- 我々は、障害者も社会や仕事に貢献できることを確認し、いかなるかたちであっても嫌がらせや差別を認めず、全ての者に機会が平等に与えられることを実現する。
- 18 歳未満の者は雇い入れない。
- 超過勤務時間を含めて週労働時間は 60 時間を超えない。
- 我々は、従業員と良好なパートナーシップを築いたうえで働く必要があることを確認し、彼らが学習し、能力の開発を行い、貢献し、ワークライフバランスの実現を図ることを促進する。
- 我々は、適宜、交通費、食事、空調の整えられた設備、健康管理、医療ケアサービス、銀行業務サービス、カウンセリングを含めた幅広い福利厚生サービスを提供する。
- 当社においては女性が多数派を形成し、組織の推進力となっている。当社の「MAS・ウィメン・ゴー・ビヨンド・プログラム (The MAS Women‐Go Beyond Programme)」を通じて、当社にかぎらず地元のコミュニティも含めて女性の地位向上や能力開発に取り組む。

　収入の多寡の問題に過ぎず、あくまでも我々ファミリーがしたいと考えることを実行に移すチャンスが増えることを念頭に置いたものに過ぎないからだ。我々が最も優先すべきビジョンとは、常に最善であることを念頭において働くことであり、そのためにも我々は最善の存在となるべくその方策を意識的に捜し求めている。当社の従業員の貢献により、当社は、入札案件や製造を請け負う会社から優良メーカーへ、さらには、商品に対する顧客のさまざまなニーズに解決案を提案していく優良パートナーへと飛躍することができた。

　開発途上のアジア計 9 カ国において 3 万 5,000 人超の従業員を抱えるまでに成長した MAS の成功を語るうえで、はずせないのは、従業員との信頼関係である。スリランカ国内で一般的に見られる搾取的な労働形態は、MAS の理念とは相容れないものであった。マヘシュ・アマレアンが語る次の言葉は単純に聞こえるかもしれないが、しかし非常に重要

なことである。「我々と共に働く者は、その基本的な欲求が満たされているならば、内発的に目の前の仕事に集中し、最良の結果を生み出すことができる」。こうした信念は、労働者とその家族が離れて暮らすことのないように工場の設置場所を考えたり、スマートなビジネス投資として食事を無償で提供したり、職場内に銀行を設置したり、さらには医療サービスを充実させる原動力になっている。従業員の基本的な欲求を満たすことが重要であることを認識していると同時に、MASはさらに、従業員（同社全従業員の9割以上が女性である）の能力向上に資する教育訓練を充実させる一環として、ウィメン・ゴー・ビヨンドプログラム（Women Go Beyond program）を創設した。

　価値観がその会社の今後の成否に重大な影響を及ぼすことは、MASが、ギャップ（Gap）、ナイキ（Nike）、マークス＆スペンサーズ（Marks & Spencer）やビクトリアシークレット（Victoria's Secret）といった大企業からの発注を獲得することができた点からも明らかである。こうした世界的なアパレル業界小売各社は自社のブランド力と自社商品に対するイメージを非常に重視していることから、MASが推し進める従業員向けの福利厚生制度やウィメン・ゴー・ビヨンドプログラムといった各施策は、同社がこうしたアパレル業界各社から受注を獲得するうえで有利な要素となった。ギャップのコンプライアンス部長は次のように述べている。「当社は、提供する商品がどのような工程を経て製造されたかについて、顧客に対してより積極的に情報を発信し続けることで、最終的に自社商品を購入する判断材料としていただくことを望んでいる」。これはかつての欧米小売大手各社が顧客からのネガティブな反応を恐れて、供給元に関する情報を最終消費者から遠ざけようとしていた姿勢からの劇的な転換である。

ファミリーの価値観についての概略

　ファミリーの価値観を突き止めることは大変難しい。さらにファミリーの価値観とは、ファミリー内外での変化を反映してそのすがたを変

える動的なものである。多くのファミリーが、自らの価値観について一旦は文書のかたちにした以降も、毎年集会を開催してその場でこれを再検討する。自らの価値観について定期的に協議することは、その価値観を各世代の枠を越えて明確にし、伝承していくための機会ともなっている。こうした一連のプロセスを経ることで、ファミリーにとって、価値観というものが、ただ単に定期的に開催される集会の議事録に記載される類のものではなく、ファミリーの日常的な思考の一部をなすものであるという認識が生まれるようになる。

　実際にファミリーにとっての価値観が何を意味するものであるか、いつも簡単に理解できるわけではない。ビジネスを通じて実現出来ることと出来ないこととの観点から考えて、ファミリーの価値観として、効率や公正が正確に意味するものは何か？　制約とは何か？　ある行動がファミリーの価値観に従ったものではないとどうやって判断するのか？また価値観を決めても、各ファミリー・メンバーにより違った解釈がなされるかもしれない。ここでの鍵となるのは、価値観を可能な限り明確にすることだ。我々は、これまで独自に行ってきた研究を通して、一般的にファミリービジネスの価値観を反映したものと思われる特定の行動が指摘されている（表3.1参照）。多くのビジネス・ファミリーが、これらの具体的な行動を組み合わせていくことで、自社の価値観を定めることができるだろう。

ファミリービジネスの責任と公正さ

　ファミリーが、自らの責任をいかに定義し、公正さというものをどう扱っていくのかということについては、ファミリー・メンバーがそれぞれのスタイルを確立することであり、各メンバー同士の対人関係に影響を与え、さらにはマネジメントの慣習に影響を与えることになる。こうした責任と公正さという2つの高次の価値観、最優先の哲学をどのよう

[表 3.1] ビジネス・ファミリーの一般的な価値観

価値観	行動規範
責任 *	ファミリー重視、ビジネス重視、ファミリーエンタープライズ
公正さ *	一貫性、明確さ、コミュニケーション、可変性、公正さ、コミットメント
受託責任	忍耐、長期的な視点、意思決定、勤勉さ、遺産、理非をわきまえた
社会的責任	正しいことをする、卓節、信頼に値する、信望、慈善、他者への配慮、分かち合い
尊敬	共感、ヒエラルキー、忍耐、黄金律、共感、信頼、寛大さ、個人の利益
自立	自己決定、思考、信頼性、自由、表現、勤勉さ
ファミリーのつながり	熱意、喜び、情熱、冒険、賞賛、しがらみ、サポート、思いやり
リーダーシップ	ビジョン、品質、効率性、エンパワーメント、価値観、目的、力
起業家精神	機会、成長、革新、新たな事業、社会的起業家

* 注：責任と公正さは、各ビジネス・ファミリーが有するさまざまな価値観のなかでも、他の価値観の形成に影響を及ぼすほど重要な、特に超越した価値観である。

に位置づけていくかは、最も重要な視点である。ファミリーとしての責任をどうとらえるか、さらには公正さというものをどう扱うかに関わってくる高度な価値観は、ファミリーの優先事項や各メンバーの協働のあり方について、問いを投げかけるものである。まず初めに、どの利益を優先させるのか？　ビジネスの利益か？　それともファミリーの利益か？　次に、ファミリーはどうやって意思疎通を図り、計画を策定し、意思決定をおこなうのか？　これらの問いに対する答えは、文化的および社会的要因に左右され、ファミリーを取り巻く環境やファミリーの経験によっても異なるものであり、一概には答えを示すことはできない。我々にできることは、読者の思考や学習の役に立つファミリービジネスの哲学や公正さにかかわるアイデアを提供することのみである。

ファミリービジネスの責任

　ビジネス・ファミリーは優先順位の設定に腐心する。あるファミリーはビジネスでの責務を果すことを重視するかもしれない。こうしたファミリーは、企業、顧客、従業員、株主にとって何が最善であるのかに基づいて、意思決定を行うことになる。逆に、ビジネスを最優先に考えるファミリーとは一線を画する他のファミリーは、ファミリー・メンバーの満足やつながりを何よりも重視するかもしれない。我々は、相反し合う各責務の調整をはかる1つの策として、エンタープライジング・ファミリー・シンキング（Enterprising Family Thinking）を提案する。エンタープライジング・ファミリー・シンキングとは、現実世界においては妥協が求められるものであり、最良の解決策とは、すべての利害関係者の相反し合う各ニーズを可能な限り考慮に入れたものであるとする考え方である。

　ビジネスを最優先に考えるファミリーは、自社とその利害関係者に対していったい何ができるかということに焦点をあてる。これは会社の顧客や従業員、株主を含めて、会社にとって何がベストであるかに基づき意思決定がなされることを意味する。こうしたビジネス優先のファミ

リービジネスにおいて掲げられる方針や諸原則は、雇用関係、報酬、およびガバナンスを扱ったものとなる。こうしたビジネスを最優先に考えるファミリーにおいて掲げられる方針や諸原則は、たとえ各メンバーを不平等に扱ったり、または不公平感を抱かせるような内容のものであったとしても、ファミリー全体で苦渋の決断を甘んじて受け入れることでビジネス上のニーズについては満たすことのできる優れた基準を構成するものとなりうる。

従業員1万5,000名超を誇る英国内ファミリー企業のオーナーは次のように語る。

> 当社の最も重要な責務は従業員の雇用と利益を守ることである。当社の成功は、従業員の多大なる貢献のうえに成り立っている。英国内法には最低賃金に関する規定があるが、当社は、より生産的であるため、ひいては競争上の優位性を確立するために、当社で働く従業員に事業収益を還元したい。

ファミリーを第一に考えるファミリーはまったく違う視点を持つ。こうしたファミリーにおいては、創業者は、自ら興した会社が成功した暁には愛する家族に譲り渡すつもりであり、さらに遡って言えば、会社が家族に対してより良い生活をもたらすことを願って、事業を開始する場合が多い。創業初期においては、創業者の持てる時間、財産および才能はすべて会社に費やされるため、この時期のファミリーの関係においては、ぎくしゃくした関係や苦労が多くなってしまうかもしれない。しかしながら、こうした犠牲は、やがてファミリーの強いつながりや、自社を所有することについての強い思いを各ファミリー・メンバーに抱かせる契機となる。ファミリーを最優先に考えるビジネス・ファミリーにおいては、たとえ今後の自社のビジネス上の成功にとっていくらかの代償を払うことになろうとも、ファミリーの幸せ、公正さ、調和に資する判断を下すかもしれない。

米国内でエンジニアリング事業を手掛けるファミリー企業のオーナー

第2部
人間の価値を生み出す

は次のように述べている。

　私の家族は、当社のために人生を捧げ、私を全力でサポートしてくれた。私の第一の責務は、そうしたファミリー・メンバー全員の面倒を見ることであり、メンバーの中の誰かが困難に直面したり、誰かの助けを必要とする時には、財政的な援助ができるように備えておくことである。これは私が彼らに対する個人的な約束である。

　エンタープライジング・ファミリー・シンキングは、ファミリー、ビジネス、および特に出資者に焦点をあてている。この出資者にまで焦点を当てることは、ファミリーの視点を、その中核に位置する事業活動のみならず、ファミリーが手掛けているその他の周辺事業や、ファミリー・オフィスおよびファミリー財団にまで広げることとなる。このモデルの根底には、ビジネス・ファミリー内での計画や意思決定が、ファミリーの満足度およびビジネス上の業績双方にとって資するものでなければならないという考え方がある。このアプローチのバランスが取れれば、長期にわたってオーナーシップを持続できるようなファミリーのコミットメントを生み出す。こうした考え方を持つファミリー・メンバーは、ファミリーおよびビジネスのいずれか一方のニーズをないがしろにすることは将来のビジネスを脅かすと考えている。彼らは、ビジネスおよびファミリーの将来に対して長期にわたってコミットメントを持ち、そこではビジネスとファミリーの利害が衝突するような時でも、創造的に解決する姿勢が求められる。

　南米のあるファミリー企業のオーナーは次のように述べている。

　我々のファミリーは、他のファミリーと比べても幸運に恵まれており、それが受託責任を生み出す土壌となっている。我々ファミリーの関心事は、当社のすべての利害関係者および地域社会のニーズを満たし、ファミリーに富をもたらす持続性のある会社を築くうえで必要になる巨額の投資にある。給与の支払いや購買を通して、我々は地元の地域社会に

大きく貢献しているが、まだ十分であるといえない。そこで当社では、毎年、配当金の15％をファミリー財団に投じて、私の2人の娘がさまざまな慈善活動に役立てている。

　すでに述べたように、ファミリーの責務について明確にしておくことは、ファミリーの中で衝突が発生するようなことに繋がりかねない微妙な問題などに対する意思決定のときに、争いごとを解決するための方法を事前に決めておくという意味で役に立つ。各ファミリーがそのファミリー自身にとっての最善の意思決定をしなければならないことは言うまでもないのだが、我々はエンタープライジング・ファミリー・シンキングが提唱する考え方にも眼を向けてみることをここで提案したい。表3.2に、区分の異なる3つのモデルを使ってファミリービジネスの意思決定のパターンについて要約したものを用意した。表3.2にはすべてのファミリービジネスに共通する意思決定に、どのように異なるビジネス上の哲学が影響するかについて細かく記している。ファミリービジネスに誰を参加させるかを決定する際、ビジネスを最優先に考えるモデルにおいては、学歴や職歴等を選考基準にして、基準に達したメンバーのうち最も高い者のみを雇い入れることになる。一方で、ファミリーを最優先に考えるモデルにおいては、すべてのファミリー・メンバーに仕事の機会を与えるということが優先される。ファミリー・エンタープライズ・モデルの場合には、各ファミリー・メンバーの要求や関心事に加えて、その者の仕事に対する適正をも考慮に入れたアプローチを取る。

　こうしたファミリーとビジネスの双方の目標のバランスをとる必要が迫られるような状況においては、明確な価値観、慎重なプランニング、および定期的なコミュニケーションが求められる。ファミリービジネスの原理やエッセンスに関して協議し、意見を集約させておくのは、ファミリー・プランニングの方向性を定め、さらには事業方針やファミリー協定についての意思決定を行う際の指針を得るためである。責務や優先事項にかかわるファミリーの考えが定まれば次のステップは、ファミリーが公正さの実現を目指して共に協力し合うための条件に関する協議

[表 3.2] 意思決定を導くファミリービジネスの哲学

意思決定	ビジネス重視	ファミリー重視	ファミリービジネス
雇用	ビジネスのニーズと本人の適正	ファミリーを優先	本人の興味／関心と適正を考慮
報酬	相場を重視	公平感を重視	相場に加え、ファミリーの事情により調整
オーナーシップ	貢献度に応じて株式買受権（ストックオプション）を与える	ファミリーの判断	ファミリーの判断に加え、ストックオプションも取り入れる
役割および権限	職務記述書に基づき役割と権限の付与	一例を挙げるならば、全役員での責任の共有、意思決定の共有	職務記述書およびファミリーの話し合いに基づき役割と権限の付与
ガバナンス	ファミリー外部出身者が多数派を構成する取締役会	ファミリーが支配的な取締役会	ファミリー・メンバーおよび非ファミリー・メンバーで構成される取締役会ならびにファミリー評議会
目標	財務的な実績	ファミリーの満足	受託責任
配当	投資を重視／配当は少なめ	多い	状況に応じて可変的であるが、概ね投資を重視

となる。

　公正さによって、ファミリーの参加や貢献が促され、ファミリーの意志が、長期にわたるコミットメントを導くことが期待される。さらに、公正さが確保されると、各ファミリー・メンバーが、共有された価値観が共有された将来像にどのような影響を及ぼすのかについて議論するのにも役立つ。

ファミリーの公正さ

　すべてのファミリーが直面する課題の1つに、正義や公正さに関わる扱い方が挙げられる。尊敬やヒエラルキー等の対人関係や文化的規範によって、どういった状態を公正であると判断するかの判断は分かれるものである。多くの家庭で、子どもが親に向かって、家庭内で決められたことが自分の思った通りに行かないときに「そんなのずるい」ということがよくあるだろう。これがファミリービジネスの現場になると、兄弟姉妹間や親戚縁者間において公正な処遇を求める行為は、その者の一生を左右しかねないほどの重大なものとなることもあり、不公平だと感じたときに不服を言う声も自然に大きくなるものである。「そんなのずるい」との反論は、子どもの遊び場から、やがて役員会議室へとその場を変える。

　ビジネス・ファミリーは、ファミリーおよびビジネスにとってのプランニングや意思決定を行うあらゆる場面において公正さを確保しなくてはいけないという課題に直面する。ファミリービジネスとは公正さの確保が最も要求される場所であると同時に、その実現が最も難しい場所でもあるのだ。ある家庭において生まれてきた順番のみを理由に、長男をCEOに指名することははたして公正であるといえるだろうか？　ビジネスに関心が無いファミリーがいる一方、それとは対照的にビジネスに並々ならぬ関心を持っているファミリーもいる状況のなかで、自社株をすべてのファミリーに均等に分けることがはたして公正であるといえる

だろうか？　最も有能であるというわけではないが、ファミリー出身者であることを理由にその者を経営幹部に登用することははたして公正といえるだろうか？　どれも大変難しい問題である。

　思春期および成人してから間もない時期には親子の間に衝突や軋轢が生じやすいことが知られている。親は我が子を支配したがり、子は独立したがる。多くのファミリーが抱える公正さにかかわるジレンマは、こうした親子間での衝突や軋轢が十分に解決されていないことから起こっているようなこともある。親が、子の安全や成長を願って保護や支配を強めていくなかで、その子には行動についてのある一定のパターンが確立していく。たとえその子が成人を迎えた以降であっても、（幼少期、未成年期に受けた）親からの影響力は色濃く残っており、両親が生きている限り、その子世代は幾つになろうとも「子ども」のままである。

　会社とは、各人の役割や権限に基づき、序列関係の形態を取る組織である。経営陣やオーナーである株主は、その会社とその事業戦略を実行していくための意思決定を行う。会社が好業績をあげているときには、その会社の組織形態や意思決定のプロセスは強化されがちであるが、それは同時に次世代の者にとっては損失となる場合もある。組織内の序列関係がより厳格になると、若いファミリー・メンバーの新たな発想や要求が経営陣の成功の法則にチャレンジすることなしに、上の者に伝えられる機会も限られる。これらはいずれも次世代による参加を妨げ、若手の自立性を磨く機会が限られることに繋がりかねない。

ファミリーにおける公正なプロセス

　公正さを実現するうえで、我々が提唱し実践してきたアプローチは非常によく機能した。公正さを実現するためのプロセスを展開していくことで、信頼感が醸成され、効果的な対話や意思決定のための機会が設けられるようになる。フェア・プロセスは、透明性を確保する一連の行為群で構成されており、こうしたプロセスによって、すべてのファミリー・メンバーが、ある意思決定を行うことの理由および意思決定の過程を把

握できるようになっている。ただし、こうしたプロセスを経てもたらされる結果が、公正であるという保証はない[8]。

ファミリーにおける人間関係が一生涯にわたって続くという事実は、公正さの確保を図るうえで強力な推進力となる。ファミリー企業は、メンバー同士の良好な人間関係の上に形成され、各メンバーが有する能力やコミットメントにうまく働きかけることができた場合に限り、競争上の強みを獲得できる。自社が株主間の確執により分裂の憂き目となった、ハリー・マクネーリー・ジュニア（Harry McNeely Jr.）は（第9章参照）、公正さに対する認識の欠如がいかにファミリー内での対立を招く事態となったかについて次のように回想している。

> 私の両親は私たち兄弟姉妹を分け隔てなく育てようとしていたのだと思う。しかし、私の姉妹はそのようには考えていなかった。金銭面に関しては、彼女たちは、これ以上望むべくもないほど公正に扱われてきた。しかしながら、彼女たちは、両親が定める役割分担については公正ではなかったと感じていたのだ。父は、男とはビジネスの世界に入るもので、女は家庭に入るのが相応しいと頑なに信じていた。父は、とうてい時代に合った考え方を持ち合わせているような人物ではなかったのだ。

多くのビジネス・ファミリーは、公正さについて、彼らのファミリーの価値観の一部をなすものとして討論するが、我々は、フェア・プロセスは、単なる価値観以上のものだと主張したい。同プロセスは、各メンバー同士が協働するうえでも有益となるアプローチ法である[9]。異論はないと思われるが、多くのファミリービジネスに最も共通する問題は、コミュニケーションの欠如である。フェア・プロセスは、オーナーシップ、方針、価値観といった重要な問題についてのヒアリングや情報の共有を制度化することで、単なる公正さの実現にとどまらず、ファミリー内でのコミュニケーションの向上に資するものにもなる。

そのロジックは明快だ。ある組織においてフェア・プロセスが遵守されている場合、各個人は、その組織内での地位や待遇にかかわらず、自

らが所属する組織を信頼し、内発的に協力する姿勢を見せる傾向があるのだ。一見すると、フェア・プロセスは、ファミリー内の調和を図るべく、欧米的発想が多分に取り入れられたもののように思われるかもしれないが、考案された同プロセスは、いかに意思決定を行うのかについて扱ったものであり、誰が意思決定を行うのかについて扱ったものではないことから、そのエッセンスは欧米圏に限らずあらゆる文化圏のファミリー企業において有益であると思われる。断っておくが、ファミリーの行動としてフェア・プロセスを取り入れることは、必ずしも上の世代の権限を弱めるわけではないことに留意されたい。オーナーは依然としてオーナーにとどまるのだが、フェア・プロセスを通じて、次世代の者も意思決定に参加する機会が確保される。意思決定への参加を通じて、その者がビジネスについて学習し、さらにはファミリーの諸活動に貢献できることの充実感を得ることのできる環境が創り出される。

　すでに述べたように、フェア・プロセスは、必ずしも結果の公正さを保証するものではない。フェア・プロセスは、一例を挙げるならば、ファミリー・メンバーを雇用するにあたってどのような方針を掲げるかにつき、これに関連する事項を検討し、その情報を共有した後、ファミリーが合意を交わす必要があることを規定したものである。そこで取り決められた方針はすべてのファミリー・メンバーに等しく適用されるものである。例として挙げた雇用にかかわる方針の策定においてフェア・プロセスを取り入れることは、そのプロセスがキャリアにかかわる意思決定についてのファミリー内部での公正さを確立するものであることから、ファミリーが親戚縁者同士による衝突を回避するうえで有益である。フェア・プロセスの一般的なコンセプトは、以下の5つのCの諸原則がもとになっている。

- コミュニケーション（Communication）とは、ファミリー・メンバー全員が意見を表明できることである。

- 明快である（Clarity）とは、ファミリー・メンバーが、正確な情報を時宜にかなったタイミングで共有することである。

- 一貫性(Consistency)とは、合意された協定の内容が、メンバー全員に等しく適用されることである。
- 可変性(Changeability)とは、状況の変化に応じて柔軟にルールを変更することである。
- 公正さが認められる文化(Culture of fairness)とは、ファミリーが、より良い意思決定を行う上で有益である「フェア・プロセス」に価値を認めている状態をいう。

　フェア・プロセスは、ファミリーおよびビジネスが民主主義に則っていない状態を認めている。したがって、ある特定のメンバーが、最終決定においてより強大な影響力や支配力を行使する状態を受け入れる。それはたとえば、創業者や一部の支配株主が、後継者としてファミリーの長男をＣＥＯに選出する際、他のファミリー・メンバーや会社従業員に相談しなくてもかまわないということを意味する。しかしながら、もし仮に決定権者が自身の長男に対するファミリーからのサポートを得たいとするならば、ファミリー内の人間関係を強固なものにし、ファミリー・メンバーの意見にも耳を傾けて、健全な意思決定を行うためのあらゆる選択肢を考慮しなければならない。さらに加えて、決定権者は、そうしたファミリー・メンバーからの意見や考えを受け入れるだけでは十分ではなく、その後も自らが行った意思決定についてファミリー・メンバーに対して説明責任を果たす必要がある。これらは往々にしてファミリーやビジネスのリーダーたちの行動や姿勢に難しい変更を迫るものである。しかしながら、これらは、会社に対するファミリー・メンバーの精神面での貢献や各人が有するビジネス遂行能力を引き出すうえで不可欠のものである。フェア・プロセスを取り入れた場合と取り入れない場合とで、その結果下される決定そのものに違いがないにしても、前者と後者では各決定に対するファミリー・メンバーのコミットメントには大きな違いが生ずるかもしれない。
　フェア・プロセスを取り入れる行為は、ファミリー・メンバーが、他者、会社、各利害関係者との関係において公正さを実現しようと取り組

[図 3.7] ファミリービジネスの責務についての比較

ムルガッパ権利章典　対象者：男子ファミリー・メンバー

- 同グループ内のいずれの会社であっても、当人の適性に合った仕事に就く機会を享受する権利を有する。
- 当人の責任および業績に見合った給与を得る権利を有する。
- いかなる決定についても、多数決によって下した意思決定に従うことをしっかりと理解した上で、当人が質問する（説明を求める）権利を有する。
- グループでのあらゆる主要な出来事（イベント）に関して知る権利を有する。例：買収、閉鎖、合弁等
- ある程度の良い標準の暮らしとその標準の暮らしを維持するために必要なものを提供される権利を有する。
- 自らが選択したキャリアを追求し、ムルガッパグループで働くことに縛られない権利を有する。この場合、経営に関与することなく、会社やその他の資産に対する自らの保有シェアを維持する権利を有する。

むことであることから、そのファミリーの文化やそれを取り巻く環境を反映したものである。前述のムルガッパファミリーは、権利の主柱となる部分にあたる「質問し、説明を求める権利、情報を求める権利、所有する権利、適正に合ったキャリアを求める権利」を含めたうえで、男子のファミリー・メンバーを対象とした権利章典（Bill of Rights）を策定した（図3.7参照）。フェア・プロセスは、それが各ファミリーに固有の事情にかかわるものであるため、その企業文化を慎重に考慮したものでなければならない。ムルガッパファミリーの権利章典において認められるものは、既述した、フェア・プロセスの5つの諸原則とまったく同じものではないが、そのいずれもファミリー・メンバーの相互関係の指針を示すという点では同じ役割を果たすものである。また、これは欧米の読者にとっては完全には受け入れられないかもしれないが、インド国内の多くのファミリーにおいては、女性はその配偶者の家族に属する存在として認識されることから、ムルガッパファミリーの権利章典の対象

には含まれないということに留意いただきたい。

　ファミリーにとって公正なやり方でファミリーとビジネスの責任のバランスを取ることは、ファミリーの価値観を明らかにするための重要なステップである。このアプローチは、ファミリーが、コミュニケーションと効率性の向上を実現させる方向性で協働関係を開始するのに役立つ。ファミリーが各人の責任のバランスの取り方や公正感を共に協力して創り出すことに合意すれば、ビジネス・ファミリーは、プランやビジョンの土台となる価値観を探る用意が整ったことになる。

ファミリーの価値観の特定

　並行的プランニングは、ビジネス・ファミリーが各種プランや投資計画の土台部分となるファミリーの価値観について合意を交わすことから始まる。ファミリーの価値観について合意を得ることは、ビジネスに対する各メンバーのコミットメントを集約させるうえでも欠かせない。ファミリーの価値観が重要であるとする理由は、これまで本章を通じてみてきたように、それがファミリーとビジネスの有意義な活動の基盤となるからである。ファミリーの価値観を、文章はないが、意識として共有されているものから、あらためて成文の形式をとるものにすることは欠かせない最初のステップであるが、これは「言うは易く行うは難し」である。もちろん、投資に関わるファミリーの価値観を、たとえば、事業収益の7割を再投資に振り向けるとの具体的な方針に反映させて、それをファミリーの協定とすることもできないことではない。しかしながら、現実的には、このように、抽象的な価値観を、具体的な方針や行動に反映させることには困難が伴うものである。

　価値観の一覧を作成し、各項目の重要性を逐一検討し、そのなかでも特にビジネス上の慣行やファミリー・メンバー同士の良好な人間関係の

第 2 部
人間の価値を生み出す

基盤となるものとして有用であると思われる価値観を選び出すには、何度も協議の場を持たなくてはいけないかもしれない。ファミリーの価値観が定まっていても、各人によって違った解釈がなされるかもしれない。そのため、協議や検討を重ねていき、ファミリーの価値観が何であるかのみならず、こうした価値観を具体的な計画や活動にどう反映させていくのかにつき、コンセンサスを得るための時間を十分に確保する必要がある。ファミリーがその中核を占める価値観について理解を深めておくことは、とりわけファミリービジネスに複数の世代や姻戚の者が参加するようになると、一層重要になってくる。複数の世代や姻戚のメンバーが加わるようになると、各人の経験や見解にも無視できない違いが生じるようになり、それゆえ、各人によるファミリーの価値観の解釈にも現在のシニア世代と違いが生じやすくなるからである。

　ファミリーが価値観を特定する際にさまざまなアプローチを取ることができる。1つの典型的な方法は、ファミリー全体での協議に備えて、その前段階として、作業チームを編成して、同チームに、価値観にかかわる検討／検証作業をある程度進めさせておくというものだ。ファミリーシステムとは、ファミリー・メンバーの中で非常に相関性の強いシステムである。それはつまり、各人の信念や行動が、他のメンバーに対して影響を及ぼすことを意味する。したがって、高いコミュニケーション・スキルを持っているファミリーで、メンバー同士でうまく協力し合える状況にある場合、そのファミリーは最初に、各ファミリー・メンバーにファミリーの発展に資すると思われる価値観の共有を求めることから着手することになる。各メンバーからのさまざまな意見を、協議の際に使用するフリップチャートに記載しておけば、有意義な、さらには時として白熱した議論が展開されるかもしれない。その後、各意見を集約していき、ファミリー全体にとって柱となる価値観について同意を得ることに取り組むことになる。各人が自らの見解を主張し、他者の意見に賛同したり反論したりする時間を十分に確保しておくことが重要である。まずは、メンバーの誰しもが合意できる柱となる価値観を定めて、その他の価値観については、今後のファミリー集会の議題とすることが必要

なのかもしれない。

　ファミリーがその価値観を特定するうえで、同じくらい有用な別のアプローチもある。あるファミリーは、これまでのファミリーの歴史により立脚した方法を用い、そのファミリーのビジネスにおける大きな成功や失敗のストーリーを共有することがファミリーの価値観を特定するうえで非常に有効であると考えるかもしれない。このアプローチでは相対的に抽象さが無くなり、ある世代から次の世代へと承継されていく流れや行動の例を特定することに役立つ。こうしたアプローチはさらに、ファミリーにまつわるエピソードを紹介するイベントのかたちをとる場合もある。しかしながら、こうしたアプローチをとる場合であっても、次に進むべきステップは、エピソードやメッセージに込められた意味を探る作業である。そのエピソードに込められた価値観とはいったいどういうものか？　こうした価値観が我々ファミリーに対して意味するものは何か？　などがテーマとなってくるだろう。

　複数の世代からなる規模の大きなファミリーにおいては、とりわけ近年、ファミリー・メンバーによるビジネスへの関与が縮小している場合、外部の者に助けを求める必要があるかもしれない。ファミリーがその価値観を特定する際、外部の者が寄与できる場面は少なくない。ファミリーは、信頼を寄せるファミリー出身以外の経営幹部や取締役、場合によっては長年の付き合いのある社外の重要な取引相手から貴重な意見を聞くことができる。ファミリーを良く知る外部者であれば、そのファミリー自身よりも、より客観的に、的確な意義のある指摘をする場合が多い。さらに次世代の若手メンバーにとっては、こうしたプロセスを通じて、ファミリーと利害関係にあるさまざまな人々と直接インタビューできる機会が得られることとなり、人脈を形成する一助にもなる。このやり取りを通じて、自らが所属するファミリービジネスと利害関係を持つ者や各コミュニティが、ファミリーの価値観についてどう考えているかを表す「利害関係者の相関図（stakeholder map）」を作成することができるかもしれない。ファミリービジネスは、他の形態の企業に比べて、利害関係者との間で、より長期的であり、より強固なもので、かつより

第 2 部
人間の価値を生み出す

個人的な関係を築く傾向がある。ファミリーがその利害関係者への影響に着眼したうえでファミリーの価値観を探ることは、ファミリー自らが抱く期待のみに焦点を当てるものではない。より幅広い視点をファミリーに与え、結果的に、ファミリーを含めてすべての利害関係者に恩恵をもたらすような長期的な視点に立った事業計画の策定へと誘ってくれるのである。

ファミリーとビジネス双方のシステムに重なり合う部分が存在することから、利害関係者についての一般的な論点の多くが、価値観に関わってくるものへとなりがちである。その例をいくつか挙げる。

- 従業員、顧客、または納入業者との関係において先代が定めた義務を履行すること

- 給与および報酬に関してすべての従業員を公平に扱うこと

- 理にかなった仕事、または時宜にかなった仕事のみを行うこと

- ファミリー出身者、非ファミリー出身者の別を問うことなく、すべての従業員に等しくキャリア開発の機会を与えること

- 昇進の基準として各人の功績と能力を判断基準とすること

- ファミリー出身あるいはファミリー出身外の別を問わずすべての従業員に対して同一の行動規範を求めること

- ファミリー・メンバーの業績にかかわる問題について取り組むこと

- ファミリー内部の揉め事をビジネスの現場に持ち込まないこと

ファミリーによっては価値観について議論することは非常に難しいと感じるところもある。それよりも、まずは具体的な行動について議論を開始したうえで、その後、その根底にあるファミリーの価値観を特定することが有益であると考えるかもしれない。図3.8は、ファミリーの価値観がいかにファミリービジネスの成功や挑戦に影響を与えるかについて、その思考に役立つ自由回答式の質問の一覧を示したものである。こ

[図 3.8] ファミリービジネスの価値観

価値観の検討（演習）
- 成功を収めるファミリーとは常に……。
- われわれファミリーの遺産は……。
- ファミリーとしての最も優先すべき事項は……。
- われわれファミリーに影響を及ぼすことを欲する者は……でなければならない。
- 私個人のプライベートとキャリアを両立させることは……。
- われわれファミリーは……を確かなものとする責任を有する。
- ファミリー内部で衝突が生じた際、われわれファミリーは……。
- ビジネス上の困難に直面したとき、われわれファミリーは……。
- われわれファミリーは成功を約束されている。なぜならば……。

れらの質問は、ファミリー協定（本書第8章および第9章で扱う）の議論に関わってくるトピックの概略を述べる際にも有用である。

　価値観について話し合いの機会をもつ場合、その初回は協議が粛々と進まない、もしくは荒れる可能性も考えられる。しかしながら、仮にそうであったとしても、ファミリーがこうした話し合いをする意義を真剣に考えて、実践するのであれば、これはファミリーのコミュニケーション・スキルの向上や良好な相互理解を促す契機となるであろう。こうした話し合いを行うことの成果として、ファミリーがその核となる価値観を探る際、ファミリーのコミットメントにかかわってくる意見や考えも多く出されることが挙げられる。

　ファミリーの価値観を意思決定やプランニングのプロセス全体の柱に位置づけることの重要性は、ミエール＆シエGmbH（Miele & Cie. GmbH）で以前、共同常務取締役を務めたピーター・ジンカン（Dr.

Peter Zinkann）も、自身の後継者に宛てた手紙の中でふれている[10]。彼はその手紙のなかで次のように語っている。

> ミエールのエッセンスとは何だろうか？　一言で言えば、それは品質だ。当社の理念において第一に位置づけられるのは品質であり、他のすべてのものはこれに次ぐ。さらに掘り下げてみてみると、私はミエールのエッセンスとは愛情だと思う。（創業者である）ルドルフ・ミエール（Rudolf Miele）の会社への愛情だけにかぎらず、もちろん私の会社に対する愛情だけではない。そこには、ミエールとそこでの仕事に傾ける大多数の従業員による愛情も含まれる。

ファミリービジネスの文化

　ビジネスの文化とは、その会社が自らの価値観を表出したものである。ビジネスは、組織に所属する個人で構成されており、ファミリーのような価値観を持たないものである。ビジネスの文化は、各人が組織としての経験（成功例や失敗例）を共有し、自らの目標を達成するうえで、いかに効率的に協力し合うかについての共有された信念や想定を体系化することで作られる[11]。これらの信念や想定は、社内でのチームワークや高度に技術的な任務を複数名で遂行する際、各人それぞれの行動の調整を図る際に採用される。ピエール・ギュセッペ・ベレッタ（Pier Giuseppe Beretta）はその著書 *The World of Beretta* の中で次のように述べている。「会社の文化は、この工場の壁に塗り込まれている。息をするたびにそれは我々の一部となる。そこには、この会社の皆が共通し、共有される何かが確かに存在するのだが、言葉で語ることはできない」。
　ビジネスの文化をプランニングの一部を成すものとしてとらえることは重要である。なぜならば、ファミリーの価値観と同様、それは従業員

[図 3.9] 7S 組織的要因の詳細

組織的要因

戦略は、各企業が自社の有する能力を市場のニーズに合致させることにより価値を生み出すための手段

スタイルは、各人の行動様式、および対人間の行動様式

構造は、報告にかかわる権利義務関係や各組織の機能

システムは、任務を完遂し、全体での情報の流れを円滑にするためのプロセス

スタッフは、ある特定の者たち

スキルは、ビジネス戦略を実行する際に求められる重要な資質や能力

共有された価値観は、各人がいかに行動するかにつき暗黙のルールを作り出す土台となる文化や風土

の思考様式や意思決定のあり方、さらには事業戦略の策定やその履行を形作るものであるからだ。ゼロックス（Xerox）の事例を見てみよう。ゼロックスはコンピュータ・マウスを考案したにもかかわらず、同社の企業文化が経験的な知識に対して開放的でなかったことから、マウスを商品化して販売することはなかった。ゼロックスはオフィス製品を扱う会社だと自分たちを認識していたため、マウスを考案したときにも、この概念がオフィス製品として有効であると考えることができなかった。そこで、ゼロックスはアップル（Apple）にそのアイデアを売ったのであるが、その後マウスは、だれもが知っている通りパソコンの使いやすさを向上させるためになくてはならないものとなっていった。

　ビジネス文化についてはマネジメントに関する他の文献でも多く扱われているため、本書ではファミリーの価値観とビジネスの文化とのつながりについて考察することにとどめたい。コンサルティング・グループのマッキンゼー（McKinsey）は、R.T.パスカル（R.T. Pascale）およ

第2部
人間の価値を生み出す

びA.G.エイトス（A.G.Athos）の共著『日本式経営のエッセンス（The Art of Japanese Management）^(訳者注1)』に基づき、ビジネス・ファミリーに有用と思われるモデルを考案した。同モデルでは、その前提として、企業が成功を収めるうえで、そのバランスを考慮する必要がある7つの重要な要素（マッキンゼーの7S）があるとしている。その7つとは、戦略（Strategy）、構造（Structure）、システム（System）の3つの技術的要素。そして、共有された価値観（Shared value）、スタイル（Style）、スタッフ（Staff）、スキル（Skill）の4つの社会的要素である。

マッキンゼーが提唱するこのモデルは、組織の業績がいかに共有された価値観（文化）や構造、戦略、システム、スタイル、スタッフ、そしてスキルを統合したものと関わっているかを示す。同社はクライアントを相手にコンサルタント業を行うなかで、組織が有効に機能するかどうかは、上記7つのSは互いに相関性がありなおかつ独立した各要因に依ることを明らかにした。換言すると、各要因が他の要因に影響を与えてこれを高めるのである。同モデルは、組織の存在理由やその組織を成功に導く要因に共有された価値観（文化）がかかわっていることを前提としている（図3.10参照）。

ファミリービジネスの文化はとりわけ、個人や組織としての業績向上をはかり、企業の戦略を後押しする行動の規範を生み出すための力強いツールである。強固な文化がもつ優位性とは、それが従業員の能力開発に寄与し、さらに、会社の運営、方針、手続き、予算、従業員の事業評価にかかる経営陣の負担を軽減することにある。

会社の運営に関して、文化が有効に機能する好例は、近年の世界的な景気低迷のあおりを受けて、数多くの大手銀行が合併もしくは売却に追

[訳者注]
1) Richard T. Pascale, Anthony G. Athos *The Art of Japanese Management: Applications for American executives*, Simon & Schuster (May 1981)

［図 3.10］ 7 つの S のモデルのパフォーマンスのための組織的な配置

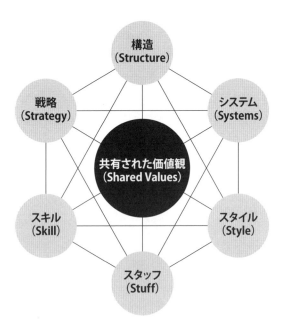

出典：Mckinsey Mind Tools.com, "Enduring Ideas: The 7-S Framework"

第 2 部
人間の価値を生み出す

い込まれた金融業界において見られる。一般的に、今回の世界的な景気低迷の原因の多くは、おそらくは大手銀行とその従業員において広範囲な管理措置があったにもかかわらず、自らの利得を短期的かつ最大限に得ようとしたために生じた自業自得の行為だったと受け止められている。大手上場銀行とファミリーが所有する形態をとる銀行との比較を見ると、ファミリーの文化がその企業の業績に影響を与えていることが明らかになる。ファミリーが支配する銀行、たとえばサンタンデール銀行（Banco Santander）、ジュリアス・ベア・グループ（Julius Baer Group）、ホア銀行（C.Hoare & Co.）、ピクテ銀行（Pictet & Cie）、およびロンバー・オディエ・ダリエ・ヘンチ（Lombard Odier Darier Hentsch）などは、回収不能な債権の額をわずかにとどめることで、業界での地位を強化することとなった。こうした経営を可能にしている理由として、長期的な視点での業績向上と説明責任の履行に基づくビジネス文化に対するファミリー企業のコミットメントが挙げられる。こうした企業は長期的視点に立った計画と投資を重視するゆえ、短期的な利益を追うような行動はとらなかった。こうしたファミリー企業の強固な文化によって、そこで働く従業員、経営陣、取締役、さらにはオーナーの各主体が皆、自らの報酬のためではなく、ビジネスを築くことに尽力する環境が作られていった。

　ファミリービジネスは、その経営陣が、ファミリーの価値観を文書化したもの、ビジョン、寓話、逸話および物語といったその企業の文化に関わるさまざまなものを、各従業員の取るべき行動の指針として用いる場合が多い。大手上場企業は、従業員のコンプライアンスを確保するために、方針、（業務遂行上の）手順、評価書および監査に頼る傾向がある。財務上の各指標から、ファミリーが支配する企業は、S&P500銘柄に掲載されている同等の規模の他社と比べてみても、その業績を上回ることが報告されている。こうしたファミリー企業の好業績を説明し得る要因として以下の4点が挙げられ、そのいずれもが価値観にかかわることだと考えている。

- 長い在任期間と安定感：ファミリー企業におけるリーダーシップには安定感があり、その在任期間も比較的長い。

- 歴史：ファミリー企業は常に自らが歩んできた歴史やその遺産に言及する傾向がある。

- ファミリーの価値観：ファミリー企業の文化とは、非ファミリー企業のそれと比べてみても、より永続性があり、より強固であり、なおかつ組織にとってより意義のあるものである。

- 積極的な考え：ファミリービジネスの経営陣は、ファミリービジネス以外の企業と比べると、人間の本質について、より積極的な考えを持っている傾向がある

ファミリービジネス
最良の法則

価値観が意思決定を導くものであり、ファミリービジネスにとって、競争上の強みの源泉となり得る。

ファミリーの価値観は幅広いテーマやトピックを扱うことができ、力強さと持続性の源となる。

ファミリーや会社が成長するにつれ、価値観は、ファミリーや従業員間で共有する必要がある。最もすぐれたファミリー企業は、ファミリービジネスのシステム全体に価値観を浸透させることに熱心に取り組んでいる。

フェア・プロセスとは、円滑なコミュニケーションや良好な対人関係を促し、ファミリー全員の期待を反映したより良い意思決定や計画策定を可能にするツールでもある。

4 | ファミリーとビジネスのビジョン： ファミリーのコミットメントを探る

「我々は、主要都市ではなく、小さな田舎町に店舗を構え、今後30年以内にシアーズ（Sears）を追い抜く」。サム・ウォルトンが、信頼のおける幾人かの従業員たちに、こうした構想を打ち明けた頃、アーカンソー州以外の人間で、ウォルマートがシアーズから世界最大の小売業者の地位を奪うことがありえるなどと考える者などほとんどいなかった。しかしながら、サムは、自らの従業員やファミリー・メンバーに対して、一握りの店舗を構えることよりも、もっと大きな何かを信じさせるにはどうすればよいかという一点について考えを巡らせていたわけで、他の者がどう考えるかについては当人にとっては問題ではなかった。自らのチームが構想の実現を信じるのであれば、小さな町に大きな店舗を構えるという自らの斬新な戦略が、いつの日か市場のシェア獲得につながるであろうことを信じて疑っていなかった。彼のビジョンは、ウォルマートにおけるあらゆる判断基準の尺度となった。そのビジョンとは「この行動は、我が社を世界最大の小売業者へと導くものといえるだろうか？」という一点である。

　ウォルマートに限った話ではない。長期にわたって成功し続ける組織の特徴の1つとして、日常的に生じるさまざまな困難、難題、あるいは対立を克服し、視点を未来に向かわせるうえで役に立つ強力なビジョンにメンバーが駆り立てられている点が挙げられる。宮本武蔵は『五輪書』（1645年）のなかで、ビジョンがもたらす重要な恩恵について「些細なことに意識を集中させると、大きな事柄を見失い、ひいてはそれが、確実と思われていた勝利の機会さえも逸してしまうことにつながる」と記している。このようにビジョンを形成するということは、ビジネス・ファ

第 2 部
人間の価値を生み出す

ミリーを、日常数限りなくある「瑣末な事柄」に追われることから、新たな可能性や機会へと視点を向けさせるうえで非常に役に立つツールであるといえる。

　我々は皆、意味のあるビジョンの重要性を知っているし、その内容を覚えている。なぜならば、こうしたビジョンは、連帯感や貢献といったものに対する切望を人々に植え付けるものであるからである。こうしたビジョンは、我々に、進行中の取り組みに対する賞賛の念を抱かせ、自らもこうした取り組みに積極的に参加したいという気持ちにさせる[1]。マーティン・ルーサー・キング（Martin Luther King）、ウィンストン・チャーチル（Winston Churchill）、そしてジョン・F・ケネディ（John F. Kennedy）が訴えたそれぞれのビジョンは、人々に訴えかけるそのアピール性の強さと、内容のシンプルさにより、それぞれ古典的な地位を占めるものとなっている。

- 私には夢がある……

- 我々は断じて降伏しない……

- 1970年までに人類を月に送る……

「我々は、人々による学習、就業、そして娯楽のスタイルに変化をもたらす」。これはビジネスの世界から発せられた言葉ではあるのだが、同時に人々の印象に残るビジョンともなっている。スティーブ・ジョブズ氏（Steve Jobs）とアップルの成功の理由の1つとして、同社の掲げたビジョンが、テクノロジーの適用範囲を、ビジネスから日常生活のあらゆる場面に広げることをうたったものであったということもあげられるだろう。アップルのビジョンは、テクノロジーとは専門家だけに向けられたものであり、一般大衆に向けられたものではないとする従来のパラダイムを捨て去ることによって確立され、同社の製品のデザイン、マーケティング、店舗、およびサービスのなかに表現されている。アップルの掲げるビジョンは、ジョブズ氏と同氏のチームが自らの会社を形作る際の基準となり、そのユニークな名称、ロゴ、および市場での地位と相

まって、同社の提供する技術は、扱いやすく、親しみやすく、楽しく、さらにはこうした利点に加えて役に立つものとなっている。

　ファミリービジネスが掲げるビジョンとは、各ファミリー・メンバーや利害関係者が各人の価値観に基づいて思い描く将来像について、意見を集約もしくはすり合わせることで創り出した協定である。ファミリーのビジョンには、将来のビジネスやファミリーの成功に向けての共有されたコミットメントが反映されている。共に働くことでいったい何を成し遂げたいのかを表すものである。こうしたビジョンは、将来に引き継がれていき、多くの場合5年か10年、あるいはもっと長期にわたる将来像が鮮やかに描かれることになる。ビジョンは、行動を伴うことを要し、組織全体からのコミットメントを得られるように包括的な内容となっている。たとえば、以下の項目を満たすようなファミリービジネスのビジョンは、ファミリーのコミットメントを支える重要な役割を果たしてくれるものとなるだろう。

- 難しい判断を迫られる事項において合意を得やすくするうえで——有益である
- 能力開発の奨励を——促す
- 長期の視点を持った行動を促す点で——未来志向的である
- ファミリーの価値観に合致し——真の拠り所となる
- 新たな可能性を追い求めることを支持し——刺激に満ちた内容となっている

　共通のビジョンを掲げることは、ファミリービジネスにとって重要である。それは、こうしたビジョンは、自分たちはいったい何者であるのかといった、アイデンティティや帰属を示すものともなるからである。創業者は通常、ビジネスを売却しようとは考えない。しかしながら、創業者といえども生身の人間であることから、必然的に、次の世代の者たちへ権限を移譲したり、リーダーシップやオーナーシップを承継しなく

第 2 部
人間の価値を生み出す

てはいけない時が来る。一方で、次世代の者たちは、ビジネスに携わるに当たり、創業者とは相当異なる動機を持っている場合が多い。つまり、ビジネスへのコミットメントが保証されているとは一概には言えないのである。ほとんどの場合において、ファミリーやビジネスを取り巻く状況が変わったとしても、ファミリーによるオーナーシップは継続するものと見なされるが、状況によっては、事業を売却することが適切な行動となるかもしれない。

　ファミリービジネスの投資、事業の将来性、あるいはファミリーの期待について深く考えることなく、代々受け継がれていくものだからという理由で、自分もファミリービジネスの一員になるというような形でオーナーシップが継承されがちな多くのファミリーにとって、ファミリーのビジョンとビジネスに対するコミットメントについて真剣に議論することは、とても難しいことである。たとえ、個々のメンバーが創業者と同等のコミットメントを有するとしても、集団を形成した際に取る行動には、こうした各人のコミットメントが減じられる作用が働いたり、あるいはお互いにコミットメントを共有しようにも意思疎通上の問題もあるため、こうしたコミットメントの意思を明確に示すような場面や、あるいはそれらを強力に推し進められたりするような場面は限られたものになる。ファミリービジネスの強力なビジョンには、並行的プランニングのプロセスを通じて、ファミリーの価値観と、戦略、投資およびガバナンスのそれぞれに関するプランニングとを結びつける働きがある。

　重要なビジョンを共有することは、とりわけ世代交代の際に、各メンバーのコミットメントを促し、将来に向けてのファミリー計画とビジネス計画の整合性を図るうえで強力なツールとなる。

　ソエダルポ（Soedarpo）のファミリー・オフィスの代表で、PT・サムデラ・インドネシアTbk（PT Samudera Indonesia Tbk）の議長を務めるシャンティ・ポエスポエチプト（Shanti Poespoetjipto）は、彼女のファミリーを支えたのは共有されたビジョンであると述べている。

ファミリーには避けられない宿命がある。会社にも避けられない宿命がある。各メンバーを1つにまとめ上げておくことができれば、(それは大きな力となり)ファミリービジネスにとって幸運なことではあるのだが、メンバーを1つに結集できるという保証は無い。私の父が亡くなった時、多くの人が訪ねてきて、会社を売却してはどうかと言った。しかし、我々は、会社を売りに出すことなど考えたことすらなかった。

ファミリーのビジョンとファミリーのコミットメントを築くこと

　ファミリービジネスのビジョンはファミリーのコミットメントを支えるものであるが、一方で、計画の策定や行動を推し進めようとするファミリーのコミットメント無くしては、ビジョンは単なる夢や憧れに過ぎないものとなってしまう。すべてのファミリービジネスは、各利害関係者、とりわけオーナーからの強いコミットメントを必要とする。なお、コミットメントについて通常受け入れられている定義としては、以下のように言われている。

　　コミットメントは、組織に対する単なる一過性の忠誠心を超えた何かを前提としている。それは組織に貢献すべく内発的に何かをしようとする個人と組織との積極的な関係を包含している[2]。

　こうした積極的な関係に加えて、ファミリーが有する人財と資源を活用することで、非ファミリー企業では持ち得ないファミリー企業特有の競争上の強みがもたらされる。
　ファミリー・メンバー、オーナー、役員、さらには経営陣でビジョンを共有することの重要性は、わざわざ説明するまでもなく、自明なことかもしれないが、実際のところでは、利害関係者各人がそれぞれに異なるビジネスの展望を描いたうえで行動している事例が非常に多い(図4.1

第 2 部
人間の価値を生み出す

[図 4.1] 指針としての役割を果たすファミリーのビジョン

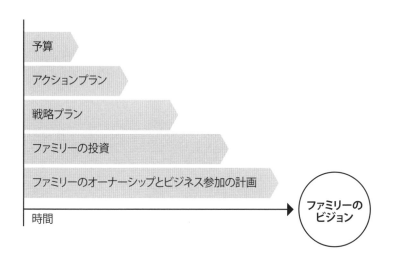

参照）。まず、経営陣は予算と行動にかかわるプランをもち、企業の役員は戦略上のプランをもち、そして、ファミリーはオーナーシップとビジネス参加に対する期待をもっている。そのうえで、ファミリーが有するビジョンというものは、ここに挙げたすべての事柄を包含したものとするべきである。仮に、オーナー・グループ内部で、ビジネスの今後の展望について意見の集約が実現できない場合には、とりわけ深刻な事態となる。こうした事態に陥った場合、経営陣や役員は物事を進めることができなくなり、ビジネス全体で新たな戦略や行動を推し進めようとする機運が削がれることになる。メディアにも取りあげられるこうしたファミリービジネス内部での確執が会社に損害を与えている実例が時折みられることは、何よりもそのことを物語っている。ビジネス・ファミリーが共有されたビジョンを作り上げていくうえで、さまざまな困難に直面する場面もあるかもしれないが、その困難から得られる恩恵は多い。それには以下のことが含まれる。

157

- ファミリーが意思決定を行う際の「指針」となる
- ファミリーがいかにビジネスの成功に貢献することができるかを示す
- ファミリーがチームとして学習し行動することを求める
- 次世代の者が自己の能力を開発し、さらに本人自らの個人的な計画[目標]を策定することを後押しする
- ファミリー全体としてのお互いに対するコミットメントを示す
- ファミリーの価値観、しきたりおよび伝統を強固なものにし、新たなものにする。

　各ファミリービジネスはそれぞれに固有のビジョンを策定する必要がある。ビジョンとは、そのファミリーの価値観、目標、使命、戦略、さらにはガバナンスをも包含するものとなるかもしれない。しかし、ここで最も重要なことは、ファミリーに加えて主要な利害関係人（顧客、ファミリー出身以外のオーナー、従業員、そのいずれの者であるかを問わず）全員を取り込むということである。ビジョンのスタイルやその対象とする範囲も、各ファミリービジネスの状況に応じてさまざまであろう。しかし、本書第3章で扱った価値観と同様、ファミリービジネスのビジョンは、ファミリービジネスのシステム全体のあらゆる局面に影響を与えるものとなるだろう。
　以下、それぞれに異なる焦点をあてた、あるファミリービジネス3社のビジョンを考察することにしたい。

- ファミリーとその地元コミュニティに注目したカヌー（Kanoo）財閥のビジョン
- フォーチュン500（Fortune 500）に名を連ねるトップ企業との顧客関係に注目したエスティー・ローダー（Estee Lauder）のビジョン

第2部
人間の価値を生み出す

- ファミリーがいかにしてビジネスの成功に貢献できるかに注目したマクネーリ家（McNeely family）のビジョン

　カヌー、エスティー・ローダー、およびマクネーリ家の3社は、その規模や複雑さ、市場、文化、オーナーシップ、さらには歴史がそれぞれ異なっており、こうした各社それぞれの事情を反映してそのビジョンに違いがあるのも当然の流れである。カヌー財閥はバーレーンで事業を興したことに始まり、この3社のなかでは最も古い。エスティー・ローダーは、ニューヨーク証券取引所に上場されている世界的企業である。そして、マクネーリ家によるビジネスは地元地域に根ざし、米国人の兄弟6人とその父親によって所有されている。

ファミリーの遺産に注目したビジョン

　創業120年を迎え、中東地域においては最も長い歴史を誇る企業に数えられる、カヌー・ファミリービジネスは、そのビジョンに、自らの価値観と将来に向けての展望をまとめている。カヌー家のビジョンは、4つの価値観－公正さ、サポート、尊敬、地域社会－がもとになっている。これらの価値観はいずれも、同ファミリーが、ファミリーの調和とビジネスの成功を支えるうえで欠かせないものと考えているものである。ビジョン、価値観、および戦略が密接に結び付けられることで、ファミリービジネス全体において共通の将来像が掲げられたしっかりとしたシステムが形成されるための環境が整えられるのである（図4.2参照）。カヌー家のビジョンは、収益性に関する価値観についてもふれているが、新たな市場やビジネス機会に加え、社会的責任にもはっきりと注目している。

　カヌー家の家長であり、バーレーン・ファミリービジネス協会（Bahrain Family Business Association）の創設者でもあるカーリッ

[図 4.2] ファミリーの遺産に注目したビジョン

カヌー・ファミリーのビジョン

- ユセフ・ビン・アハマド・カヌー・ファミリーの名を汚さぬよう行動する
- ファミリーの富を築き、保持する
- 最高レベルの誠実さを兼ね備えた世界的企業を創る
- ファミリーの団結を図り、ファミリーが誇りとする遺産を創造する
- ファミリー、非ファミリーの別なく、最高の人財を雇い入れ、惹きつけ、育成する
- 営業の拠点とする地域社会に対して慈善活動等を通じて奉仕する

ド・カヌー（Khalid Kanoo）は、ビジョンを明確にすることの効果としてファミリーにもたらされる重要な恩恵について、次のことも加えている。

　多くのファミリービジネスがファミリーの不満や崩壊といった負の遺産を生み出してしまう。ファミリーが子どもに富に対する心構えを説いておかないと、子どもたちは自らの責務について深く考えることなく、ただ浪費を楽しむことだけに意義を見出すことになりかねない。ファミリーは、ビジネス、ファミリー、さらには地域社会に貢献することの重要性について次世代に教える必要がある。

第 2 部
人間の価値を生み出す

ビジネスに注目したビジョン

　エスティー・ローダーは、高品質のスキンケア商品、化粧品、香水、およびヘアケア商品を扱う世界有数の製造販売企業である。年間売上高は70億米ドルに達する。同社商品は世界中で販売されており、広く名を知られるブランド商品を数多く抱える。同社のビジョンは、市場や顧客といった同社を取り巻く外部に目を向けることの重要性を説いた内容となっている。エスティー・ローダーの指針となるビジョンは、簡潔に述べると次のようなものである「我々が出会う１人ひとりに最高のものを」。そして、これは「最高の製品」「最高の人財」「最高のアイデア」という３つの柱に反映される。これらの３つの柱は、1946年の設立以来、エスティー・ローダーの理念となっている。

　顧客とのかかわりについて、エスティー・ローダーの掲げるビジョンが、同社の活動を単なる営利を越えたものに導いている好例として、乳がんの早期発見を啓発するキャンペーンの一環として行われるピンクリボン運動に対する同社の取り組みが挙げられる。文化や言語の枠を越えて展開されているこの世界的規模の取り組みは、「乳がんのない世界」を作るために、エスティー・ローダーが、自社商品の提供にとどまらず、さまざまなかたちで貢献したいとする同社のビジョンが根底となっている。（ファミリーが支配する形態をとるかどうかにかかわらず）そのビジネスの規模や取引関係の範囲が拡大するにつれ、マーケティング、マネジメントにかかわってくるものについてはもちろんのこと、さらには慈善行為についても包含するビジネス・ビジョンが必要になってくる。

ファミリーに注目したビジョン

　マクネーリ家は、同ファミリーが支配する米大手総合物流企業であるメリテックス向けに、ファミリーを重視したビジョンを掲げている。同社は現在、創業以来第４世代目に属する父と、その子ら６人によって所有されており、長男が同社ＣＥＯ兼会長に、現在80歳代となる父は名誉会長に、その他ファミリー・メンバー３人が取締役に就任している。マクネーリ家は激動の歴史を持ち、過去75年間に大きな内紛を２度経験している（第９章で詳細は述べる）。同ファミリービジネスは、最初の内紛の際に、訴訟を経て、創業者の子４人にそれぞれ分割された。その後、その４人の子のうち、２人（うち１人は現在の名誉会長である）の間で、ファミリーのオーナーシップとビジネス参加をめぐるビジョンの策定において意見の食い違いが生じたことに端を発して、再び分割された。

　こうした経緯もあり、現在のマクネーリ家は、共有されたビジョンを重視し、それを計画策定やガバナンス活動の基盤としている。同社のビジョンには、大きな内紛を経験してきたファミリーの歴史を反映して、同じ轍を二度と踏まないとの決意から、「誠実さ、思いやり、および敬慕の念を価値観として歓迎する、愛情にあふれ団結したファミリー」を明示的に掲げている（図4.3参照）。このビジョンは、ファミリーがお互いに助け合い、ビジネスの将来の発展のために全員が受託責任者としての責務を全力で果たすことを確認している。こうした同ファミリーのビジョンを明記したステートメント（宣言書）は、ファミリーに求められる役割が最近変化していることを受けて、さらには、創業以来第４世代目を数えるマクネーリ家が積極的にオーナーシップを担える体制を整えるため、過去10年間で数次にわたり改訂された。

　マクネーリ家のビジョンは、文書自体は比較的少ないにも関わらず、

[図4.3] ファミリーに注目したビジョン

マクネーリ・ファミリーのビジネス・ビジョン

メリテックス社の株主兼受託責任者として、我々は、複数世代にわたる長期的視野に立ち、当社に対する金銭的および精神的な投資を高めるべく行動する。取締役会に象徴されるように、企業を成長させ、さらには我々の利益のみならず、顧客、従業員、地元地域の利益向上に努めることが株主の義務である。メリテックス社の成功は、自社の有する知識、経営スキル、および財務面での安定性から顧客に提供することができる自社の競争上の優位性の上に成り立っている。

その内容は、ビジネスからファミリーにいたるまで、同ファミリーの意向が存分にちりばめられている。責務および有能なオーナーシップにかかわる同ファミリーのビジョンは、同ファミリーの価値観がもとになっている。同ファミリーのビジョンを明記したステートメントは、受託責任の重要性を強調しており、さらにファミリーが描くビジネスの展望やビジネスに対するファミリーの期待が明記されている。ファミリーと取締役会が会社に対して有する責任がそれぞれ明確にされており、双方のそれぞれが自社の業績向上と発展に貢献できるよう促す内容となっている。同ファミリーのビジョンを明記したステートメントは、取締役会の役割を強調している。その背景には、過去に効果的なガバナンス機構を欠いたことから内紛を引き起こし、最終的には司法の判断を仰いで自社を分割するという憂き目にあっているからである。同ステートメントはさらに、ファミリーの責任について「複数世代にわたる長期的視野を考慮して、必要な知識を備えたうえで、客観的に行動し、財政的にも責任

を持つこと」と明記している。要するに、同ファミリーのビジョンは、ファミリーの参加、戦略およびガバナンスプロセスをまとめた内容となっている。

カヌー、エスティー・ローダー、およびマクネーリのいずれのファミリーについても、自らのビジネスに貢献したいとするコミットメントを持っていることには疑いの余地は無い。しかしながら、各ファミリーがオーナーシップの形態、ファミリーの構成、および文化の点においてそれぞれ異なるがゆえ、そのビジョンもそれを反映して力点が違ったものになっている。ただし、いかなるファミリーも、財務的資本および人的資本に対する貢献の面から、長期的にビジネスを支える者として団結している。

ファミリービジネスのビジョンの策定

ここまで述べてきたことから、ビジョンが重要であることには異論がないと思われるが、では実際に、どうやってファミリーのビジョンを作っていくのだろうか？ 正式に文書化されていない初期のファミリービジネスのビジョンは、ビジネスを立ち上げる創業者の願望のなかから生み出される。創業者であるエスティー・ローダーが、自らの名前を冠した化粧品会社を立ち上げた際、そのビジネスに対する彼女自身の思いが込められたことに疑いの余地はないだろう。一般的に、より正式なかたちを備えた、ファミリーのビジョンを明記したステートメントは、ファミリーの価値観に関する議論を通じて見えてくる。また、時には、以下のような質問に対する答えのなか出てくることもあるだろう。「我々は、自らのファミリービジネスの将来像をどのように描いているか？」「そのためにファミリーにどのような貢献ができるか？」

こうしたビジョンは、ファミリー・メンバー全体の意向に左右される。なぜならば、それは会社の将来性あるいは可能性やファミリーの価値観、期待、コミットメント（図4.4参照）による影響を受けることがあるからである。価値観とは、我々にとって何が重要であるのかを表わすものであるため、必然的にビジョン形成の基盤となる。価値観について語ることは、必然的にビジョンについて議論する環境を創り出し、また議論をすると価値観のことを話すようになる。たとえば、「長年にわたって存続する企業」というビジョンは、長期的な視点に立ったファミリーのつながり、長期的な視点に立ったオーナーシップの責務についての価値観と深いつながりを持つ。

ファミリービジネスとは、ファミリーとビジネスという2つのシステムが相互に密接に関連しているため、ファミリービジネスを対象としたビジョンの議論においては、ビジネスのニーズ、ファミリーの期待のいずれか一方に注目したうえで議論を開始することも可能である。ファミリー支配の形態を採る世界的な独製薬大手企業メルク（Merck）のCEOは、2009年度のIMDファミリービジネス・オブ・ザ・イヤー（2009 IMD Family Business of the Year Award）を受賞した際、次のように語っている。「仮にファミリーにビジョンがあるとすれば、（必然的に）そのビジネスにもビジョンがある」。ビジョンの策定にいかなるアプローチが採られようとも、その結果できあがったファミリービジネスのビジョンには、共有された将来像について何が重要であるかを反映したものとなろう。さらに、ビジョン策定の際に採られたアプローチの如何にかかわらず、ファミリー・メンバー各人それぞれの異なる見解を探り、そこからファミリー全体でコンセンサスを形成していく必要がある。その過程のなかで、図4.4に示した各要素につき、ファミリーの真剣な議論が必要となろう。ビジネスがビジョンを策定するうえで有用と思われる4つの質問は次のとおりである。

- いかなるファミリーの価値観がオーナーシップの存続とビジネスへの長期的な投資を支えるだろうか？（第3章ですでに扱った）

- ファミリーや利害関係者に今後価値をもたらすと思われるビジネスの可能性とは何か（ビジネスの可能性）？
- ファミリー・オーナーは、ビジネスから何を期待するのだろうか（ファミリーの期待）？
- ファミリーはいかにしてビジネスに価値を付け加えることができるだろうか（ファミリーによる投資）？

　これら4つの質問を設定したのは、ファミリーのビジョンがこれら4つの各要素と関係し、各要素もそれぞれ相関性があることによる。将来性のあるビジネスにおいては、そのファミリーの価値観、投資に対する姿勢、およびビジネスに対する期待の各バランスがとれ、相互に補完的であることが求められる。ファミリーのビジョン策定には、ファミリービジネスにかかわる他のあらゆる事柄と同様、協議、検討、プランニングを必要とする。

●ビジネスの可能性
　価値観の策定に際して、設けられる質問は、基本的な経済学や心理学の範疇に含まれるものである。会社は、金銭的な収益および／または心理面での報酬（ファミリーの名声を高める等）のかたちでファミリーに対して価値を提供する必要がある。仮に、ファミリーが投じた金銭的投資または人的投資に見合ったリターンがもたらされないのであれば、そのファミリーは、その会社を再生するか、資本を引き上げるか、売却するか等の戦略を検討する必要がある。昨今のビジネス社会は、競争が熾烈であり、将来の展望が描けないまま、採算の見通しの立たない事業を続けることは極めて困難である。ビジネスの戦略的可能性に関する評価については、本書第6章で詳しく扱っているので、読者はその章を読めば必要な知識を備えたうえで投資についての判断を下すことができるようになる。

[図 4.4] ファミリービジネスのビジョンに影響を与える各要素

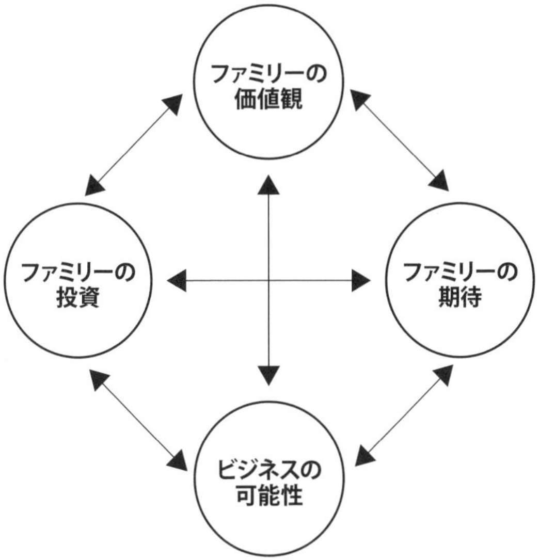

```
         ファミリーの
          価値観
        ↗   ↕   ↖
       ↙    ↕    ↘
ファミリーの ←→ ファミリーの
   投資          期待
       ↘    ↕    ↗
        ↖   ↕   ↙
         ビジネスの
          可能性
```

●ファミリーの期待

　3番目の質問に対する回答については、ファミリー・オーナーが投資を通じて何を期待するのかを特定することから、「価値に関する株主からの発議（shareholders' value proposition）」と呼ぶことにしたい。判断基準としては、業界の規模や特徴、収益見通し、資本構造、成長率等の各要因が考えられる（図4.5参照）。これらは、既存のビジネスまたは新規のビジネスにおける判断や投資に関する意思決定の際にも用いられる。たとえば、仮にファミリービジネスが成長の余地の乏しい成熟した市場に身を置いているのならば、「価値に関する株主からの発議」としては、ビジネスに対するファミリーの期待を明確に示すこととなる。そして、まずはその期待がファミリーの価値観についてのステートメントの内容と重なる部分がある場合には、ファミリーおよびビジネス双方にとっての将来のビジョンについてファミリーとしての見解を明確にすることから着手する。このビジョンを策定するというステップについて

[図 4.5] ファミリーの期待

> **価値に関する株主からの発議**
> - ビジネスの特徴（業種、製品、ターゲットとする市場）
> - 事業の多角化（製品やブランドの拡大）
> - リスクの程度と要因（技術、競争、規制）
> - 必要となる投資の規模と負債の構造
> - 収益（リターン）：流動性の確保、配当、資本利得（キャピタルゲイン）
> - 成長率と収益性
> - 長期的展望と持続性
> - ファミリーにもたらされる恩恵（雇用、オフィス、人脈）

は、どちらかといえば抽象的な面が多く、かつてジョージ・ブッシュ氏（George Bush, Sr.）も「ビジョンなるもの（the vision thing）」と表現し、詳細を省いたという話しもあるくらいのものである。その段階で、株主の具体的な期待について議論することは、往々にして抽象的な議論に終始しやすいビジョン策定に、現実感を加えるものであると認識しているファミリーは多い。

◉ファミリーによる投資

4番目の質問は、非常に重要なものであるが、ビジネスの将来の成長のために人的資本（ファミリーの能力）や金銭的資本（お金）を投資することについてのファミリーの意欲にかかわるものである。我々は、投資についてのファミリーの姿勢を、ビジネスに対するファミリーのコミットメントの強さを測るうえで最も信用できる尺度として用いることができると考えている。仮にファミリー・メンバーが、ビジネスに対す

第 2 部
人間の価値を生み出す

るオーナーシップが重要であるとする場合、こうした価値観を支えるためにどのような投資をするだろうか？　巨額の配当金を期待するファミリーは、会社収益の9割を投資に振り向けるとするファミリーとは明らかに異なる戦略を支持することになるだろう。前者のファミリーは資金を使い果たす一方、後者は投資資金の供給元となることで会社の競争上の優位性を生み出そうとする。投資に関する質問についてその回答を考えることは、結局、ファミリーがオーナーとして会社に対するコミットメントを長期にわたって持つ意向があるかどうかにつき、真剣に議論する機会を設けることとなる。

会社を所有するべきか？

　ファミリービジネスを扱う学問においては、ファミリーのオーナーシップは常に存続するものとして考察が展開されていた。オーナーシップの存続性については、それがファミリーに与える経済的、心理的、あるいは社会的影響等、他の要素を考慮することなく、画一的に成功の有無を判断する尺度とされてきた。しかし、ビジネスのオーナーシップが常にファミリー内部で受け継がれていくべきだとは必ずしも言えない。現実には、ビジネスの売却が関係者全員にとって最良の場合もある。成熟市場に身を置き、今後の展望が開けない会社において、ファミリーによるコミットメントが弱い場合や、内紛が慢性的に起こっているような状態にあっては、ファミリーがオーナーシップを維持することは賢明ではないという場合もある。そのような企業ではファミリーのコミットメントを問いただすような慎重な扱いを要する微妙な問題がこれまでにきちんと解決されてこなかったおそれがあることから、あらゆる議論がうまくいかないこともありえる。加えて、ファミリーのコミットメントを検討することは、明確な判断基準となるようなものはなく、主観的なトピックであることから、いっそう扱いが難しいものとなっている。
　したがって我々は、ファミリーのビジョンおよびコミットメントを議論するにあたって、多くのファミリーにとって有用となるモデルを考案

[図 4.6] ファミリービジネスの投資戦略

投資　　保有　　回収　　売却

| 投資する オーナー | 合弁事業 | 経営陣による内部買収 | ファンドによる買収 | 公募 | 事業売却 |

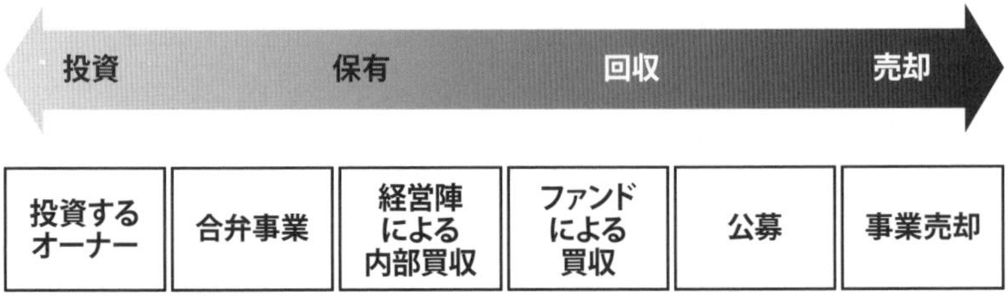

した。同モデルでは、コミットメントの強さを表す指標として、ファミリーの金銭的な投資を用いている。配当と投資をめぐる意思決定の場面は定期的に発生し、ファミリーや取締役会による明確な判断を必要とする。簡単に言うと、たとえば、同業のファミリー企業２社を例に挙げると、会社収益の９割を配当金もしくはファミリーへの支払いに回すファミリーと、ビジネスへの投資に振り向けるファミリーとではコミットメントの強度に違いがあると解釈できる。

　我々が考案したモデル（ファミリービジネスの投資戦略）においては、ファミリーが選択できる投資戦略として、投資（invest）、保有（hold）、回収（harvest）、売却（sell）の４つを設定している（図4.6参照）。投資、保有については、ビジネスに対する投資、ファミリーのオーナーシップを将来にわたって保持することを意味する。後者２つの戦略、回収と売却については、手元資金の確保、ファミリーのオーナーシップの地位の縮小を提案するものである。

第 2 部
人間の価値を生み出す

　投資に関する決定については本書第 7 章でも詳しく扱っているが、4 つの投資戦略は以下のようにまとめることができる。

- 投資（invest）：金銭的投資を継続的に行うことを選択することから、ビジネスに対して完全にコミットしているファミリー（あるいはファミリー全体のうちのある有力なグループ）
- 保有（hold）：投資を継続的に行っていく意向はあるものの、1 つもしくは複数のオーナーを買収するか、あるいは合弁を通じた新たな投資については縮小することを決定したファミリー
- 回収（harvest）：プライベート・エクイティまたは証券取引所への上場を通じて、流動資金を確保、あるいはオーナーシップの地位を縮小しようとするファミリー。
- 売却（sell）：事業会社もしくは会社本体への投資のすべてを清算しようとするファミリー。

カーギル：ファミリーの価値観、期待、投資およびビジネスの可能性のバランスをとる

　ファミリーの価値観、期待、投資、およびビジネスの可能性についてそれぞれに相関性があることは、カーギル家が事業への多額の投資を継続するのか、それとも配当を重視するのかの判断に悩んだ実例によって示された[3]。若手のファミリー・メンバーが大きな配当を期待したり、あるいは今後のビジネスの成長や業績につき懸念を示したりと不確定な要素が多分に考えられるため、世代の移行期にファミリービジネスがオーナーシップ上の問題に直面する場合が多い。世界最大のアグリビジネスグループであり、過去一世紀以上にわたって、価値を創造し続け、財を成してきた世界最大手のアグリ企業であるカーギル（本書第 2 章で既述）は、一部のオーナーが経営側に対して配当金の積み増しに応じな

171

ければ株を買い上げるとの提案を突きつけたことから困難に直面した。最後のファミリー出身のＣＥＯとなるホイットニー・マクミランは、こうしたオーナーからの提案を拒否する代わりに、株主、ファミリー評議会、および取締役会に対して、大量の自社株の買い戻し制度を設けるよう働きかけた。

　コミットされたファミリー・オーナーによってもたらされる競争上の優位性に気づき、カーギルは、ファミリーが保有する全株式の17％を従業員持ち株信託に総額8億米ドル以上で売却することを計画した。こうした動きは、自らが所有する自社株の売却に関心を示す一部ファミリー・メンバーにとっては資金を生み出すものであり、またこれと同じく重要なことに、カーギルで働く従業員に対する同社のコミットメントを強める結果ともなった。カーギルはその柱となる価値観として常に従業員の終身雇用を掲げており、従業員持ち株信託はその価値観の実証の最たるものだった。さらに同社の取締役会は、ファミリー、（従業員持ち株信託の利益を代表する者も含めた）社内取締役、独立社外取締役の各利害関係者すべての意見を反映するものに改められた。買収後もカーギルとマクミランの両ファミリーは依然として同社株の80パーセント以上を保有していたが、さらに重要なことに、株を保有し続けるそのオーナーたちは同社に対して強いコミットメントを持つ者のみで構成されるグループとなった。

　投資にかかわる議論は、ファミリーにとってはビジネスの将来像を考える契機となるものであり、いかなる選択肢等も排除されるべきではない。投資にかかわる議論は、ファミリーにとって、自らが直面している課題、役割、貢献について包括的に検討する貴重な機会であるべきだからだ。仮に経営陣が提示する案が、保有株の売却に関心を示すファミリーに対して公開の株式市場を介することなく、徐々に会社が保有株の買い取りに応じる内容のものであったならば、こうしたファミリーは不満を募らせていただろう。実際には、経営陣とファミリーの双方が、自社株の買戻しは資金を生む好機となることに加えて、ファミリーによるオーナーシップの存続、従業員で構成されるオーナーシップ・グループの設

立、ならびに保有株の売却に応じることなく保持し続ける他のファミリー・オーナーのコミットメントの強化という問題に関し、すべてのことを同時に達成する方向で協力し合う機運が生まれた。

　ファミリーのビジョンは、戦略や投資、ガバナンス活動を調整するのに役に立つ。慎重な検討作業を通して、会社、各利害関係者、そしてファミリーにとって最善となる行動を取るというファミリーのコミットメントを明確に示したファミリーのビジョンが作られる。仮にファミリーにとってビジネスに対する優先順位が高くない場合、つまりはビジネスに対するファミリーのコミットメントが弱かったり、ファミリーにビジネスの受託責任者としての役割を果たす能力が無い場合には、そのビジネスが長期的に価値を創造することができる可能性が低いことは誰の目にも明らかである。これは並行的プランニングによって導かれる重要な帰結である。

　ファミリーのコミットメントはファミリービジネス存続のための必要条件ではなく、たとえマネジメント、ガバナンスおよびオーナーシップに恵まれない企業であっても、市場を席巻するような有力な自社商品があることで生き延びている企業の例もたくさんある、と反論する人もいるだろう。しかしながら近年の世界的規模での競争の激化や、市場および各利害関係者からの増大し続ける要求によって、以上のような事柄をおろそかにする企業が長期的な価値を創造し続けることはより困難になってきている。本書第1章で紹介したダウ・ジョーンズの事例はその好例である。同社はファミリーがオーナーシップを担う企業として存続していくことも可能であったかもしれない。しかしながら、実際には、あまりにも多くの機会を逸し、長期的な収益の低迷と株価の下落という憂き目に遭った。

ビジョン策定のための集会を開催する

　ビジョンに関するステートメントを策定するにあたって、数多くの実用的なアプローチがある。それはいずれもファミリー全員もしくはその一部の者によって開始される。ファミリーによっては、全員参加型の集会を設けたり、あるいは特別作業チームを編成してそのチームにビジョン策定の作業を行わせたり、また別のファミリーにおいてはファミリー評議会の機会を利用することもある。ファミリーによってはこの機会にＣＥＯ、取締役、さらには自社と競合しない他のビジネス・ファミリーを招いたうえで、自らの見解や経験をファミリー以外の者と分かち合うことを望むかもしれない。自らの見解を進んで他者と共有することは、ファミリービジネスのビジョンの発展や更新のプロセスを後押しするものとなる。積極的な投資を要する高収益事業から、消極的な性格が強い投資の回収戦略にいたるまで、あらゆる可能性を検討し、ファミリー各人の見解を集約することができるよう、ファミリーによる協議は有意義なものにする必要がある。こうしたファミリー集会については、本書第９章でも詳しく取り上げる。

　ファミリーがビジョンを策定することについてその意義を過小評価することがあってはならない。とりわけ財政的な面において成功を収めているファミリーにとってはビジョンを策定することは重要である。ファミリーは、より多くの富を創造するために全体の士気を高めかつ日常的な業務の時間軸を越えて思考するうえで、いくつかの長期的な目標を必要とする。人は、単に自らの欲求やニーズを満たすことにとどまらず、より大きなものに対して貢献しようとするとき、そのなかに自らの人生の意義を見出す。人は働くことを通じて心理的もしくは精神的な意味での報酬が得られることを求めている。自らの将来像を説くファミリーのビジョンは、ファミリー各人が他者との衝突の機会を減らすことや、自らの能力を高めて人生におけるさまざまな困難を克服する指針となる。

　並行的プランニングは、ファミリーの価値観とビジョンから始まり、

第 2 部
人間の価値を生み出す

その後も、ビジネス側のプランニングを補完するためにファミリーにかかわる要素を検討事項に取り込んでいく。ファミリーが支配する形態を取るビジネスにおいては、ファミリーが策定するビジョンが、ビジネスの戦略や将来のあらゆる側面をかたち作っていく。ファミリーが掲げるビジョンがビジネスに対するファミリーのコミットメントを反映したものとなっていない場合、そのビジネスが戦略を実行に移すことは非常に困難となる。ファミリーとビジネスの双方によって共有された将来のビジョンは、目先の問題や課題に目を奪われるのではなく、より長期を見据えたうえで検討を重ねて計画を策定していくための強力なツールとなる。ファミリーおよびビジネスの双方にとって共有されたビジョンとは、ファミリーの価値観と確約されたコミットメントとを結び付けるものであり、ファミリーおよびビジネスを相互に補完するとともに両者を結びつける力となる。

ファミリーのコミットメントを維持するには

すべてのビジネス・ファミリーは成長し、成熟するにつれて、将来世代の関心ならびにリーダーシップおよびオーナーシップについてのコミットメントを維持するという課題に直面する。優れたビジネス・ファミリーであれば、各メンバーが会社とのコミットされた関係を評価し、これを構築するのに資するさまざまな活動を計画しておく必要があることを理解している。ファミリービジネスには、各メンバーの要求や関心事に応えることで、ファミリーをビジネスに関与させる一連の活動が存在する。これらは単にファミリーのコミットメントを維持するものにとどまらず、ファミリーがより効果的に機能することを後押しするものである。ファミリー・メンバーのなかには、ビジネスにはそれほど関心が無くても、慈善活動や金融投資については興味を示している者もいることだろう。こうした、特に関心を示すファミリー・メンバーからは、直

接ビジネスに関与するかたちではなくとも、ファミリーの遺産を守り、築いていくという間接的なかたちでのサポートを得ることができる。

　ビジネス・ファミリーが、ファミリービジネス、およびガバナンスに関わるプランニングの一環として、推し進めていく必要のあるたくさんの活動もまた、ファミリーのコミットメントを強める要素をもつ。ファミリービジネス、そしてその富が拡大するにつれ、ファミリーがマネジメントやガバナンスの責任を果たすうえで求められるシステムやプロセスもまた規模の大きなものが必要とされる。表4.1は、業種を問わず、幅広い活動に携わる多様なファミリーのコミットメントを築くための主要な手法をまとめたものである。これらの活動については、この後の2つの章でも取り上げるが、これらはいずれもビジョンやコミットメントの考察にも役立つものでもあることから、ここでも取り上げておく。

　コミットメントとは扱いにくい問題であり、ファミリー・メンバー各人にとって頭を悩ませる問題となりうる。その理由は、ファミリー・メンバーの多くが、自らが属するファミリーが所有するファミリービジネスに対して、ある種自分の会社であるとの感情を抱いているためである。各メンバーは、ファミリービジネスと共に成長するなかで、親近感を抱いたり、心理的な絆を抱いたりするようになる。逆に、自らのキャリアをファミリービジネスのなかに求めることを選択しなかったり、ファミリービジネスへの参加を求められなかったりしたメンバーは、ビジネスに限らず、ファミリーともつながりを失っているように感じるかもしれない。一方、ファミリーとの絆を語るうえで最も大きな部分を占めるのが、ビジネスを介したものである場合、仮にそういったかたちの絆がその者にとって長期的に最も望ましいものではないとしても、その関係を断ち切ることをためらうだろう。こうした理由から、ビジネスに関与しないメンバーにも、違ったかたちでビジネス・ファミリーに参加できる機会を提供することが重要なのである。シンガポールに拠点を置くツゥアオ・ファミリー（Tsao family）のメアリーアン・ツゥアオ（Mary-Ann Tsao）は自らの経験を次のように語っている。

第 2 部　人間の価値を生み出す

[表 4.1] コミットメントを築くためのファミリーとビジネスの活動

ファミリーの活動	ビジネスの活動
ファミリーの結び付き ■敬意を持ってファミリー・メンバーに接する ■各メンバーの幸福を後押しする ■公正さを確保する ■レクレーションの機会を設ける（メンバー同士による社交の機会） **ファミリー計画** ■ファミリーの価値観とビジョンを明確にする ■ファミリーの参加およびリーダーシップについて計画を策定する **不動産、財産および人生設計** ■財産やオーナーシップについてファミリーの意向を明確にする ■委託、税および健康上の問題について話し合う **ファミリー・ガバナンス** ■ファミリー集会を開催する ■ファミリー協定を策定し、合意を得る ■ファミリーによるリーダーシップについてそのあり方を明確にしておく **慈善活動** ■ファミリーによる寄付行為および関与のあり方 **教育および能力開発** ■ビジネスおよび財務にかかわる知識／能力 ■ファミリービジネスおよびガバナンスにかかわる知識 ■インターンシップおよびキャリア計画	**ビジネスの結び付き** ■共有された価値観およびビジョンを活用する ■公正さを確保する **承継プラン** ■ファミリー・メンバーおよび非ファミリー・メンバーの能力開発 ■コーチングと業績評価 **事業戦略プラン** ■ビジネス上の機会に合致したものにする ■長期的な価値の創造 ■人材開発 **ビジネス・ガバナンス** ■経験を有する者で構成する取締役会 ■業績に対する説明責任 ■ファミリーとのかかわりを計画的に進める **企業の社会的責任** ■雇用および人事考課 ■受発注における公正な取引 ■性別等への配慮（ダイバーシティ・マネジメント） ■地元地域への貢献 ■持続可能な事業プラン

私は最終的に、アジアに戻り、祖母が創設したファミリー財団のもとで働くことになった。ビジネスとは対極にあるものである。同財団は高齢者世代の健康に資することをその目的に掲げており、シンガポール国内では依然として有資格者の数が足りない公衆衛生医師（public health physician）として、私がこれまでに培ってきたスキルを存分に活かせる分野である。

　ファミリーが責任あるオーナーとして自社に対して強いコミットメントを示すことは、競争の激しい市場において、その企業が優位性を維持するうえで不可欠である。個人がオーナーシップを担うという形態は、仮にその企業の業績が低迷した場合、公開企業では一般的である市場での厳しい監視や退出圧力から、当該企業を守るという望ましくない面もある。優れたファミリー・オーナーであれば、自社や競合他社の業績に厳しい目を向け、自己満足の罠に陥るのを回避しようとするだろう。

　もしファミリーがオーナーシップを存続させるつもりであるならば、各世代でビジネスに対するコミットメントを再確認する必要がある。親の世代が始めたファミリービジネスであれば、そうした親たちのビジネスに対するコミットメントが、自分たち子世代にとっても比較的受け入れやすいものであると感じられる場合もあるかもしれないが、子世代に比べて創業者をあまり知らない孫世代になると、そうもいかないかもしれない。世代の変遷に加えて、ファミリー内部の力学や構造が変わることでも問題が生じる。3人程度の兄弟姉妹であれば協力し合うことも可能ではあるのだが、だが、もし24人の兄弟姉妹や片方の親が異なる兄弟姉妹がいた場合はどのようなことが起こるのだろうか？

第 2 部
人間の価値を生み出す

コミットメントを刷新するまでのアジアの企業の葛藤

シンガポールのユウ・ファミリーは過去に2世代という長期にわたりファミリーのコミットメントの不在という問題に直面した⁽⁴⁾。これには、戦争、相続税、プランニングの欠如、子ども24人を含む大家族、アジア市場の激変というさまざまな要因があった。19世紀末、当時、錫（スズ）の採掘を営んでいた中国系のユウ・コン（Eu Kong）は、漢方薬を取り扱う小さな会社、ユウ・ヤン・サンを興し、自社の鉱山労働者の健康維持のためにこれを提供した。当時は、危険かつ肉体的に厳しい労働を強いられる鉱山労働者の痛みを和らげるため、モルヒネの販売が一般的であった。ユウ・コンの息子、ユウ・トン・セン（Eu Tong Sen）はファミリービジネスをさらに拡大させ、鉱業、ゴムのプランテーション、不動産業、および銀行業において、アジア市場を代表する屈指のファミリーにまで発展させた。

しかしながら、第二次世界大戦やユウ・トン・センの死去以降、同氏とその妻10人との間に設けられた子13人の息子たちの間で、ファミリーの支配権をめぐる確執が生じ、同家は先行きが見通せないなか、内紛と法廷での闘争に翻弄された。長男の死後、同ファミリーのビジネスは残り12人の息子たちに分割されることになった。ファミリービジネスを各部門に次第に分割していき、各人がそれぞれ運営に当たることが最善の選択との判断であった。第二次世界大戦後、ユウ・トン・センの死去を受けて、英国、マレーシア両政府から不動産に対して二重に課税されたことも、同ファミリーにとっては壊滅的な結果をもたらした。

結局、同ファミリーのビジネスは、古くから続く漢方薬事業を除きすべて売却された。漢方薬事業は規模でこそ小さいが、その後大手企業に売却されるまでの期間、長らく同ファミリーの内紛の源となっていた。そうしたなか、1980年代に入り、同ビジネス・ファミリーでは第四世代目にあたるリチャード・ユウ（Richard Eu）がビジネスに参加した。

リチャード・ユウは、ビジネスを立て直し、オーナーとしての自覚を持ち、なおかつファミリー内の不毛な争いに終止符を打つというビジョンを掲げて、ユウ・ヤン・サン再興に向けて志を同じくするファミリーを集めることとした。リチャードは自身の従兄弟であるジョセフ（Joseph）およびクリフォード（Clifford）と共に企業買収（レバレッジド・バイアウト）を仕掛け、その後ブランドの再生および漢方薬に対する関心の喚起を狙った新たなビジネス戦略の策定に着手した。

　ＣＥＯに就任したリチャードは、プランニングを行うに際して、最初にビジネスに参加するファミリー・メンバーに、ファミリーが掲げるビジョンに対する合意とオーナーとしてのコミットメントを求めた。これがたとえ、上世代のファミリー・メンバーの「引退」やそのメンバーが保有する自社株の買収という結果になろうとも、その方針を曲げなかった。ユウ・ヤン・サンの成功を語るうえでその真の要因として、創業者が掲げた「ビジネスのあらゆる面を通じて人々に奉仕する」という価値観を基盤に、ファミリーのビジョンを正式なものに改めた点に求めることができる。これは具体的には、大学での研究の実施、新たな製法の開発、漢方薬に関する情報の提供を通じて市場開拓を推し進める、専門家の育成というかたちになって表れている。こうした努力が実り、ユウ・ヤン・サンは、漢方薬市場を大きく変えていくようなマーケットリーダーとなった。同社の店舗と販売モデルは世界的にも評価され、新製品開発や品質管理を目的とした投資を積極的に行った結果、アジア全域と太平洋地域 – オーストラリアから米国西海岸に至るまで、漢方薬に対する人々の関心を喚起することとなった。

　ユウ・ヤン・サンの事例は、並行的プランニングの一環として、ファミリーの価値観およびビジョンを、ファミリーがビジネスに対するコミットメントを確立する（あるいは取り戻す）手段として使用した場合の重要な帰結を示している。絶えず変化している昨今のグローバルなビジネス環境においては、ビジネスにコミットしたオーナー陣の存在が、

第 2 部
人間の価値を生み出す

価値創造に結びつく貢献をするうえで欠かせないのである。仮にファミリーがビジネスに対して消極的な関与を望むのであれば、価値創造とはまったく関係が無いような、他の機会でのファミリーによる参加を検討することが理にかなっているかもしれない。第 1 章の終わりに紹介したバンクロフト家（Bancrofts）の事例は、ビジネスのガバナンスまたは戦略にも貢献できないファミリーオーナーグループの帰結を示している。

　ファミリービジネスのビジョンを策定することは、一方では価値観、もう一方では事業計画、投資およびガバナンスの双方を結び付けることで、並行的プランニングの次なるステップへと進む入り口ともなる。ファミリーは自らのビジョンについて協議しながらも、それと並行して、経営陣が協議しているビジネス戦略についても念頭に入れて、こうした想定されうるビジネス戦略がファミリーにどのような影響を及ぼすかについて検討する必要がある。ファミリーにとって、会社自身の将来像とその会社がファミリーに対して突きつけてくる要求について現実的な予測を立てておくことは不可欠である。

ファミリービジネス
最良の法則

ファミリーは自らの価値観や期待、ビジネスの将来性、投資に対する積極的な姿勢に基づき独自のビジョンを模索、策定しなければならない。

並行的プランニングを通じて、責任感を持ち、かつすぐれたオーナーシップの概念の柱となる価値観や行動規範の設定が促される。

ファミリーが成長し拡大するのに伴い、ファミリーのコミットメントが強化される必要がある。

すべてのビジネス・ファミリーが自らに問いかけなければならないのは、つまるところコミットメントについてである。「ファミリーはオーナーシップ存続のために積極的に協力し合っているか?」

第3部

ファミリーとビジネスの戦略

5 ファミリーの戦略：ファミリーの参加に関するプランニング

　5年前、英国内で最古で最大手である建設会社の1つであるウェイツ・グループは、あるジレンマを抱えていた。同社は100年以上もの間、創業家のメンバーによって支配されてきたが、今日では、同社の経営幹部でありオーナーも務める5名のファミリー・メンバーは、引退を考え始めていた。彼らのほかにも、ファミリー出身者で実際にビジネスの世界に身をおいてきた次世代のメンバーも数名はいたものの、経営者や取締役としてビジネスに関わっている者は誰一人いなかった。ましてや、その中の誰がリーダーシップやガバナンスの役割を担うことに興味があるのか、または誰にその能力があるのかということについてはまったくわからなかった[1]。

　彼らはこの問題に対する良い解決策を見出せなかった。しかしこういった問題は、ウェイツ・グループに限ったことではないというのも事実である。どんなファミリービジネスもいつかは世代交代の問題に直面する。だからビジネスの継続性を保つためには、家族の成長やビジネスへの参加、後継者問題をプランニングしておく必要がある。成功をおさめているビジネス・ファミリーは、家族が会社の経営やガバナンスの役割に参加することの利点を認識している。ただしその前提として、事業の業績向上を確かなものにし、家族や事業を不毛な争いに巻き込まないだけの、確固とした組織やプロセスを備えておく必要がある。ファミリー・メンバーによるビジネスへの積極的な参加を促すようなプランニングを行うことは、次世代のメンバーや利害関係者に対して、ファミリーのコミットメントを明確なかたちで示す行動であるといえる。

　ファミリーの参加や承継についてプランニングを行うことには、ビジ

ネス上の利点も存在する。ビジネス・ファミリーは、とりもなおさず、そのまま従業員、経営幹部、取締役、ファミリーリーダー、そして何よりオーナーを務める者となりうる人たちから構成される存在だからである。したがって、ファミリーが、自ら有する人財を自らの手で育成できるということは、ファミリービジネスというビジネス形態だけが行うことができ、他のビジネス形態では容易には真似できない強みとなりうる。ファミリービジネスは多くの課題に直面することになるが、仮にファミリーが適切にプランニングを行うことで、メンバーの才能やコミットメントを伸ばすことができれば、メンバー各々に新たな強みが加えられることになり、当該ファミリービジネスは人財をはじめとする充実した財産を有することができる[2]。

　ファミリーが人材育成についてプランニングを行うことは、ファミリー・メンバーの才能を伸ばし、こうした者たちをより有能かつ精神的にも満ち足りた状態にすることに効果的である。一方、次世代のファミリー・メンバーの心理上の欲求については注意を払っておく必要がある。なぜならば、成功をおさめた家庭において、その子が順風満帆に育つことは、けっして容易なこととは言えないからである。名のある家庭の子息や良家の子女が直面する問題や、生まれながらにしてついてまわることになる周囲からの期待といったものについて考えてみてほしい。こうした子たちは自らが、良家の子息もしくは子女に値するようなことを何も成し遂げられていないといって、しばしば自分を価値のないものに感じることがある。または自らを、成功をおさめた両親や先代たちと比較してしまい、無力感に苛まれることもある。次世代の者たちの才能を伸ばし、さらには、彼ら自身にファミリーに対して何らかの貢献をしていることを認識させることは、彼ら自身が自らの人生を、実り豊かなものであると実感できる機会を与えることになる。ここで、フランク・シナトラ（Frank Sinatra）を父に持つ、ある若きジャズミュージシャンの境遇をとりあげて、この問題を少し考えてみよう。

シナトラ家の「ファミリービジネス」

　フランク・シナトラ・ジュニア（Frank Sinatra Jr.）の半生は、「ファミリービジネス」の中で自らの立場を確立することによって得るものや、なぜビジネス・ファミリーは次世代の育成を支援し計画する必要があるのかということについて、大変有益な教訓を与えてくれる。フランク・ジュニアは、シナトラ家で生まれ育ったことから、必然的に早くから音楽に接してきた。十代の頃にはすでにローカルクラブで演奏し、その後は長らくジャズマスターであるデューク・エリントン（Duke Ellington）のもとで修業を積んだ。彼は、自らのキャリアのほとんどを、各地での即興ライブに費やし、その巡業先は米国47州、世界30カ国を数えた。テレビの音楽番組へゲストとして数回出演し、ラスベガスでは他のビッグネームの前座として自らのバンドを率いて歌ったこともあった。そんな彼は、音楽業界では、決して手を抜くことなくリハーサルをすることと、音楽のクオリティーの高さにより、父と同じく尊敬されてはいたが、父が成し遂げたような成功は収められなかった。しかし彼は諦めなかった。1988年、父であるシナトラは、自身の最後のライブで、ミュージックディレクター兼指揮者としてフランク・ジュニアに参加を要請するというかたちで、自分の息子に対し最大級の賛辞を贈ったのだった。

　フランク・シナトラ・ジュニアの半生は、意義ある人生を送るうえで、必要な準備を行なっておくこと、参加することの重要性を物語っている。フランク・ジュニアは父の後を追って音楽の世界に入り、偉大な師匠の下で修業し、ファミリービジネスの外に出て経験を積み、やがては父からプロとして賛辞を受けるまでになった。こうしてフランク・シナトラ・ジュニアも、シナトラ家の業績に貢献することになったのである。これ

は、誰の基準でも立派な功績である。

　本章では、ファミリーの参加、育成、承継に関するプランニングについて考察する。第一に、ファミリーは、次世代のメンバーが実際にビジネスの現場に参加するかは別として、有能で一人前の成人になるように成長を促す必要がある。第2に、ファミリーは、各メンバーが不毛な争いや障害に煩わされることなくビジネスに積極的に参加できるよう、ファミリーの合意や協定が適切に履行されることを保証する必要がある。第3に、ファミリー・メンバーは、ビジネスの成功に貢献するだけの資質がなければならない。ファミリーの潜在能力、特にリーダーシップやオーナーシップの能力を伸ばすことは、結局のところ、他の誰の責任でもないファミリー自身の責任である[3]。

ファミリーによる参加の利点

　ファミリーがビジネスに及ぼす影響力とは、ただ単に、ファミリーが保有する同社の株式の比率だけでは測れない。世界最大の自動車メーカーであるトヨタの創業家である豊田家は、トヨタの株式のほんの数パーセントしか保有していない。しかしながら、同社の取締役会は最近、世界的な景気後退を乗り切るために創業者の孫である豊田章男氏を社長に選出した。創業家出身者であることと、自動車業界においてこれまで培ってきた実績等を考慮したうえで、同氏は、祖父が創業した同社のリーダーとなるにふさわしい人物であるとされたのである。

　企業の夢や価値観を伝えるいわばメッセンジャーとしての役割を務めることで、市場に対して何らかの強いメッセージを与えることができる。社長就任後、当時ＣＥＯに抜擢された豊田章男氏の最初に与えられた任務の1つに、トヨタ・レーシング・チームを率いて、ドイツのニュルブルクリンク24時間耐久レースに参加し、性能や優秀な技術力を追求するトヨタのコミットメントを世に示すことがあった。

ファミリー・メンバーによるビジネスへの参加には、ブランドに「顔」を持たせることによってビジネスを血の通った人間味の感じられるものにするという役割があり、さらには、企業の誠実さを従業員に示したり、顧客や利害関係者との良好な関係を築くことにもつながる。たとえば、現在はイギリスのファミリー・ベーカリーの会長であるジョナサン・ワーバートンは、テレビの広告キャンペーンを通じてワーバートンの顔となった。また、危機に際しては、創業家ファミリーによるリーダーシップや存在感が、組織全体を安定させることもある。ウィリアム・クレイ・フォード（Wiliam Clay Ford）が1999年に会長に選任された直後、フォード（Ford Motor Company）の歴史ある巨大なリバー・ルージュ（River Rouge）の工場が、爆発により、大変なダメージを受けた。その時、彼は「これは私たちのファミリーにとって最も悲しむべき日々である」といったごく自然なコメントを発したが、こうした何気ない言葉が、従業員やそのコミュニティに対して、フォードが彼らと共にあることを知らせるとともに安心感を与えた。最も優秀な広報担当官もなし得ないことである。

世代承継のマネジメント

　時間の流れには誰も逆らえないことから、世代承継はすべてのファミリービジネスにとって避けられないことである。シニア世代のリーダーもいずれは退き、ビジネスを売却するか、あるいは次世代に支配権を譲渡しなければならない。ファミリービジネスにおける承継は、シニア世代と次世代の各ライフ・サイクルがお互いに複雑に影響し合っていることから、役割や責任の承継は複合的な様相を示す。複数の世代で構成される企業における承継のプランニングには、3人のキープレイヤーが関わってくる。ビジネスの最高責任者（the head of the business）、取締役会の代表、ファミリー評議会の議長である。

第 3 部
ファミリーとビジネスの戦略

[図 5.1] ファミリービジネスにおける 2 つの世代のライフ・サイクルの重なり

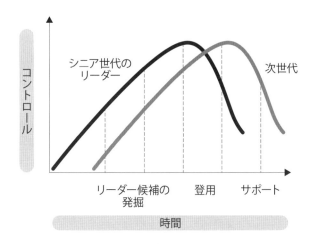

　シニア世代のリーダー[4]は、承継にかかわるプランニングを行い、その方向を示す。こうした承継は、候補者を発掘し、その複数の候補の中から、後継者あるいは後継となるチームを選出し、その後は、この者たちをサポートするというプロセスをたどる（図5.1参照）。しかし承継の各段階において、再考、調整、先送りの可能性もある。後継者の死亡、その他人生における重大なイベント、後継者の力量不足、ビジネスの不振等、どれほど綿密にプランニングしたとしても物事は思い通りにはいかないものだからだ。年老いた世代にとって、これは負担の大きい仕事である。ウィリアム・グラント＆サンズのマネージャーを務め、ギリシャビジネス・ファミリー・メンバーであるヴァシリスキ・アニフィオッテイ（Vasiliski Anyfioti）は、自らの経験を次のように語っている。「彼ら（シニア世代のリーダーたち）は、次世代のリーダー候補者に多くの機会を与えるが、その一方で、その者の邪魔をする場合もある。なぜならば、リーダー候補といえども、シニア世代のリーダーたちにとっては、

189

あくまで子どもにすぎないからだ」⁽⁵⁾。

多くの場合、承継のプランを策定したり、これを履行していないファミリービジネスは、ファミリービジネス自らの存続を図るという課題に対して十分な備えができていない。シニア世代のリーダーは、次世代のメンバーを育成し、この者たちの資質や能力を見定める機会を失っていき、一方で、次世代のメンバーはシニア世代から受けることのできたはずのサポートや経験の共有の機会を逃してしまう。

いかなる組織であれ、承継をめぐる問題は、たとえどんなに綿密なプランを立てたとしても、困難を要するものとなり、ファミリー企業にとっては、ほかの組織にも増してより重大な課題となる。承継に関して、ハーバード・ビジネス・スクールのハリー・レヴィンソン（Harry Levinson）は、「（新たに）最高責任者に就任した者は、困難な場面に遭遇することが多い」「前任者が築き上げたことや提案したことを変えようとすると常に、そのような変更をするということ自体が前任者に対する批判と見なされるのだ」と述べている。⁽⁶⁾ 特にファミリービジネスにおいては、前任者が近親者であるため、承継のマネジメントには慎重な配慮とプランニングが必要なのは明らかである。また、ファミリービジネスを承継した者が、周囲からの信頼や支援を得るために、前任者によるバックアップを得ることが重要になる。承継した者が戦略に変更を加える際には、ファミリーや他の利害関係者を安心させるために、シニア世代が傍らでサポートする必要があるのだ。

シニア世代にとって、リーダーシップやオーナーシップの承継についてプランニングを行い、これを実行に移すことは、非常に骨の折れる作業となる。ファミリーやビジネス、あるいは個人に関するあらゆる問題が、承継のプロセスのなかで顕在化することが多い。承継のプロセスのなかで、優先すべき事項は、ビジネスにとって有益なリーダーの発掘であるが、仮にファミリー・メンバーのなかに有能な候補者がいなかったらどうするか？　ファミリー・メンバー以外の外部の者から適任者を経営幹部として登用することも1つの解決策ではあるが、ファミリーの中にはそれを嫌う者もいるかもしれない。こうしたなか、ウェイツグルー

プの4代目のオーナーでありファミリーリーダーでもあるティム・ウェイツは、ファミリー以外の外部の者がCEOを務めることでもたらされる良い影響について、次のように語っている。

> 私は、これまでファミリーが行ってきた経営に対して誇りを持っている。それは、当社を優良なファミリー企業のみならず傑出した企業へと飛躍させたのだ。私たちは、優秀な人材を雇い入れ、こうした人材をつなぎ留めていられることを嬉しく思う。とりわけ当社のCEOは、私の知るかぎり最も賢明で繊細な人物であり、私たちの能力を最大限引き出してくれる。そして何をおいてもまず、私は、これら以上のことを、ファミリー企業として成し遂げてきたことを誇りに思う。

逆のケースで、もし仮にあまりに多くの候補者がいる場合はどうすればよいのだろうか？ そうした複数の候補者の中から1名を選ぶということは、特に多くの兄弟や従兄弟がいる場合、将来に禍根を残しかねない。この点に関して、ムハイディブ・テクニカル・サプライ（Muhaidib Technical Supplies）でゼネラルマネージャーを務めるマサーブ・アル・ムハイディブ（Musaab Al-Muhaidib）は、自らのファミリーの場合の解決策について次のように語っている。

> 私たちファミリーには、16歳を超えるすべての者が署名する憲章がある。あらゆる一切のことが明文化されている。第3世代のメンバーはほぼ40人を数えることから、こうした明文化された憲章が不可欠なのだ。私たちが、あらかじめ明文化された憲章に従って物事を進めているのは、そうする必要があるからである。当社における主要な評価基準は、各人がそれぞれに有する能力だ。従業員に関しては、その者がファミリー出身者であろうとなかろうと同じ評価基準を適用する。そして能力に見合った適正な給料を支払う。

無視できない重要な課題として、シニア世代のリーダーたちが、自ら

有する支配権を手放すことについて、意識的もしくは無意識のうちにどのような姿勢や態度を示しているのかということが挙げられる[7]。彼らは、その生涯をかけて獲得した会社の支配権やリーダーシップを手渡したがらないものである。その一方で、生涯をかけて獲得してきたものと引き換えに、家族や自らの人生について払ってきた代償に対して後悔の念さえ持っているかもしれない。それゆえ、後進に道を譲るなどという考えは、そう簡単には受け入れ難いものであることが多い。一方で、いくつかの文化圏では年長者を敬う考え方があるので、シニア世代には常に責任ある地位が与えられ得る。いずれにせよ、ファミリーの価値観やビジョンがどのようなものであれ、オーナーシップやリーダーシップの承継についてのプランニングには、シニア世代および次世代の双方の協力が必要となる。

　シニア世代のメンバーは、長年の間に培ってきた信頼や経験、ファミリーでの地位、オーナーシップによってもたらされる一定の影響力を持っている。したがって、承継はこうした世代の関与なしには、不可能とまでは言わないが難しいものになりがちである。仮にシニアメンバーが、次世代の承継についてプランニングを行い、必要な支援を与えることに抵抗を示すと、できることは限られてしまう。最悪のシナリオは、シニア世代がこうした承継のプロセスを故意に妨害し、場合によっては、無能であることがわかっていながらも、自らの意のままに操ることのできる者を後継候補として推すこともある。以下に紹介するスタインバーグ（Steinbergs）の事例は、創業者の死後、間もなく、同社が苦しい判断を迫られた状況を示すものであり、そこで下された判断を機に、同社の経営は行き詰まりを見せることになる。

　「我々は、最も相応しい人物を後任として選出したわけではない」。これはサム・スタインバーグ（Sam Steinbergs）が、当時カナダ国内で革新的な企業であり小売最大手でもあったスタインバーグの後継社長に、義理の息子であるメル・ドブリン（Mel Dobrin）を指名した直後に、ファミリー外部の経営幹部の１人に語った言葉である[8]。会計士見習いだったメルは入社後に食料雑貨部門に配属され、そこから徐々に企業

第 3 部
ファミリーとビジネスの戦略

内での地位を上げていった。彼は、同ファミリー企業の内外の事情にも精通し、堅実な経営者としての能力を備えていた。

　サムは次のように付け加える。「当社の利益を最大限考慮するのであれば、たとえファミリー外部の者であってもプロの経営者を迎え入れることが適切な判断であったのかもしれません。しかしながら、私はビジネスを立ち上げ、それを運営していくことに喜びを見出してきたことから、こうした機会をファミリーから奪ってしまうことがどうしてもできなかったのです」。サムによるこうした率直な証言は、多くの者が当時すでに抱いていた疑念を裏付けるものである。サムが現役でいられるうちは、たとえスタインバーグが何千もの株主を抱えるほどの公開企業にまで成長していても、彼が同社を率いていた。

　サムがドブリンを指名したことは、重大な問題に対処するわりにはあまりにも稚拙な判断であった。サムは会社の支配権を譲る心の準備ができていなかった。そのため、従順な義理の息子のドブリンを指名することにより、実質的な支配権を維持することを選んだ。ドブリンを指名したころから、業界での競争の激化とファミリー内部での絶え間ない争いにより、スタインバーグは長期にわたる衰退への道をたどることになる。実際のところ、サムの死後 3 年も経たないうちに、同社は破産宣告を受けることになる。

　承継に対するシニア世代の抵抗につき、これに対処する特効薬など無い。ただし、本書で紹介するプランニングを行うことで、ファミリー・メンバー全員が承継をより理解できる 1 つのきっかけを与えることになるはずだ。シニア世代が、次世代のメンバーをまだファミリービジネスを率いるには早すぎると考えて、能力や素質が備わっていることが証明されない限りは、その力を軽視してしまうことはよくあることだ。並行的プランニングの利点の 1 つは、シニア世代と協働することによって、次世代の者たちに必要なスキルや能力が備わっていくのみならず、自らの能力をシニア世代に対して証明する機会が与えられることにある。ファミリーが一緒にプランニングを行えば、情報が共有され、各々の行動を集約させることができる。ファミリーの関心事も「次世代はいつに

なったらリーダーとなるにふさわしい素質や能力を備えることができるのか」ということから「いかにして次世代にリーダーとなるにふさわしい素質や能力を備えさせることができるか」ということに変わってゆく。

　ひとたびファミリーの間でビジネスの共通のビジョンについて意見がまとまれば、各メンバーは問題点を処理する戦略を一緒に策定し始めることができる。プランニングのプロセスを通じて、シニア世代には、単なる日常業務の枠組みを越えた、まったく新しい役割を見出す機会が与えられるかもしれない。それはファミリーが成長していくにしたがって新たに必要とされ、以前には考えられなかった役割かもしれない（表5.1参照）。創業者やシニア世代のメンバー全員が、ファミリービジネスにおける中心的な役割を手放すことに積極的になり得るとまでは言えないものの、彼らが自らの持つ能力に今一度目を向け、新しい参加のあり方を模索するきっかけとなるかもしれない。ビジネスを築き上げることから、ファミリーを築き上げる役割を担うように変わることは大きな変化に思われるかもしれないが、それは、より一層やりがいの感じられるものとなり得る。ビジネスの第一線からは退いたうえで、今後は後進の支援や育成を担うというかたちで、シニア世代の次世代に対する関わり方が見直される結果、シニア世代が必要とされる状況がこれまでとは違った場面で生じてくると言える。

　シニア世代のメンバーの中には後進に道を譲るために完全に身を引くほうが簡単だと感じる者もいる。トロントに本拠を置くミダス・セーフティの次世代ファミリー・メンバーであるミハエル・カサームは、彼の父がどうやってビジネスから退いたかを語っている。

> 　私の父は、承継を滞りなくやり遂げるには、自らが完全に退くしかないと自覚していた。父は、私たち（父と息子）が同じオフィスにいると、物事が上手くいかないだろうことはわかっていたのだ。結局、私が当社にフルタイムで勤務することを決意したのは、父がビジネスの第一線から退くことで、業務を引き継ぐ素地が整ったからであった。

第 3 部
ファミリーとビジネスの戦略

[表 5.1] ファミリー内でのシニア世代の役割の円滑な移行を後押しすることについての考察

ビジネス側の視点	ファミリー側の視点
CEO としての役割（事業経営）	議長の役割（指導／助言）
価値観を体現する	価値観を次世代に伝える
権限の行使	権限を託す
ビジネスの発展	ファミリーの発展
ビジネス上のネットワークの形成	ファミリーの結びつき

　米ギャップ・ストア（Gap stores）の創業者であるドナルド・フィッシャー（Donald Fisher）とドリス・フィッシャー（Doris Fisher）の兄弟は、ビジネスの現場に自らが直接関与する場面を減らした後に、孫たちを、ビジネスやファミリーの慈善事業に触れさせることに多くの時間を費やすことにした。ドナルドは孫たちとディスカッションや昼食を共にするために彼らを本社に呼び寄せ、一方ドリスは、孫たちにファミリーが行っている慈善事業について話をした。こうした事例は、ともすれば自分たちにはもはやアドバイスなど求められないのではないかと憂慮するシニア世代のリーダーたちが、プランニングを通して、なおもビジネスに貢献でき、より多くのファミリー・メンバーのビジネス参加を後押しするべく、重要な役割を担うことができるという１つの可能性を示すものである。
　いずれは次世代のメンバーが会社を率いこれを所有することになるのだから、承継のプロセスはそのかたちはどうであれ、オーナーシップと

リーダーシップの承継は必ず起こる。ソーシャル・コメンテーターのクライヴ・ジェームス（Clive James）は、ＢＢＣラジオ４チャンネル（BBC Radio 4）の番組A Point of View（2009年12月25日）のなかで、小説家ガブリエル・ガルシア・マルケス（Gabriel Garcia Marquez）の著書『家長の凋落（the autumn of the patriarch）』の人生の黄昏についての一節を引用し、シニア世代の承継を次のように前向きに言い表している。

　これまで何も間違ったことなどしてこなかったことに誇りがあるはずだ。ずいぶんと遠くまで来られたことに対して感謝の念もあるはずだ。そしてなにより、辛いことなど有りはしないのだ。前途は明るく何も心配することなどない。なぜならば、そこにはもうあなたはいないのだから。かわりに子どもたちがそこにいて、彼らが時代の主役になるのだ。彼らのことを考えるときは、私たちは悲観的になるのをやめよう。

ファミリーとビジネスの役割を専門化する

　ファミリーの参加や承継についてのプランニングを行ううえでの最初のステップは、ファミリービジネス・オーナーの各役割に目を向けることだ。ビジネスの役割については、管理者教育や専門分野での知識等によって明確にされている場合が一般的であり、それぞれの地位での責務や権限といったことが詳細に決められているはずである。一方、ファミリーやオーナーの役割はそれほど明確ではないので、ファミリーは、そのビジョンを明確にしたうえで、どのようにしてリーダーシップやオーナーシップの責務を担うに相応しい専門的能力を各ファミリー・メンバーに身に付けさせるか考えておく必要がある。インドネシアにあるファミリー・オフィスのＣＥＯを務め、同ファミリー傘下の２事業会社の会長であるシャンティ・ポエスポエチプトは、彼女自身の体験を次のように語っている。「私の父の望みは５人の子どもを儲け、２人の男の子がいることでしたが、実際は、女の子が３人だけでした。父は、事

業を継ぐことに関しては何も言いませんでしたが、今にして思えば、父は、私たち姉妹それぞれを、自らの後継候補にするべく育てていたのでしょう。ある時父が、後継者が欲しいとつぶやいたことがありましたが、その時、私は、父がほかでもない私を後継者にするつもりで育ててきたのだと悟りました」。

　ファミリービジネスの役割について考察するうえで有益なツールとして、Davis and Taguiriのモデルがある。これはファミリービジネスの役割を、ファミリービジネス・オーナーの3つの各役割が互いに重なりあうものとして表したスリー・サークル・モデルである（図5.2参照）[9]。たとえば、ファミリー・メンバーの誰もが、その家族の幸福について関心があるのは当然である。あるメンバーに対して、そのファミリービジネスでの仕事を与えたら、そのメンバーは報酬や昇進について思いをめぐらすようになる。会社の所有権を与えたとしたら、そのメンバーはビジネスの業績や配当に関心を持つようになる。この3つのサークルで構成されるモデルは、私たちがファミリービジネスへの参加のプランニングするときに、ファミリー・メンバーが3つの役割について何に価値を認めるのかということを考える手助けとなるものである。

●スリー・サークル・モデルによるファミリー

　ファミリーは、そのメンバー同士の物理的かつ精神的なつながりを与えるものであり、このモデルを考察するうえでの核となる。各ファミリー・メンバーは、たとえその会社に雇われていなくとも、あるいはオーナーではなくとも、そのファミリーに精神的なつながりを持っている。この精神的なつながりは、各人のアイデンティティ、つまりファミリービジネスの中で育ち、オーナー・ファミリーの一員であるという一体感を表している。広く世間に名を知られたビジネス・ネームを背負っているというだけでも、何らかの代償を払うことになり、それは取りも直さず、そのファミリービジネスのイメージや社運に影響を与えかねない。ファミリーの関心事が、その核となるビジネスにとどまらず他の諸活動にも広がりを見せ始めたとしても、各ファミリー・メンバーに対して、

[図 5.2] ファミリービジネスにおける想定され得る各役割の組み合わせ

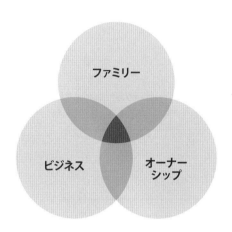

ビジネス参加の機会を最大限与えることができるのは、他ならぬファミリーである。

　ファミリーの役割は、当初は曖昧な場合が多いが、時を経るにしたがって、個々人の才能や影響力を反映しながら、次第に明確な方向に変貌を遂げていく。歴史的に見て、創業者（父親である場合が通例であるが……）は、ファミリーリーダーを務め、決定権を持つ役割を担っていた。一方、母親は、ビジネスの表舞台には顔を出さないものの、精神的な支柱となるＣＥＯ（Chief Emotional Officer：最高精神的責任者）とでも言うべき、非常に重要な役割を担っている場合が多かった。母親は普段は目立たないところで、しかしファミリーを統率するうえで重要な役割を担っている。母親は、あるファミリー・メンバーの行動の意図を別のメンバーに伝えたり、メンバー間のコミュニケーションを活発にさせたり、情緒的な部分にも配慮しながら、ファミリーの伝統を浸透させ、ファミリーの特別な行事を取り仕切るのである。こうした役割のすみわ

けは、とりわけ創業後間もない第1世代の時期においては有効だが、第2世代以降では、むしろ、より明確なかたちのプランニングを行い、役割分担を明らかにすることで、責務の重複や衝突の可能性を避けることが必要になってくる。

●スリー・サークル・モデルによるオーナーシップ

図5.2において、オーナーシップの項目には通常、ファミリー・メンバーが入ることを想定しているが、従業員、プライベート・エクイティ、一般的な株主などがオーナーを務めるケースも当然考えられる。一般的に、オーナーは、株価の値上がりや配当などにより、自らの投資に対して十分な金銭的見返りが得られることに関心があるが、一方、ファミリー・メンバーは、そうした金銭的な見返りに留まらず、雇用や名声、あるいはファミリー全体に対する配当やその他の利益等も関心事に含まれる。オーナーシップの役割は、取締役会のメンバーになることやその会長を務めるといったガバナンスにも関連している。ガバナンスに関しては、ファミリー企業の中には、株主総会（Shareholders' assembly）やオーナー評議会（Owners' council）を開催するところもあるだろう。

●スリー・サークル・モデルによるビジネス

ファミリービジネスの従業員は、そのビジネスにおいて重要なステークホルダーである。彼らのキャリア、生計などはそのビジネスにかかっているからである。彼らは、現場の第一線から離れた他のファミリー・メンバーよりも、ビジネスに対してより緊密で日常的な関係を持っている。ファミリー内の従業員の主な関心事は、自らが興味を持って取り組める仕事、自己啓発、報酬や評価、公正さ、昇進、雇用の安定などである。従業員、マネージャー、取締役といった各役割について、ファミリーの中でその職に就く際の条件や昇進、報酬等を定めた明確な決まり事がないと、深刻な争いの原因となり得る。また、有効に機能するビジネス・ガバナンスを備えることで、重大な決定事項が経営者による独断に陥らないようにし、活動と業績に対する説明責任を明確にすることも重要で

ある。

　参加や承継についてプランニングを行うことの１つの意義として、ファミリーの意見を集約して、ファミリーやオーナーシップの各役割について、その責任や適格性をあらかじめ明確にしておくことができることも挙げられる。ビジネスの成功やファミリーの拡大は、オーナーシップとガバナンスにおける多くの新しい役割と活動を生み出すことになるかもしれない（図5.3参照）。図5.3の内容は、図5.2で示したファミリー、ビジネス・オーナーシップの３つのサークルを用いて表すこともできる。各ファミリー・メンバーは必然的に同時に複数の役割を担っているからだ。また、各ファミリー・メンバーの役割については、その内容いかんよりも、ファミリー全体で各役割についての共通の理解が図られていて、それを公正に実現できることのほうが重要である。たとえば、ファミリー・メンバーに該当する人物とは、いったいどのような者をいうのか、といった基本的な問題でさえ議論が必要になる場合もある。それはファミリー・メンバーの定義を血縁関係に限定するファミリーもいれば、法律上の家族関係も含めるファミリーもいるからだ。

　ファミリーの参加に関するプランニングについての次なるステップは、各ファミリー・メンバーがオーナーやリーダーの役職に就くうえで相応しいとされる教育を受けさせ、経験を積ませる機会を与えることである[10]。つまりは教育、訓練、育成を適切に行うということだ。ファミリーは、同ファミリーに貢献したいと願っている誠意あるメンバーに対して、何らかの機会を与えることができるが、その一方で、取締役となるには、それなりの資質が必要となってくる。取締役を務めるには、高度に専門化されたマネージャーやファミリー出身者以外の１専門技能を持って取締役とも働くだけの知識やスキルが必要であり、仮に当人にこうした能力が備わっていないとなると、効果的なガバナンスにとっての障害となり、関係者全員に不満を与えることになる。コロンビア（Columbia）に拠点を置くコロナ（Corona）の取締役を務めるダニエル・エチェベリア（Daniel Echavarria）は、同ファミリー企業において第４世代にあたる人物であるが、同社の取締役が大学院で経営学を

[図 5.3] ファミリービジネスにおいて想定され得る参加のあり方

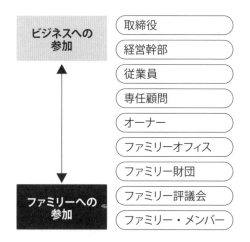

学ぶことの意義について次のように語っている。

> 経営学修士号（ファイナンス）を取得することのメリットは、論点を整理し、物事を批判的に捉える能力が養われる点にある。ファイナンスの知識は実務で役立つ。こうした実利面でのメリットにもまして、最も重要なことは、（当社においては）取締役になるには修士号取得を必須としていることが求められているということである。

ファミリー自体の規模が拡大し、複数の世代がビジネスに関与するようになるにつれて、ファミリー・メンバーの参加を促すことが、より多くの困難につながるようになる。創業初期の世代であれば、ファミリー・メンバーは創業者とも密接な関係があるので、創業者が開始したビジネスにかかわることもそれほど困難を感じない。この世代のメンバーには、初期の段階からビジネスを学び、創業者のビジョンを共有する機会があ

る。一方、世代を下るにつれ、むしろ業績やビジネスへの誇り、あるいは個人的な興味や関心といったものを重要視するようになる傾向がある。こうした世代間に見られる差異を埋めるためには、若い世代がファミリービジネスについて学び、取り得る参加のあり方を模索し、今後のファミリーとビジネスの繁栄のために自らが貢献できることを考えるべきである。こうした将来の展望を共有するうえで、並行的プランニングを通じてファミリーの価値観やビジョンを模索することが役に立つのだ。本書第1章で取りあげたダウ・ジョーンズについても、もし創業家のバンクロフト家がシニア世代と次世代とで共通のビジョンを話し合うことに時間を費やしていたなら、まったく違った結果となっていたことだろう。

次世代の育成を早い段階から開始する

　ファミリービジネスに本当に興味を持ってくれるように子どもを育て上げることは容易なことではない。ファミリービジネスに限らず、子育て一般について多くの場合当てはまることなのだが、熱心にやり過ぎてしまうと子どもの反抗を招き、拒絶されるおそれもある[11]。アブドン・ミルズの創業者でありCEOを務めるロルフ・アブドンは、自身の子が同ファミリー企業で働くか否かについてはあまり関心を持っていない。

> ファミリービジネスにおいて、ファミリー出身の子たちが経営幹部になることは必須の条件ではない。親は子の価値観を尊重する必要があるし、その子が将来において果たすべき役割はその子自らの興味を反映したものであるべきだ。親にとって、子の幸せを願い、彼らの選択を尊重することのほうが大切だ。

　すべての親が果たす最も重要な役割とは、その子に特有の才能を伸ばしてあげたり、その子の興味や関心を引き出す手助けをすることである。多くの場合において、ファミリービジネスも、こうした役割を担うこと

第3部
ファミリーとビジネスの戦略

ができるといえるが、あくまでもファミリービジネスへの参加は、子どもたちの人格形成にとって副次的なものにすぎない。ファミリービジネスとは、あくまでもそこに参加する各人のキャリアを充実させ、ファミリー遺産や価値観を実現させていく場として提供されるものであるべきだ。

ところで、次世代の者たちは、自らがファミリービジネスに関わることに少なからず不安を抱いているかもしれない。子どもたちは往々にして自分自身を親や他のファミリー・メンバーと比べてしまい、自らがファミリーの期待に応えることなど到底出来ないと考えがちである。あるいは成長の過程で生じた両親や兄弟とのトラブルが、後々、ビジネスにも尾を引くことになるのではないかと憂慮するかもしれない。彼らには失敗することに対する強い恐れがあり、ファミリービジネスにおける失敗やつまずきが、ファミリー全体に知れ渡ると考えてしまいがちである。

保守的な性格の濃い文化圏では、ファミリーとしての責務が、個人の欲求よりも優先される。INSEADで経営学修士号を取得した前出のヴァシリスキ・アニフィオッテイも、1998年、卒業を目前に控えていた当時、家業を継ぐか、それともコンサルタントとしての道を歩むかの選択を迫られていた。彼女の両親はギリシャとルーマニアに会社を2社所有しており、そのうちの1社に工学を専攻していた娘を統括マネージャーとして登用する意図でINSEADに通わせた。彼女は、両親と何度も激しい議論を重ねた末に──それは自分自身を省みてさまざまな考えをめぐらすことにもなったが──ファミリービジネスには戻らないことを決心し、世界的なコンサルティング企業に加わることにした。しかしながらその一方で、彼女は新しい仕事を開始するのを6カ月遅らせ、その間、困難な過渡期の最中にあった父が経営するファミリー企業を手伝った。彼女が手伝った仕事には、同ファミリー企業のマネジメントを専門化することも含まれていた。

それから10年後、ヴァシリスキは、自身も以前に受講したファミリービジネスの講座にゲスト講師として招請され、講義を行っていた。その際、ある生徒から、ファミリー・メンバーとして期待される責務がファ

ミリービジネスへの参加を決断する際の鍵となる要因となったか尋ねられた。これに対する彼女の率直な意見は、保守的なファミリーおよびそうしたファミリーの一員であることによる責務について、彼女の考えをうまく表していた。ヴァシリスキは、両親は娘に対し、ファミリービジネスに戻って来るように求めることはなかったと言い、もし両親がそれを求めていたら、自分は何とかその期待に応えたいと考え、相当なプレッシャーを感じていただろう、と語っている。さらに付け加えて、両親は物質的にも精神的にも自分を支えてくれたので、恩返しをしなければならないと感じているとも語っていた。ヴァシリスキは現在、ファミリー企業の取締役と非常勤顧問を務めている。

ファミリー・オーナーの役割

　結局のところ、ファミリービジネスをファミリービジネスたらしめているのは、そのオーナーシップにある。ドバイでファミリービジネスのコンサルタント業を営んでいるアフメド・ユーセフ（Ahmed Youssef）は、「創業ファミリーによる真の価値創造とは、経営を通してではなく、オーナーシップを通じて体現される場合が多い」と言う。ところで、経営者と違って、オーナーの役割や業務には標準的とされるものはなく、教育訓練の内容や求められる資格等も明確ではない。我々は図5.4において、ファミリービジネスのオーナーを募集する求人広告をイメージとして例示してみた。こうした内容の求人広告を目にしたとき、いったい誰が応募するというのだろう？
　ファミリー・メンバーは承継、あるいはあらゆる権限や責務の移譲を通じてオーナーとなる。つまり、承継する者が過去に受講した教育訓練の内容や経験、適格性の有無等は問われるわけはない。オーナーは、各世代で構成されるファミリービジネスの命運を左右するほどのキーパーソンであるはずなのだが、その権限や影響力について十分に認識されて

第 3 部
ファミリーとビジネスの戦略

[図 5.4] 求人情報：ファミリービジネスのオーナー

> **求人情報：ファミリービジネスのオーナー**
>
> 重大な責任を担うものの、意思決定に直接関与する権限はなし。職務の内容についての明確な規定はなし。教育訓練歴および経験不問。無報酬。今後の目標については明確で無くともよい。サポートスタッフなし。弊社に対する一生涯にわたる献身を求む。
>
> 応募にあたっては、積極的な姿勢とコミュニケーション能力が求められるが、直接的な権限はなし。オーナーとしての実績は、シニア世代、兄弟姉妹、従兄弟、取締役に対して一定の影響力を行使できる関係を築けるかどうかにかかっている。
>
> 貴殿のあらゆる行動が、貴殿の人生、子どもたちの将来、ファミリーの富、世代にわたって脈々と受け継がれていくファミリーの遺産に重大な影響を及ぼすことになる。業務開始時期は未定で、シニア世代の要望や予期せぬ出来事に依る。
>
> 申込不要、おそらく弊社からお電話いたします。

いるとは言い難い。オーナーは取締役や経営トップを選任し、会社の針路や存続にも影響を与える。そして、ファミリービジネスの将来像にとっておそらく最も重要だと思われることとして、オーナーは自ら保有する株式を誰に譲渡するかを決定し、これにより次世代のオーナー・グループを組織する。サウジアラビアのザミール・グループ（Zamil Group）で財務と投資の最高経営責任者を務めるアディブ・アル・ザミール（Adib Al Zamil）は、次世代のオーナーを決定することに関して、以下のように強調している。

　教育訓練を受けたオーナーをおくことも、我々の重要な責務の1つである。オーナーの勤務形態については問わない。我々ファミリーには、ビジネスにとって適切な判断を行う環境が必要なのだ。ファミリービジネスというものは、バスケットボールのチームのようなもので、選手1人ひとりにチームに貢献できるだけの能力が備わっていなければならない。

オーナー教育のプランニング

　ロシュ・ホールディングの非常勤の副会長であるアンドレ・ホフマンは、ファミリービジネスのオーナーになるには、それに相応しい能力を備えておく必要があるとしている。同氏によると、ファミリー・オーナーになるには、どのようにファミリービジネスを運営していくべきかを理解しており、変化に対して柔軟に対応でき、長期的な視野を持ち、かつ進んで他者の意見を聞くといった、優れたビジネスセンスを備えておく必要があるとしている。アブドン・ミルズのロルフ・アブドンも、有能なオーナーとなるうえで以下のことが必要であると述べている。

　　ファミリービジネスの子どもたちは、事業を引き継ぐか、財産を相続することになる。そのいずれも責任を伴うものだ。オーナーに求められるのは責任感であり、それに加えて、会社に対する忠誠心、積極的な関与の姿勢、適切なモチベーションを通じて経営陣をサポートすることである。ビジネス・オーナーは、事業計画の内容や経営陣による戦略遂行のあり方について熟知し、いかにしてファミリーの価値観を守っていくのか、あるいは、いかにして経営陣をサポートしていくのかにつき、積極的にこれらに関わっていく必要がある。とりわけオーナーが経営に関わっていない場合について、これらのことが当てはまる。

　オーナーシップに関する問題は、教育や経験の機会を与えることで解決され得る。ファミリー企業の経営幹部にとっては適切な教育訓練と育成の機会が必要であることを疑う者はいない。一方、ビジネス・ファミリーが、オーナーシップ教育に経営幹部の教育と同等の関心を寄せることは一般的にはみられない。オーナーシップにかかわる問題は、何らかの危機や議論をきっかけにこうした問題を積極的に扱おうとする機運が生じないかぎり、重要とはみなされない。しかしながら、ファミリービジネスが成長するにつれて、株主等のオーナーの役割は、長期的な成功

にとってますます重要なものになってくる。

　本節では、オーナーがファミリービジネスやその富に対してその責務を果すうえで備えておくべき知識や技能に焦点をあてる。ファミリー・オーナーは、概して以下に挙げる「オーナーに必要な6つの大きな責任」について認識しておく必要がある。

- ビジネスに精通していること
- ファミリーの価値観を把握しておくこと
- ファミリーのオーナーシップの役割を理解すること
- ステークホルダー（利害関係者）の意見や考えを実行に移すこと
- ビジネス戦略と会社組織について学ぶこと
- ガバナンス並びに取締役および会長の役割を把握しておくこと

◉ビジネス・リテラシー

　ファミリー企業に関する基礎的な知識を習得することは、特に、これまでビジネスの世界に身をおいた経験のない者にとっては、困難なものになる。オーナーシップ教育は、基本的な経済やビジネスの考え方が身に付くような内容であるとともに、ファミリービジネスについての理解を深める内容であるべきである。こうした知識を身に付けさせることで、とりわけこれまでビジネスとは縁の無かった者であっても、オーナーとしてファミリービジネスに迎え入れることが可能になるはずだ。第1世代および第2世代のファミリー・メンバーは、ファミリー企業の文化に触れる機会も多く、まるでスポンジが水を吸収するかの如く、ファミリービジネスや業界の実情、ビジネス全般に関する膨大な量の情報を取り入れることができる。しかしながら、世代を経るにしたがい、こうした結びつきは弱まるため、ファミリーは、各メンバーにビジネス・リテラシーを涵養させるための、より体系立った教育訓練の場を提供する必要が生じる。

●**ファミリーの価値観**

　第4章で見てきたように、すべてのファミリー企業が、その企業文化を形作りかつその方向性を決定づける、共有された価値観を持っている。未来のオーナー候補者にとって、自らの会社の文化やファミリーの価値観を理解できるかどうかということは、本人と会社次第である。自らの会社の文化やファミリーの価値観を把握する行為は、第一には価値あるものを守るためであり、第二にはその価値観に変化をもたらすためである。しかしながら、多くの次世代のオーナーは、このことに時間を割かない。彼らは、新たなアイデアを提案することに熱心であり、自らの個人としてのアイデンティティや、教育訓練の成果、経験といったものを反映した変化を持ち込もうとする。しかし、各人が留意しておかなければならないことは、あるファミリービジネスにおける変化というのは、一般的には進化であって、革命的な類のものではないということだ。新たな文化とは、ビジネスにおいてすでに確立している既存の文化の上に積み上げることで、新しいやり方や行動が成功することで、初めて成立する。こうした進化は、当該ファミリービジネスが拠って立つ既存の文化を逸脱することのない、漸進的な変化であるべきである。

　ファミリービジネスに変化をもたらすための最初のステップとして、実際に可能と思われる改善策を提示し議論を行う前に、まずはメンバー間の良好な関係を築き、うまく働きかけることである。とりわけ異なる世代間において、各ファミリー・メンバーによる意思疎通は、ファミリー内部で共有され、各メンバーを結び付けている価値観を正しく理解している場合、上手く機能する傾向がある。たとえば、保守的な中国人の父親と、西洋的教育を受けたその娘は、経営とビジネスについてまったく異なる見解を有することだろう。しかしながら、そのような両者であっても、ファミリーの価値観といった核心部分では考えを共有しているものなのだ。

●**オーナーの責任**

　自らの行動や判断によってもたらされる帰結について関心を寄せる

オーナーであれば、オーナーとしての責務を理解しておく必要がある。有能かつ必要な知識を備えた株主等のオーナーになるには、ビジネスの将来を守るという受託責任が必要である。以下の各質問によって、有能なオーナー像を大まかにとらえることができる。

- 会社の業績やその経営手法を分析するうえで必要なビジネス上の知識や素養を持ち合わせているか。

- 株主総会に参加することが可能か。または参加する意思があるか。株主による意思決定に際して、何らかの貢献ができるであろうか。

- ファミリーの価値観を理解しているか。ファミリーの価値観がファミリーやビジネスにとってどのような影響を与えるのか理解しているか。

- ファミリーのビジョンに関する自らの判断や行動が長期的にどのような結果をもたらすのか。

- 従業員、地域社会、自分以外のオーナーを含めた利害関係者すべてのニーズを考慮しているか。

●各ステークホルダー（利害関係者）の利益

　オーナーは、自分たちの行動や要求がファミリービジネスにおいてどのように他のステークホルダーに影響するかを理解する必要がある。伝統的なビジネスの考え方では、ビジネスは他人よりも自分の利害を優先して、オーナーの利益のために行われるよう取り計らわれてきた。今日では、株主の利益を高めることは、もはや単なる検討課題といったレベルのものではなく、成功するビジネス・ファミリーが常に承知していることである。今日、ビジネスの活動の影響を受けるのは、株主にかぎらず、すべてのステークホルダー、特に従業員やその会社を取り巻くコミュニティである。もしファミリービジネスがその従業員、顧客、サプライヤー、パートナー、銀行や一般のコミュニティと長期的で献身的な関係を築くならば、同ビジネスは競争上の強みを持つことになる。

●ビジネス戦略

　本書全体を通して述べているとおり、プランニングはビジネスの成功に欠かせない。各企業が非公式なプラン、つまり利益を生み出すための方程式とでも呼べるものを持っている。次代のオーナー、とりわけファミリービジネスとは雇用関係にないオーナーは、戦略的なプランニングや投資がどのくらい営業実績に影響しうるかをよく理解する必要がある。ビジネスおよびその戦略策定にあたってどのように決定がなされるかを理解するためには、経営陣による戦略的プランニングについての実践的な知識が要求される（第6章で言及）。企業の歴史、組織、財務実績を理解することも役に立つ。

　シンガポールの輸送ビジネスで上級経営幹部を務めるユエリン・ヤン（Yuelin Yang）は、アメリカで育った後、アジアにいる親戚のファミリービジネスに参加した。

> 私はシリコンバレーで9年間法律の世界に身をおき、33歳でアジアに来た。私の叔父がちょうど人材を探していたのだ。当時、私はファミリービジネスというものをまったく知らなかった。今でこそ、よりバランスの取れた柔軟な考え方ができるようになったが、当初はカルチャーショックの連続だった。シリコンバレーのビジネスモデルと、アジアのファミリービジネスモデルの双方それぞれメリットがあることがわかった。一方には若さ、スピード、創造性とイノベーションがあるし、もう一方には伝統と保守性、そして結びつきがある。

●ガバナンスについての十分な理解

　取締役会とは、オーナー・グループがビジネス・プランニングや意思決定に影響を与えるための組織である。並行的プランニングにおいては、ファミリーと、ビジネス活動と業績の間をつなぐものとしてガバナンスを利用する。ファミリービジネスには、扱う領域はファミリーとビジネスでそれぞれ違えども、互いに相関するガバナンス構造が必要である。ファミリーについてのガバナンス、ビジネスについてのガバナンスは、

それぞれ第8章と第9章で説明するが、ここではファミリー・ガバナンスがビジネス・ガバナンスよりもさらに複雑な問題を抱えていることを強調しておく必要がある。なぜならば、ファミリー・ガバナンスに必要とされる構造やプロセスは、規則や法律上の要請に基づくものというよりむしろ、ファミリーの価値観とコミットメントによるものだからだ。

次世代の経営幹部育成についてのプランニング

　ファミリービジネスでのキャリアについては、適切なプランニングとファミリー内での明確な合意があれば、ファミリービジネスに特有の自己実現の機会と報酬を各ファミリー・メンバーにもたらす。思慮深い若いファミリー・メンバーは、これからの自らの人生をファミリーとビジネスを学ぶことに費やすことになることから、その仕事の初日には、その後の数年にわたる経験に先んじて、それなりの気概をもって臨むことになる。何年にもわたる教育訓練や、外部での仕事の経験をした後にそのビジネスに参加するファミリー・メンバーは、すでにビジネスの内実をふまえた者の見方を持っていて、同様の資格や経験を持った非ファミリー・メンバーよりも大きなアドバンテージを持った上で仕事を始めることになる。さらには、ファミリー・メンバーであることを理由にすでに高い信頼感を得ていることから、機密保持やモチベーションについての不安が少ない。こうしたファミリー・メンバーとしての利点を上手く活用すれば、ファミリー・メンバーは非ファミリー・メンバーよりも早く責任ある立場につき、企業により大きな貢献をすることができる。

　ファミリービジネスの経営幹部候補生を対象とした綿密な育成プランを用意することで、各人は自身のキャリア形成について現実的なイメージをとらえることができる。そのプログラムには3つの要素が必要である。それはつまり、教育（知識の獲得）、トレーニング（技能と知識の応用）、そして経験（実績）である。これらに加えて、こうした育成プログラムによって、次世代のメンバーは、自らの個人的な関心や将来の可能性を探る機会を得ることができる。

こうした綿密なプランニングを行うことで、ビジネスの成功がもたらされ、継承者が必要な準備を行ううえでの素地が整う。従って、世代間の承継のプロセスはスムーズに進む。また、目標をより長期的な視点から見据えることなり、継承者が、日常的な課題に直面した際の対処をめぐって、その対処が今後に与える影響を考慮するモチベーションをもたらすのである。一般的な企業におけるものと同様、ファミリービジネスの形態をとる企業における効果的な経営幹部のキャリアプランというものは以下のようにすべきである。

- 企業におけるリーダーシップの役割に必要な知識と技能を教育する。
- 責任ある仕事を与えて経験を積ませることによって、リーダーシップのあるべき姿というものを徐々に身につけさせる
- 従来の考え方にとらわれることなく、企業の戦略的なビジョンを策定する
- メンタリング、コーチング、業績評価に基づき、各人の洞察力を育成する。

大学の正規プログラムや各種の経営幹部育成プログラムにおいて学ぶことは、とりわけファミリー企業にとって重要である。なぜならば、ファミリー企業においては、各メンバーが比較的若い時期から重要な役職や責任を引き受ける傾向にあり、さらに長期的な観点から育成をすることに両世代ともに関心があるからだ（表5.2参照）。経営幹部育成プランは当初の想定通り、事が進むとは限らない。たとえば、親が急逝したり身体的な障害を抱えるに至ったり、あるいは引退を決意するにあたり、急ごしらえで継承者を育成しなければならなくなることもある。場合によっては、シニア世代のファミリー・メンバーが、予期しない出来事によって再び現役に復帰する必要がある状況におかれることすらある。

ファミリービジネスにおける経営幹部候補のキャリアと育成プラン

第3部　ファミリーとビジネスの戦略

[表 5.2] ファミリービジネスにおけるキャリア開発のタイムライン

成長期
Growing up (0-18)
- ファミリービジネスを体験する
- 基礎教育
- 職場に求められる習慣を身につける

青年期
Young Adult (18-30)
- 高等教育
- インターンシップ
- キャリア研究
- ファミリー外での生活および職務経験

若手専門家期
Young professional (25-35)
- 実務経験
- 大学院での学位取得
- 指導・相談役による新人社員のサポート

マネジャー期
Manager/executive (30-45)
- 経営幹部および起業家としての経験：プランニング、意思決定、および問題解決
- 会社の損益に直結する重要な部署での任務
- 経営幹部候補者向けの教育
- 指導・相談役による新人社員のサポート

シニアマネジャー期
Senior executive/director (35-65)
- リーダーとしての経験
- ガバナンスの経験
- 経営幹部候補者向けの教育
- 指導

シニアリーダー期
Senior leader (55-75)
- 人生設計：自らの関心、培ってきた能力、およびこれまでの経歴／活動履歴の振り返り
- 指導・相談役として他者をサポート
- 価値観を広める

213

は、その者が成長（Growing up）期である間の家庭において始まり、シニアリーダー（Senior Leader）期に入ってから引退した後も続く。表5.2にあるように、継承者は基礎的な教育や訓練を受け、ビジネス・ファミリーにおいて一定の経験を積んだ頃には、ビジネスの考え方や価値観を身につけているべきである。青年（Young Adult）期前半においては、一般的には、大学に進学し、インターンシップでキャリアを開拓し、さらに個人の能力や自信を高めるために外部での職場経験を積むことになる。ファミリービジネスの外部での職場経験はファミリービジネス、そして個人にとってアドバンテージになる。ファミリー・メンバーは特に、大学卒業直後は、他の企業で働くことを考えるべきである。そこでの経験は彼らに自分の技能を試し、ファミリーの影響を受けていない上司と働く機会が得られることになる。

　若年専門家（Young Professionals）期は、20歳代中～後半にかけて、ファミリービジネスに5年ほど、フルタイムで勤務し、その間、マーケティング、オペレーション、財務等といった実用的かつ高度な専門知識を習得することになる。西洋やアジアでのファミリービジネスでは、それからさらに総括経営スキルを身につけるために、会社の事業部（profit center）において責任を負うことになる。中東では、ガバナンスの責務を引き受けたり、会社の経営につき責任を有する最高経営責任者の下で働くことが多い。他にも、若年専門家期には、専門的知識や技能の習得のために、大学院や各種の経営幹部候補養成プログラムのような、会社外の機会を利用することもある。

　マネジャー（Manager／Executive）期は、経営幹部候補にさまざまなことを学習させ、将来シニアリーダーになるために知っておくべき責務を理解させる時期である。たとえば、各経営幹部候補は、会社の事業部を統率し、販売組織を立ち上げ、新たな事業領域を創出するべきだ。可能であれば、損益を左右する重大な責務を引き受けたり、取締役からの評価を得る機会があれば良い。こうした経験を経ることで、取締役と仕事をすることや、さらに重要なこととして、投資や経費を管理するこ

とや、利益を生み出すという課題に挑むということがどんなものなのか正しく理解できるようになる。

　指導・相談役として新人社員の指導をすること（メンタリング：Mentoring）は、ファミリー従業員に、重要なビジネス上の原則と、どのように人と接するか、どのように時間を管理するかを学ぶ手助けとなる。こうした教育は、通常数年以上続く。一方、こうした指導・相談役による新人社員の指導役をすることによる人間関係は、その後次第に失われていく傾向がある。なぜならば、指導を受ける側であった者が、その指導・相談役の者以外にも次第に人脈を広げていき、あるいはより責任のある仕事を任されるようになるからである。こうした状況においては、部下や経営幹部候補にとっては、上司に代わり、個人的な助言者や、おそらく特別指導の機会を得られる体制がより重要になってくる。

　シニアマネジャー（Senior Executive / Director）期においては、死別、離婚、病気といった人生におけるさまざまな出来事がファミリーやビジネスに影響を与えるので、個人的な問題に最も左右されやすい時期といえるかもしれない。一方で、企業を取り巻く市場は、おおよそ成熟あるいは飽和していて、承継のプランニングは、差し迫った課題となってくる。しかし、ここで多くのファミリーが陥りやすい誤りとは、その育成活動の対象を若いメンバーにすることである。残念なことに、こうした誤りを犯すことにより、ファミリービジネスに生涯貢献したいと考えるその他の従業員を軽視することになりかねない。事実、多くの者が人生の後半に、両親の死亡を機にオーナーシップを引き継ぐ場合が多い。ところで、経営幹部候補向けの教育や、コーチ、あるいは他の取締役の存在は、ファミリー出身のシニア経営幹部や取締役にとって重要な機会であり、頼れる存在となる。信頼できる助言者、親族、同僚、専門アドバイザーとの個人的なネットワークを築くことで、社会的なサポートを得ることができ、こうしたネットワークは難しい判断を迫られた際の支えとなりうる。

　シニアリーダー（Senior Leader）期においては、ビジネスの枠内にかぎらず、個人的な関心の領域を広げ、これまで以上に建設的な方法で、

会社やファミリーとともに人生経験を共有することが必要になる。シニア経営幹部や取締役、もしくは高い能力を持った若いファミリー・メンバーなどのメンターになることで、人材育成に貢献することができる。シニアリーダーは、価値観を伝承し、慈善事業やファミリー・オフィスといったビジネス以外の活動を支援するうえで、理想的なポジションにいる。シニアリーダーには、これまで培ってきた信頼や敬意の念を生かして、ファミリーが戦略やオーナーシップに関連して難しい判断を迫られている際に、それを支える機会が特別に与えられてもいる。

　人材育成とキャリア形成のプランニングにおいて、長期的に見て最も重要なことは、絶えず学び続けることである。ファミリー・メンバーが経営幹部に登用され、その後も取締役、あるいは会長に選出されるたびに、彼らがキャリアの早い時期に習得した実用的でかつ、総括的なマネージメント・スキルでは対処できない事態も生じるであろうから、常に学び続ける姿勢が求められる。

ファミリー・リーダーシップの役割

　ファミリー・メンバーや世代の数が増えてくるにしたがい、ファミリーにはプランニングや意思決定を行ううえでの正式な組織が必要になってくる。コロンビア国内の大手ファミリー企業の第3世代のファミリー・メンバーであり、かつてファミリー評議会の議長を務めたトニー・エチェヴェリアは、彼自身の経験を次のように語っている。

　　ファミリーをマネジメントすることがいかに大変かを知ったら驚くだろう！　ファミリー評議会の議長は（非常勤の役職であるが）、実情はフルタイムの仕事だ。今や私たちファミリーは60名を数え、各人がそれぞれ違った場所にいて、年齢も異なり、興味や関心の領域もさまざまだ。だから、私たちファミリーのガバナンス組織は、その意義や運用をめぐっ

第3部
ファミリーとビジネスの戦略

てのプレッシャーにさらされていて、それゆえしっかりとしたマネジメントが求められているのである。ファミリー評議会には正規の職員もいないので、唯一パソコンとプリンターが支えだった。

　組織がどんな形を取るかということはそれぞれのファミリーによってさまざまであるが、少なくともファミリー集会と明文化されたファミリー協定はもつべきである（これについては第9章で詳しく述べる）。ファミリービジネスの長期的な存続を図るうえで、ファミリー・リーダーシップを確立することは、最高経営責任者の候補者を見出すことと同じくらい重要なことである。ファミリーリーダーはファミリーの結束を促し、各人が全体のなかでそれぞれ正当に評価されていると実感しているかについて把握しておく必要がある。より規模の小さいファミリーにおいては、信頼できるファミリー・メンバー、たとえばファミリービジネスを離れて働く兄や姉、あるいはCEOの配偶者などがリーダーを務める場合もあるだろう。最高経営責任者に女性が就く場合には、精神面での主柱となるリーダー（emotional leader）の候補には男性が選ばれることが多くなる。規模の大きなファミリーでは、ファミリー評議会の参加メンバーと議長がファミリー・リーダーシップの役割を分担することになる。

　時としてファミリー・リーダーシップの役割について顧みられなくこともあるが、ファミリーが成熟し、ビジネスの形態が、「兄弟パートナーシップ」の段階や、「従兄弟連合」の段階に入ると、ファミリー・プランニング・プロセスの一部として、ファミリー・リーダーシップの役割について取り扱うことが重要になる。ファミリー・リーダーシップの役割が明確であるならば、実際にビジネスの現場で働いていようがいまいが、ファミリー全員が利益を受け、ファミリーとビジネスに関する情報は、いかなる者であっても、さまざまな方法を通じて入手できるようになり、それにより各メンバーが抱く不安感や疎外感といったものは弱まる。そして、ファミリー・リーダーシップの役割について検討することを通じて、たとえビジネスの現場において働いていないファミリー・メ

ンバーであっても、彼らを何らかのかたちでビジネスに繋ぎ止めておく手段を考え出す機会もでき、今後こういったメンバーによる貢献を引き出すことも可能となる。

ケロッグ・ファミリービジネス・カンファレンス（Kellogg Family Business Conference）において、シニア・ファミリーリーダーであるジェイミー・クレイン（Jamie Crane）は、次世代を参加させることについて有益な意見を述べている。

> ファミリービジネス内部に、株主で構成されるグループ（shareholders group）とファミリー評議会を組織する時、私たち（第3世代）はまだ普通の大学生くらいの年齢であった第4世代のメンバーを第3世代のメンバーに一緒に、ファミリー評議会を有していた別の会社で話しを聞いてくるように指示した。4つか5つの会社を訪問させ、ファミリー評議会がどんなもので、何をしているのかを確かめさせ、訪問先のファミリー評議会の議長と話をさせた。私たちは、第4世代のメンバーに、私たちがやっていることを前向きにとらえ、理解し、情熱を注いでほしいと心から願っていたのだ。だから、私たちは、ファミリー評議会の発足を第4世代のメンバーに委ね、ファミリー全体に対する提案についても彼らに任せたのだ。私は次世代の者を巻き込んでいくことがとても大切だと思っている。

ウェイツ・グループ：
次世代のリーダーシップ戦略を策定する

本章の冒頭で紹介したウェイツ・グループの事例に戻る。ファミリーの後継候補がはっきりと定まらない状況の中で、同社の経営幹部5名はどうやって事態を解決したのか。結局、ウェイツ・グループは、並行的プランニングを実行することにした。同社の場合、オーナーシップの承継のプランニングには3つのステップがあった。最初のステップとして、

第3部
ファミリーとビジネスの戦略

　ファミリーが集ってビジョンを話し合い、考え得る限り最良の人選を行うことで経営陣を強化することの重要性を確認した。そして、ファミリー出身者以外の者であっても経験のある者をＣＥＯに登用するという決定が下された。世代交代のプロセスがうまく進むと考えたからだ。ビジネスにおいて、新たなＣＥＯと財務担当取締役の任用を終え、ファミリーは次に自ら自身の承継上のプラン、つまりオーナーシップやファミリー・ガバナンスについての承継を推し進めることに注力することができたのである。

　第2のステップとして、外部のアドバイザーの助力も得たうえで、包括的な承継プランを策定し、次世代の人材を、高度専門的なオーナーや取締役として育成することに重点的に取り組んだ。幾度となくミーティングを重ねるなかで、ファミリー・メンバーの誰もが今後のビジネスについて積極的な見方をしているものの、次世代のメンバーのなかには、自分がリーダーシップの役割に就くことや、オーナーになることさえ考えていない者がいるということが明らかになってきた。したがって、ファミリーには、自らのメンバーを客観的に評価し、献身的な姿勢の次世代に対しては各人それぞれに、心理的な面での評価や指導、コーチング、経営幹部候補を育成するための勉強会、ガバナンスでの経験等を活用した個別育成プランを作ることにした。結果は上々だった。次世代のメンバー2名がウェイツ・グループの取締役会に新たに加わり、他にも2名が上級経営幹部に就任した。

　承継にかかわる最後のステップは、次世代のメンバー2名が、ファミリービジネスとは関係の無いキャリアや関心事に取り組んでいくという決定を下したことを受けて、オーナーシップの構造を再編することだった。ウェイツ家の重要な価値観の1つに、ビジネスに対するオーナーの積極的な参加というものがあった。したがって、2人のシニア・ファミリーリーダーは、自分たちの子がビジネスに関与しないことを決めたことで、彼らが所有する関連会社に対して買収を提案した。

　ウェイツ家が世間間の承継に成功したのは、承継にかかわる各ステップにおいて、ファミリーとビジネスのプランニングのつながりを考慮し

たからである。しかしながら、プランニングのプロセスは、これで終わりではなかった。オーナーシップの交代、リーダーシップの次世代への承継、ファミリー出身以外の者からのＣＥＯをはじめとする幹部への登用などにより、オーナーシップの役割やガバナンスの構造や機能について事細かに記したファミリー憲章が新たに必要になったのである。かつてウェイツ・グループの執行代表（executive chairman）を務めたアンドリュー・ウェイツ（Andrew Wates）は語る。「私たちファミリーの旅はこれで終わりではない。これが始まりなのだ」。

　複数の世代からなるファミリービジネスでは、その成功を支えるうえで重要となる役割がいくつかある。創業間もない頃のリーダーシップの機能は、１名もしくは２名のメンバーの手に委ねられていたが、世代を経るにつれて、リーダーシップの機能は、関心、能力においてさまざまである複数名で構成されるファミリー・リーダーシップ・チームのものになった。ファミリーとビジネスが成長するにつれて、ＣＥＯの役割は、ビジネス戦略の策定や業績向上に向けられなければならない。したがってファミリーは、各メンバーがファミリー評議会、取締役会、あるいはファミリー・オフィスやファミリー財団といった組織への参加を通じて、貢献できる体制を整えておく必要がある。これらの各役割を明確にし、それを実現できる体制が整えられること、さらにそうした役職あるいは組織にファミリー内外の優秀な人材が配置されることは、プランニングの実行によってもたらされる重要な成果である。

第 3 部
ファミリーとビジネスの戦略

ファミリーの参加によってもたらされる競争上の優位

　ウェイツ・グループの事例は、次世代のファミリーリーダーについてのプランニング、さらにはファミリーによるビジネス参加のかたちが変化することで新たな役割を創り出すことの重要性を明らかに示している。ウェイツ・グループにおいては、新たにファミリー憲章を制定することに加えて、ファミリー・オーナー取締役会（family holdings board）という新たなガバナンス機構を設けることにより、説明責任の確保を図りファミリーによるビジネスに対する影響力を維持した。この新たなガバナンス機構は、財務的資本への投資や、中核となる事業、並びにその他のファミリーの利益につながる分野に対するファミリーの参加についてコントロールする権限をもつ。こうしたガバナンス機構は、元取締役会議長やシニア・ファミリー・メンバーによって統括されていることから、ファミリー・メンバーが知識を共有したり、次世代の育成をサポートするための場にもなっている。世代を経るにつれて、ファミリーの役割は次第にガバナンスの要素が強くなっている。したがって、ファミリー・オーナーと経営陣の間で、ファミリーとビジネスそれぞれのガバナンスの整合性を図ることは、ファミリーの責務としてきわめて重要なのである。

ファミリービジネス
最良の法則

ファミリービジネスは世代間の承継にかかわる問題に直面することから、リーダーシップとオーナーシップの承継を円滑に進めるための準備を事前に行っておく必要がある。

ファミリーの参加については、各メンバーにしっかりとした教育・訓練が施され、参加のための機構が整いその機能が確保されるのであれば、競争上の強みとなる。

シニア世代のリーダーは、次世代のファミリーによるビジネス参加と承継を確かなものとするうえで、重要な役割を担うキーパーソンである。

ビジネス・ファミリーはオーナーシップとリーダーシップの向上に努めなければならない。これはファミリーにとって最も重要な責任であるが、最も見落とされやすいことでもある。

オーナー・グループは、ビジネスや財務についての理解を深め、経営陣、取締役会および株主の各主体の責務と、ファミリービジネスの文化について正しい認識を持つ必要がある。

第3部
ファミリーとビジネスの戦略

6 ビジネス戦略：
会社の将来の計画

　数年前であれば、「アンハイザー・ブッシュ（Anheuser-Busch）がインターブリュー（Interbrew）を吸収合併した」とのニュース記事が、世界規模でのビール業界再編の幕開けを告げるものとして受けとめられていたことだろう。当時、ビール業界最大手であったアンハイザー・ブッシュは、業界再編を可能にする条件を十分備えた企業であった。その条件とは、同社の株価が高かったこと、米国内市場で50%のシェアがあったこと、そして認知度が最も高いブランド企業であったことなどが挙げられる。しかしながら、実際には、人口1,000万人にすぎないヨーロッパの小国でビール醸造を営む「インターブリュー」（現在のインベブ（InBev））が、規模においてはるかに大きな競合相手であるアンハイザー・ブッシュを買収したのである。このインベブの成功の理由を簡単に説明することはできないが、戦略的思考とビジネス・プランニングがいかに重要なものであるかにつき、いくつかの有益な教訓を得ることができるはずである。当該事例を通じて、我々は2つのファミリー企業の将来がどうしてこのように違うものになってしまったのかを見比べることができるはずである[1]。

　インベブの成功の要因としては、1つには、創造性に富む経営陣によって綿密に練られた優れたビジネス戦略があったこと、同社のオーナー陣がヨーロッパの枠を超えた成長を志向していたことが挙げられる。彼らは、ビール醸造業がグローバル・ビジネスに発展するということ、またこれからはグローバルな基準が重要になるということ、そして生き残るためには新しいビジネス戦略が必要であるということを早い時期からすでに認識していた。自らで行ったＳＷＯＴ（strengths：強み、

weaknesses：弱み、opportunities：機会、threats：脅威）分析の結果、同社の良好な経営陣やマーケティング担当者は大きな問題ではないものの、市場それ自体をみると、ヨーロッパ市場がアメリカやアジアに比べて、すでに成熟した段階にあり、これ以上拡大が望めない飽和状態であることが課題として浮かび上がった。インベブの出した答えは、成長が見込める市場での積極的な買収、経営とガバナンス双方の役割の共有、さらにはコストや品質などの徹底した管理を柱にして、世界規模でのビール業界の再編に打って出ることであった。インベブとは対照的に、アンハイザー・ブッシュは、従来通り、旧来のビジネスプランを踏襲し、米国内市場に固執したままで、新規のビジネスパートナーとの関係構築にも消極的であった。

　両社の戦略を比較検討することで、インベブがコスト、マーケティング、物流の各面において、アンハイザー・ブッシュに比し、相対的にかなりの競争的優位を獲得できたことが明らかとなる。優れたビジネス戦略とは、会社の掲げるビジョンを、新規の顧客獲得、シェア拡大、利益拡大の実現につなげるための具体的な行動を明確にした実践的プランの策定を伴うものである。インベブの場合、新たな視点や発想に富む経営陣および取締役会の役員が、同社の従来の地勢的な市場の枠を越えた、より大きなビジネスチャンスを検討することになった。上記２社の事例を比較検討することで、我々はさらに、ファミリーによる事業参加についてのプランニングに対する両社のアプローチの違いが、各社の戦略策定にどのように影響を与えたかにつき、興味深い情報を得ることができる。アンハイザー・ブッシュでは、経営権は何世代にもわたってファミリー内部で自動的に世襲されてきた。それゆえ吸収合併などを機に、外部の者を同社のＣＥＯに登用することは到底受け入れられないことだった。

　両社の比較から得られる最も重要な教訓は、ファミリービジネスにとって、代々受け継がれてゆくビジネス戦略をより戦略的に考えること、そして成長するうえで新しい機会を探求し続けることが必要であるということだ。今を遡ること10年前、インベブが自らに問いかけた問題とは、

「自分たちの強みをいかにして世界規模での成長に生かしていくか」ということであった。こうした問題に対する答えとして、インベブの経営陣、取締役会の役員、オーナーたちは、世界規模での買収に乗り出す戦略を掲げた。その結果、現在では、アンハイザー・ブッシュをインベブの子会社にすることに成功している。

戦略的プランニングは、マネジメントの分野においても積極的に研究されており、その成果も、かなりの程度蓄積されている。したがって、本書では、戦略的プランニングの全体像を扱うことはせず、あくまでもファミリービジネスにおける並行的プランニングという枠組みのなかで、戦略的プランニングの概念や意義を探ることに主眼をおくことにする。

ビジネス・プランニングを理解する

いかなる組織にとっても、プランニングは非常に重要である。なぜならば、プランニングを行うことで、現時点における自らを取り巻く状況を把握し、現状に対して何らかの課題を設定したり、将来を見据えたり、さらにはオーナーシップと経営の双方の目標について整合性をはかることができるからである。換言すると、ビジネス・プランニングとは、どの顧客層をターゲットとするのか、どんな商品やサービスを扱うのか、そして、会社の資源をどのように投入するのか(人財、技術、財産、設備等)といったことについて、意思決定を下すことである。

組織の規模が大きかろうが小さかろうが、あるいは組織の構造が単純であろうが複雑であろうが、すべての企業が、何らかのかたちでビジネス・プランニングを行っている。一般的に、ビジネス・プランニングには3つの形態がある。1つは、経営者が現時点で起こっていることに対してその都度即応して対応し、ごく近い将来について何らかの決断を下していくという、その場かぎりの対処的プランニング(reactive planning）である。小規模の会社では、顧客がある製品を発注すると、経営者はそれにあわせて原材料を発注し、従業員に対して製品を生産するよう指示し、その後、顧客との間に製品発送の契約を交わすという方法をとる。こうした一連の業務についてほぼ日常的に行っているものは、その場かぎりの対処的なプランニングに分類されるものである。

　会社が大きくなると、第2の段階である適応的プランニング（adaptive planning）へと移行していくのが普通である。これは競争相手や市場の変化など、より広い視野で状況を把握しながら行われるものである。この段階においては、経営者は顧客の今後の要望について尋ね、あるいは競争相手の動向を確認した上で新しいビジネスプランを練ることになる。もし取引先が翌年度に新製品の購入を20％増やすことを通知してきたら、経営者は生産量の増加と製品の発送を手配する。もし競争相手が新しい生産ラインを立ち上げたり、または売上増加のための値下げに踏み切ることがあれば、経営者は同様の行動を取ってこれに対処する。こうしたプランニングは、中規模のローカル企業により行われるものであり、そうした会社では、経営者が当座の業務について取り仕切っている。

　会社の規模が拡大し、組織が複雑になり、業務の地理的範囲も広がるにつれて、新たなる成長の機会を模索し、そのための道筋を描く長期的な視点に立った戦略的プランニング（strategic planning）が必要になる。第3の段階にあたるこの長期的プランニングにおいては、将来に対する意思決定とアクションに重点を置く。現代経営学の父であるピーター・ドラッカー（Peter Drucker）は「長期的なプランニングとは、未来についての意思決定を扱うものではなく、現在の意思決定が未来にどう影響するかについて扱うものである」と述べている[2]。経営者は、自らを取り巻く状況の変化や趨勢を見極めつつ、自社の現在の能力―あるいは今後確実に獲得できるであろう新しい能力―を認識したうえで、新たな市場における自社の立ち位置を把握する。大企業は、その規模ゆえに、各行動を調整し、状況に応じて資産を分配するなど、より戦略的に考える必要がある。しかしながら、先に挙げた2つのプランニングも、

第3部
ファミリーとビジネスの戦略

企業のサイズ、複雑さ、市場の変動、目的などによっては同じように有効である。

　ファミリービジネスにおいて往々にして見られる弱みとして、旧来の戦略（legacy strategy）に囚われる点が挙げられる。つまり、新しい機会や方向性を探すよりも、過去に上手くいったやり方を繰り返すのである。セオドア・レビット（Theodore Levitt）は、ハーバード・ビジネス・レビュー（*Harvard Business Review*）の記事「近視眼的なマーケティング（Marketing myopia）」で、こうした特性について明らかにしている。

　　ほとんどの経営者が、昨日の状況に合わせるがごとく経営を行っている。なぜならば、昨日のことは、彼らがすでに経験したことであり、成功を収めていることだからだ。しかしながら、マネジメントとは明日に向けられたものであり、昨日を対象としたものではない。明日というのは、何をなすべきかということが重要であって、何がなされてきたかということではない。何をなすべきかということは、外的な要因 ── 競合他社（新旧、あるいは潜在的なものも含めて）がどう打って出てくる可能性があるか、自社が今後顧客に対して提供し得る商品やサービスの選択肢、政府や各当局によって作成される法規、人口動態の動向、一般的な知識やテクノロジーの進歩、生態系の変化、あるいは世論の変化等 ──によって決定づけられる[3]。

ファミリービジネスにプランニングが必要である理由

　ファミリービジネスが成長を続けるとき、あるいは創業者が自らの権限を次世代に譲るとき、戦略的なプランニングの必要性が明らかになってくる。ファミリービジネス特有のプランニングとはいえ、それは同規模の他形態の企業におけるプロセスと似通ったものではある。ただし、

より長期的な時間軸において行われることや、価値観やステークホルダーといったものに対する関心や配慮がより払われる点に大きな特徴がある。創業者がその創業家の郷土に建てた工場を閉鎖するのは簡単ではない。また、ファミリー・メンバーのオーナーシップ、マネジメント、ガバナンスへの参加は、利点と同時に課題を生み出し、それらはプランニング全体を通してついて回ることになる。

戦略的なファミリービジネスのプランニングとは、以下の広範にわたる目標のために行われる。

- 人材育成：ファミリー内外の人的資本の強化
- 富の創造：収益をあげる目的でのファミリー資本の投資
- 企業家活動：新製品開発や市場の開拓
- 社会的責任：コミュニティや国に対する貢献
- ファミリーの調和：ファミリー・メンバー間の誤解や争いごとを避ける
- 評判：長年にわたって培われてきた品質やサービスの維持
- オーナーシップの継続性：ファミリーのコミットメントを引き出し、ビジネスへの関与を促す
- リスクの低減：ファミリービジネスの評判と財務上の資産を守る
- 収益性：外的要因によりもたらされる機会を活用する

本章ではまずビジネス・プランニングについて概観したうえで、それがファミリービジネス全体のなかでどのように位置付けられるか見ていくことにする。ビジネス・ファミリーはプランニングを行う際して、大きく2つに分けたうえで戦略的に考えていく必要がある。1つは事業に関してのプランニングであり、もう1つはファミリーが保有する事業以外の資産や活動に関するプランニングで、そこには新しいベンチャー

第3部
ファミリーとビジネスの戦略

や投資、慈善事業も含まれる。プランニングを行うに際しては、これら2つのプランニングの整合性を図る必要がある。なぜならば、事業部門は往々にして、ファミリーが行う非事業活動の資金やサポートの供給源となるからだ。さらには事業主体を、リスクマネジメントを目的とした投資の分散型ポートフォリオの一部を構成するものと考えることも重要である。ジョンソン・ファミリー・カンパニー（Johnson Family Companies）の元会長であるサム・ジョンソンは、事業に関する戦略的プランニングを、競争や政府による規制、税制などによってファミリーにもたらされるリスクを低減する手段として活用した。サム・ジョンソンは、ケロッグ経営大学院でのケース・スタディー「ジョンソン・ファミリー・エンタープライズ（Johnson Family Enterprises）における承継と継続性について」で、次のように述べている。「ファミリービジネスにとって多角的経営とはリスクに対抗する手段である。仮に少しでも企業家精神を持ち合わせていれば、ファミリーが行うビジネスを今後100年にわたって存続させるための計画を思い描くことができる」。

　本書で取り上げる戦略的プランニングはしっかりとしたものであり、多くの戦略的プランニングが見落としがちなことではあるのだが、ガバナンスに関することも含んでいる。これはオーナーを務めるシニア世代のファミリー・メンバー、年少のファミリー・メンバー、さらには何ら役職には就いていないメンバーが、戦略のコンセプトを正しく理解できることを意図している。それはシニア世代の経営幹部や取締役員にとっても、こうした内輪の者同士で通じる難解な技術的用語や思考に頼ることなく、戦略的なプロセスを合理的に説明したり、それに関する意思を伝えたりするための方法として役に立つ。ここで、ある1人のファミリー株主の事例をとりあげて1つのモデルを紹介することにする。彼女は、投資とビジネス戦略が一体となり、経済的かつ社会的価値を生み出していくプロセスを学ぶことになる。

すべてのファミリー・メンバーが
戦略について知っておかなければならないこと

　サリー（Sally）はファミリービジネスで直接働いてこそいないが、主要な株主であり、祖父が創業し、現在は叔父が経営しているこの会社につながりを感じている。彼女は自身の弁護士としての経歴からビジネスのことを理解しており、ファミリー企業の成長をいつも気にかけている。しかしながら、多くのファミリービジネスの株主と同様、会社とのつながりといえば、実際のところ、年に2回受け取る配当金だけである。彼女は、ファミリー企業のHPに掲載されている最新の株主向けの情報を読み、経営陣が方針を転換して巨額のお金を借り入れ、その一方、過去10年間ではじめて配当を減らそうとしていることを知り、懸念を抱いていた。

　サリーはすぐさま、取締役の代表である叔母に連絡を取った。社交的な辞令をいくつか交わした後、彼女は「いったいどういうことですか？」と尋ねた。叔母は会社が熾烈な競争に直面しており、一定期間は増資が必要であると答えた。サリーはこの説明に不満だった。ファミリー企業は、彼女そしてその家族に長らく利益をもたらしてきたし、そして何より、父が死去するまで副社長と取締役として働いてきたこの会社に大きな誇りを持っていた。彼女は、変化に対する警戒心を持っており、なぜ会社に変化が必要なのか確信が持てなかった。しかしその一方で、オーナーとして経営に協力したいという気持ちもあった。そういう気持ちはあったが、実際のところ、経営陣が提案する今回の増資案をどう評価すべきかについてはわからなかった。サリーは、経営陣が言うところの、会社が直面している脅威と、増資がすべての利害関係者にもたらす長期的な利益についてもっとはっきり理解したいと考えた。

　サリーに限らず、ビジネス・ファミリーの株主全員に、まずは事業戦略に対する基本的な理解が必要である。一般的にはファミリービジネスに対して株式を通じて出資しているのがファミリー・メンバー個人としては最大の投資であり、こうした株主は、戦略的な意思決定が自らの状

況──リスクや配当、投資に対する見返りなども含む──にどのような影響を与えるか知っておく必要がある。他の多くのファミリー・メンバーの株式オーナーと同様、サリー自身も、創業家メンバーとしての精神的オーナーシップを果たしているような感覚を感じているが、会社が何らかの変化を求められている際には、戦略について理解することが、創業家メンバーによるビジネスへの精神的な関与を維持するうえでも必要不可欠である。経営者側も、創業家オーナーのコミットメントが得られると実感できると、ビジネスをよりうまく機能させ、より効果的な意思決定を下すことができる。このような理由から、戦略的なプランニングの原則を学ぶことは、サリーをはじめとするファミリービジネスの株主にとって必要不可欠なことである。

　どの企業も絶えず変化にさらされている。市場は発展を続け、革新的なアイデアを持った競合者が互いにシェア拡大をめぐってしのぎを削っている。競争力を保つには、企業は絶えず改善を続け、再投資を行わなければならない。いかなる市場をターゲットとし、いかなる投資を行うのかを見極めることは、すべての企業にとって基本となる戦略的な決断となる。自社の強みや弱みを考慮して、同業界における機会とリスクを見極めることも、意思決定に大きく影響する。これらのことを踏まえたうえで、業界における新たなる機会を活用したり、企業の競争力を維持するうえで必要となる投資のレベルが決められる。

　戦略的なプランニングではまずは、このようにマーケットシェア（市場占有率）の動向や会社の財務的、組織的資源に着目する。企業の強み、弱み、機会、脅威を評価することはＳＷＯＴ分析と呼ばれる。これにより自社の中核的な能力と競争におけるアドバンテージ（競合他社に比べて自社の優れていること）をはっきりさせることにもなる。この分析を通じて、各企業は、株主やステークホルダーに対して経済的価値を生み出すビジネスの可能性を明らかにすることができる。

　プランニングの次なる段階は、自社が有する競争上の強みを維持、もしくは向上させるために、資源をどのように配分するかということである。この段階においては、異なった戦略上の優先事項や方向性について

検討され、ビジネスに関する基本的な戦略が見直される。ファミリー企業においては、戦略を変更することがファミリー・オーナーシップに与える影響についても考慮しなければならない。前章で述べたように、ファミリービジネスにおける戦略については、それがファミリーの価値観やビジョンと一致している時にはうまくいく。そして、そこには投資に対する見返りや配当の期待も含まれている。

　こうした検討を終えると、それに基づき、経営者と取締役会がいくつかのシナリオを策定し、その分析が行われる。いくつかのシナリオの中から最終的な案が採択され、投資の判断が下されることになる。この一連のプロセスにおいて各人の役割は明確に区分されている。ＣＥＯであるサリーの叔父をはじめとする経営陣は戦略的なプランニングを推進する一方、叔母が代表を務める取締役会は、経営陣の取る戦略が、株主や会社全体に利益をもたらし、かつリスクに対するオーナーの許容範囲内で利益を最大化するものであることを確認する役割を担っている。一方、取締役会には経営陣の判断に異議をとなえ、提案された戦略に対して客観的に再考を行うという重要な役割も担っている。株主は戦略策定に直接口を差し挟むことはほとんどできないが、彼らの価値観、ビジョン、株主価値提案（shareholder value proposition）は、経営者が戦略を策定する際の検討項目の一部であるべきだ（本書第４章の株主価値提案についての記述参照）。ファミリー企業においては、取締役会かファミリー評議会が、ビジネス戦略とオーナーの期待を上手く調整するという重要な役割を果たしている。

　いかなる企業も市場も時を経るにしたがい変わっていき、競争環境にも変化が生まれ、経済状況も変わり、投資の必要性も変わって来る。当然のことながら企業が策定する戦略にも修正や再考が求められる可能性が生じる。ファミリービジネスにおいては、オーナーシップはライフ・サイクルとともに移っていく。時間がたつにつれて、オーナーシップは次第に分散されていき、さらには前章で見たように、株主の投資目的も変わってくる場合が多い。したがって、ビジネスの目標とオーナーの期待を戦略的に一致させることは、より難しく、また同時にいっそう重要

になってくる。

　サリーのような創業家の株主は、ファミリーのライフ・サイクルや業界のライフ・サイクルがそれぞれ、必要とされる投資のレベルにどのような影響を与えるのかを認識しておく必要がある。ファミリービジネスの強みは、将来を見据えたうえでの戦略的な投資と、現在における株主への利益配当の両者のバランスをうまくとれることにある。株式非公開のファミリー企業は資本を会社内部に剰余金として留保する傾向がある。株主への利益配当の割合が大きくなるにつれて、内部留保の割合は減少し、戦略的に再投資を行えるだけの資金もかぎられてくる。しかしながら、ファミリービジネスは株主との関係が密接なため、戦略の必要性に応じて資本の増強を調整できる。

　いかなる企業であっても、投入できる資本は限られている。上場企業は資本の増強に躍起になっており、その資本の調達コストも時を追うごとに大きく変化することがある。企業は、投資家に好感を持たれたり、逆に嫌気されたりして、その市場での評価を大きく変動させる。一般的に、サリーのような創業家ファミリーが所有する非上場企業は、資本の調達コストが相対的に低くかつ安定していることから、他の形態の企業に比べて大きな強みを有しているといえる。こうしたファミリー企業特有の「持久力（patience）」によって、ファミリー企業がなぜ上手くいくのかを説明できるかもしれない。ファミリービジネスにおいては、ビジネスと創業家のオーナー・グループが緊密に結びついていることから、オーナーたちは、より長期的な視点からビジネスの戦略的な利益を考慮して投資のレベルを調整することに前向きであるとされる。これはとりわけ、創業家のオーナーがビジネスに積極的にコミットしたり、関与する姿勢を示している場合に当てはまる。

　換言すると、サリーのような創業家ファミリーのオーナーたちは、同ファミリー企業の「戦略的なストーリー（strategic story）」を把握しておく必要があるのだ。そこには、市場拡大の可能性やファミリー企業のライフ・サイクルにおける諸段階といったものも含まれている。創業家ファミリーのオーナーたちは、業界の基本的な事柄について把握して

おくとともに、自らに特有の中核となる能力（core competencies）や、会社を歴史的に成功に導いてきた根底にある価値観を学ばなければならない。彼らは会社の一般的な組織構造やガバナンス、役割や責任がどうやって定められるかということや、現時点での会社の競争上の目標と、今後その目標を達成するうえでのビジネス戦略を知るべきである。創業家ファミリーのオーナーたちは、たとえ取締役ではなくても、経営者の考えを問い、提示された戦略に対して独自に分析したうえで適切な判断を下すことができるはずである。

　ファミリービジネスにおいては一般的に利益と再投資は相関しており、両者が同時に増加する。ファミリー・オーナーは純利益の増加だけを追うのではなく、どれだけ効率的に自分たちのビジネスが利益を生み出しているかということにも目を向ける必要がある。長期的に利益を生み出すためのもう１つの──おそらく最も重要な──要因は、変化を推し進める力である。同じ所に留まっていては、企業もやがて衰退する。ファミリー・オーナーは、重要な戦略の刷新の中身と、なぜその戦略が実行されているかについて認識しておくべきだ。

　しかしながら、戦略的プランニングを理解することはサリーのようなオーナーにとって困難なことである。会社やそれを所有するファミリーの規模が大きくなるにつれて、双方にとって有益な戦略的な思考を生み出すには慎重なプランニングとプロセスの共有が必要になる。サリーのようなオーナーは、長期的な利益を生み出すためにはいったい何が必要かわかれば、それに適したレベルの投資を支持する傾向があり、こうしたことが満たされて、彼らの会社にファミリービジネス特有の強みがもたらされることになる。以下の例は、戦略的プランニングを単純化したガイドである。サリーの事例を想定して示したが、ファミリービジネスに関わるすべての者に有益なものとなっている。

第3部
ファミリーとビジネスの戦略

ファミリービジネスの戦略的なプランの策定

　いかなる事業会社の戦略プランニングも、自社の能力を評価し、その能力を市場における価値創造に活用することに主眼を置いている⁽⁴⁾。これは並行的プランニングの中核を占める部分でもある。伝統的にファミリービジネスは、旧来型の戦略や、過去の成功体験の踏襲に依存してきた。変化は徐々に生じるということを前提としたこの戦略は20世紀後半までは上手く機能していた。しかしながらこうした時代も、やがてグローバル化によってもたらされるビジネス環境の激変、脅威、想定外の出来事等にあふれる時代に代わっていく。その後のダイナミックな状況下では、現状に適応的なプランニングの価値は薄れ、新たなる機会を求めて将来に視野を向けた、より企業家精神あふれるアプローチが必要となる。こうした状況下では、パートナーシップを通してリスクを分かち合い、革新的なものや新たな価値創造には報奨等で積極的に遇することが求められる。

　戦略的プランニングを行う際は常に、異なる展望と目標を抱く各株主の間に強い緊張関係を生む。ＣＥＯや経営陣は、こうした戦略的プランニングのプロセスを、企業やその将来をかたち作る機会だと捉えている。取締役は、自らの会社を持続させていくことに尽力することを望む。オーナーは、会社に深く関わっていようがいまいが、各人がそれぞれ別個の期待を持っている。その他のステークホルダーは、各人がそれぞれ関心を寄せる特定の問題が処理されることを望んでいる。したがってＣＥＯや経営者は、他のグループを引き入れてプロセスに参加させるとともに、プランニングにおいて検討すべき各項目を把握しておかなければいけないのである。

　ビジネス戦略を策定するにはそれに相応しいプロセスをふまえる必要があり、単なるイベントや年中行事の類とは異なるものである。それは、

取締役会や経営幹部が、現場を見ることなく開催する２日程度のミーティングで決まるようなものではない。それは企業全体が一丸となって歩んでいくべき道筋を示したものであり、事業の発展、業績の評価、成長が見込める分野の把握、オーナーの期待やビジョンといったものを集約したものでなければならない。これらのことが、戦略的思考のプロセスの一部を為すべきである（図6.1参照）。取締役会によっては、ビジネス全体のほんの一断片だけを議題とするミーティングに限った形で開催したり、あるいは経営幹部のみを招いて会社全体の展望について意見交換を行ったりするところもある。企業によってはさまざまな問題についての最新情報を入手／提供する目的で、年間を通して召集される戦略的プランニングの作業チームを置いているところもある。ビジネス戦略を策定するうえで一定のプロセスを経ることを通じて、より良いコミュニケーションとより良いコミットメントが図られ、ビジネス戦略におけるオーナーシップの役割の拡大を促進するだけでなく、ビジネス戦略の策定とは離れた日常的な業務においてもオーナーシップの役割の重要性を高めるのである。

　戦略的プランニングは、互いに相関性のある４つのステップから成る。戦略的考察（Strategic Thinking）、戦略的方向付け（Strategic Direction）、アクション・プランニング（Action Planning）、評価／分析（Oversight）である。本書ではまず、はじめの２つの各ステップについて深く掘り下げていくことにする。なぜならば、戦略的考察、戦略的方向付けは、本書が扱うビジネス・プランニングの根底を為す非常に重要なものであるからである。３つ目のアクション・プランニングは、戦略の実行に関するものであり、詳述すれば、本書とは別にもう１冊を要するほどのものである。したがって本書では詳しく扱わない。４つ目の評価／分析については第８章、第９章で述べている。

　最初のステップである戦略的考察においては、各ステークホルダーをビジネスに関与させることで、企業に関する情報を集め、さらには、オーナーの期待、成長が見込める機会、リスクなどの情報を収集することが必要である。収集された情報の分析や、取りうる戦略的シナリオをいく

第 3 部
ファミリーとビジネスの戦略

[図 6.1] 企業のビジネス戦略

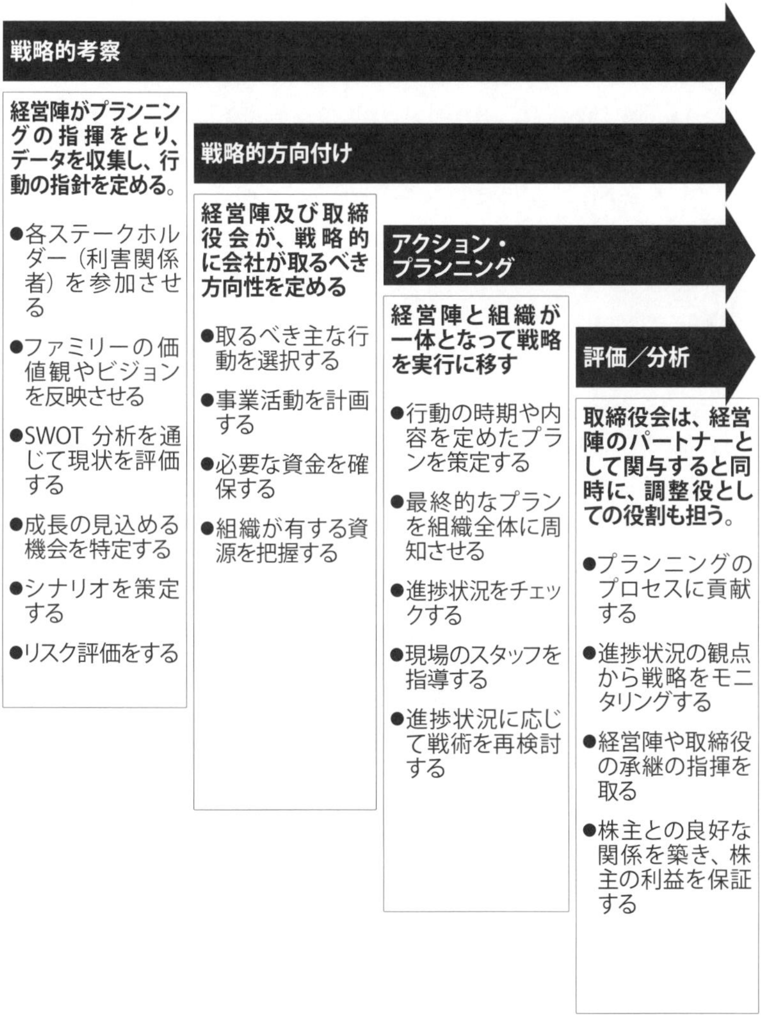

戦略的考察

経営陣がプランニングの指揮をとり、データを収集し、行動の指針を定める。

- 各ステークホルダー（利害関係者）を参加させる
- ファミリーの価値観やビジョンを反映させる
- SWOT 分析を通じて現状を評価する
- 成長の見込める機会を特定する
- シナリオを策定する
- リスク評価をする

戦略的方向付け

経営陣及び取締役会が、戦略的に会社が取るべき方向性を定める

- 取るべき主な行動を選択する
- 事業活動を計画する
- 必要な資金を確保する
- 組織が有する資源を把握する

アクション・プランニング

経営陣と組織が一体となって戦略を実行に移す

- 行動の時期や内容を定めたプランを策定する
- 最終的なプランを組織全体に周知させる
- 進捗状況をチェックする
- 現場のスタッフを指導する
- 進捗状況に応じて戦術を再検討する

評価／分析

取締役会は、経営陣のパートナーとして関与すると同時に、調整役としての役割も担う。

- プランニングのプロセスに貢献する
- 進捗状況の観点から戦略をモニタリングする
- 経営陣や取締役の承継の指揮を取る
- 株主との良好な関係を築き、株主の利益を保証する

つか策定する際に用いられた仮定に基づいて、企業がどのように価値を創造していくのかが検討され、それらにつき同意が得られることが望ましい。

　結局のところ、戦略とは、企業を取り巻く状況にどう対処していくのかという問題である。したがって、第2の戦略的方向付けのステップにおいては、経営陣や取締役会が、今後会社が取るべき進路を戦略的に決定する。戦略的方向付けはあらゆる企業の活動の根幹となるマスタープランである。本章の後半においてその6つの類型についてあらためて論じることにしたい。

　戦略的方向付けが定まると、次のアクション・プランニングにおいてその戦略が実行に移される。このステップでは基本的に、会社とその活動についてのマネジメントを行う。経営陣をはじめとするスタッフは、実行に移すための工程表を策定し、進捗度を評価し、結果によっては必要な指導を行う。経営陣は状況に応じて必要であれば戦略を再検討し、戦術を再構築することもある。

　あらゆる活動を包含し、プランニング全体の説明責任とフィードバックを確実にする段階が、最終ステップである評価／分析である。ＣＥＯが戦略を策定し、これを実行に移すのに対して、取締役会はそのプランを見直し、プランの進捗状況をチェックし、説明責任を明確にする。以上の各ステップは、戦略的なプランを策定する際に有益となるプランニング・ツールを用いて詳細に検討される。

戦略的プランニングを開始する：
　会社と会社を取り巻く現状を評価する

　各企業は、自社の強み、弱み、機会、脅威を絶えず評価し、それに基づき戦略的なプランニングを行うことを通して競争力を維持することができる。これは、常日頃行っている、自社の売り上げや財務的指標を把握する行為とはまったく異なるものである。プランニングとは、営業成績にとらわれることなく会社の置かれた状況を分析することであり、そこから競争上の強みを生み出す要因や能力を把握するものである。すで

に述べたSWOT分析（強み・弱み・機会・脅威の分析）によって、一般的に経営陣が会社の置かれた状況について検討を開始することとなり、こうした分析を通して、将来に向けての新しいアイデアを創出することができる（図6.2参照）。会社内部の評価は、資産、資源、技術力、スキル等、会社が保有する能力（強みと弱み）を探るものである。経営陣は通常、財務、マーケティング、組織における自社特有の戦略的な能力を分析したうえで、こうした分析に基づき、考えられる複数の戦略的プランのそれぞれにつき、各プランの自社への貢献度合いを評価する。一般的に、競合相手のものに比べると優れていることや、競合他者にはない自社特有のものは、新たに戦略を策定するうえでの土台となる。たとえば、洗練された流通システムを持つ企業は、自社の有するスキルを活用して、多角化戦略に向けて関連商品や新製品の開発を検討するかもしれない。

企業の将来の可能性について戦略的に考察する

SWOT分析を通して経営陣は、自社の現在のポジションと将来の可能性に関する情報を得ることができる。こうした情報はさらに、自社が有する強みと魅力的な外的環境を表す2次元のマトリックスを使って分析され、企業の戦略的な可能性を探る基準を創り出す。企業が有する強みとしては、リーダーシップを発揮できる人財、良好な財務状況、ブランド力、技術力、確固とした販路といったものが含まれ、これらは競争上の強みとなる。魅力的な外的環境とは、企業を取り巻く経済的および競争的要因のマーケットにおける望ましさと定義づけられ、それらには、成長率、競争上の圧力、政府の規制、税制、変化、収益性、新しい機会などが含まれる[5]。

このモデル（図6.3参照）では、2つの変数をもとに9通りの組み合わせからなる戦略的可能性を示している。Aと記された3つのボックスは、企業を取り巻く外部環境の魅力が中～高程度であり、かつ企業が有する能力が中～高程度にある組み合わせを表している。Bと記されたも

[図 6.2] 組織が有する強みや弱み、さらには当該組織にとっての機会や脅威を把握する SWOT 分析

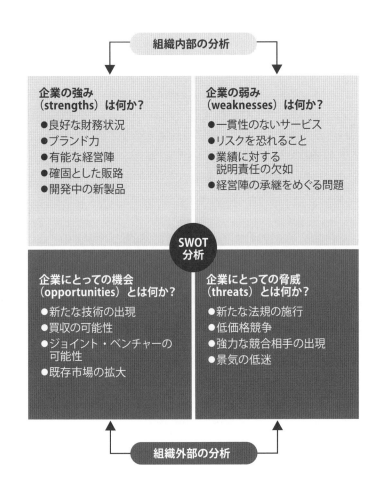

のについては、企業を取り巻く外部環境の魅力と企業が有する能力とが、低レベルから高レベルまでさまざまである組み合わせ（企業が有する能力は高レベルにあるものの、それを取り巻く環境は望ましいものとはいえない組み合わせ、あるいは両者が中レベルにある組み合わせ）を表している。Cのボックスは両方において低レベルか、中と低の組み合わせである。

戦略的な可能性については、魅力的な市場をターゲットにしていて、企業自体の能力も高い場合は株主に価値を生み出す可能性が高いとみなされる。魅力的な市場は高い成長力や収益率につながることが多く、能力のある組織は自分たちの持つどんな強みも競争力におけるアドバンテージとして利用する力があるということである。投資の世界的権威、ウォーレン・E・バフェット（Warren E. Buffett）も、この事業戦略の可能性を探るうえで用いられる2つの変数について、彼自身の投資の判断にとっても非常に重要なものであることを認めている。同氏は2009年12月10日にウォール・ストリート・ジャーナルのインタビューに応じた際、魅力的な市場の重要性についての彼の見解を、すっかり馴染みとなった引用を用いて次のように強調している。「有能であるとの呼び声が高い経営者が、経営の傾いた企業の立て直しに取り組んだとして、（仮にそれが失敗した場合）評価や評判が無傷であるのは企業側である」。強固な組織の重要性、つまりは優れたリーダーシップの重要性についても、彼は以下のような警告を発している。「投資をするなら、たとえ無能な者であっても経営できるような（しっかりとした）企業に投資を行うべきだ。なぜならば、（いかなる企業であっても）無能な経営者が承継する可能性も考えられるからだ」。

ビジネスの戦略的方向付けを明確にする

本書では、企業の（現在の状況と今後の可能性の分析に基づいた）戦略的な可能性を、当該企業の取り得る各ビジネス戦略を評価し、投資の選択肢を検討する際に活用する。企業が有する能力やその企業を取り巻

く外部環境は、当該企業の戦略的方向性を決定する重要な要素ではあるのだが、すべてではない。図6.3において、左上の3つのAランクのボックスに該当する企業は、良好な環境の下、事業を展開する優良な企業であり、業界でのリーダー的存在となる戦略や市場シェア拡大戦略を取ることができるが、Cランクのボックスに該当する企業には不可能である。後者は、魅力のない環境下にあり相対的に能力の劣った企業である。これらの企業は最も深刻な脅威にさらされている。市場の状態も芳しくなく、新たな機会を取り込めるような強みも持っていないからである。

　ところで、多くのファミリービジネスは中間層、つまりはBランクに属している。これらの企業はある程度成功をおさめてはいるが、仮に経営者が新たな機会を見つけることができれば、さらに飛躍できる可能性を秘めている。SWOT分析を行うことで、こうしたファミリービジネスが、その能力に弱みを持っていることや魅力のない市場に身を置いていることが明らかになる。前章で紹介したウェイツ・グループは、自社の強みや成長の見込める分野を分析した結果、長年営んできた住宅建築事業から撤退するという当社にとっては厳しい決断を下した。創業家の第4世代のオーナーであり家長でもあるティム・ウェイツは次のように語っている。

　　数年前、私たちは長年営んできた住宅建築の事業から撤退するという難しい決断をした。今や当社は大きな建築会社となり、受注する仕事の8割が公共関連である。したがって、（以前に比べると）景気変動の波に左右される場面も減ってきた。私たちの哲学は、何かを成し遂げるに十分な能力が備わるまでは、それをやるべきではないということだ。私たちには依然として補わなければならない能力があるが、着々とこれらを積み上げている！

　ビジネス・プランニングの目的は、自社の強みが競争上の強みに昇華するような、そうした魅力的な市場のなかに企業を位置づけることにある。それはつまり、先ほどのマトリックスを例にとると、企業をAラン

[図 6.3] 企業の価値創造の戦略的な可能性を探るモデル

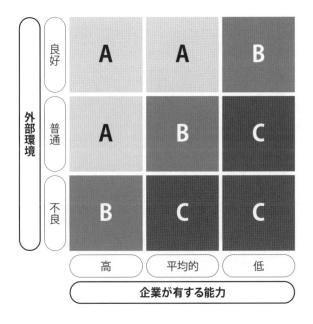

クの方向へ動かすということである（図6.4参照）。企業の事業戦略を強化するということは、こうした移動を可能にする行動を明確にすることである。ファミリー企業が有するビジネスにおける価値創造の将来性（Business Value Creation Potential）を明確にすることは、オーナーとマネージャーにとって共に取り組む価値のあるものである。なぜならば、会社の置かれている状況について両者の認識が一致するからである。こうした段階を経ることで、必然的に企業がどのような戦略をとる必要があるかについて考えるようになる。成長の見込める市場に身をおく有力な企業であれば、おそらくはそのポジションを手放すような判断は下さないであろうし、一方、成長の余地が限られている市場に身をおく弱い企業には、何らかの変化が必要であることは誰にでも理解できるだろう。

戦略的方向付けと、アクション・プランニングの具体的な内容

　事業の戦略的な可能性を探る段階には経営陣にはすでに、会社の現状や成長の見込める領域についての数多くの見識が備わっているはずである。さらには、企業内外の分析を通じて、企業が有する能力とその企業を取り巻く外部環境に基づいて事業の戦略的な可能性を模索することの重要性について、しっかりとした認識をもっているはずである。経営者が取り組むべき次なる課題は、企業の戦略的方向付けと、事業の戦略的な可能性に基づいて代替案を用意しておくことである。こうした戦略の代替案を用意しておくことで、ビジネス戦略や創業ファミリーの投資に対するコミットメントについて、最終的な決定を行う際の判断材料を提供することになる（詳細は第7章に）。

　戦略的方向付けを明確にする段階においては、組織が、自らのポジションを改善し強化するうえでいかなる判断や行動がなされる必要があるのかを検討することが要求される。基本的に、組織が自らのポジションを検討するうえで考慮する項目としては、次の6つの要素が考えられる。①市場におけるリーダー的存在、②市場の拡大、③新たなる事業領域へ

第 3 部
ファミリーとビジネスの戦略

［図 6.4］企業の戦略的なポジションを確かなものにする

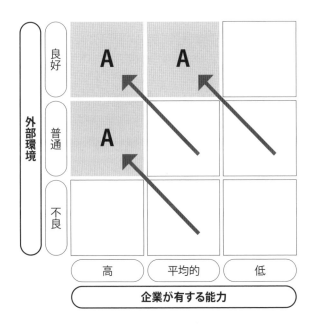

の資産の再配分、④起業家精神、⑤能力強化、そして⑥撤退である。以下にそれぞれの詳細を述べていくことにする。

　事業の戦略的な可能性について検討することで、経営者の現状に対する認識や、企業が上記６つの戦略的方向付けのうちどれを考慮するべきかということがはっきりしてくる。それぞれ異なる市場において事業を営む、電子機器メーカー２社の事例を見てみよう。一方は、すでに飽和した市場において８番目のシェアを持ち、もう一方は、急成長している市場において８番目のシェアを持っているとする。この２つの会社は、たとえ規模、財務構造、組織運営力において同様であっても、成長を実現するための、または自社の競争上の強みを生み出すための課題はまったく違ったものになるはずだ。

　経営陣は、企業の現状、活用し得る機会、別の市場における魅力等について見解を一致させたうえで、戦略的方向付けを明確にするに際して綿密な検討を行う必要がある。留意しておくべきことは、戦略的方向付けとは、企業の競争力を高めて市場でのシェアを獲得するために、資源を配分したり、外部環境に自社を適応させていく際のアプローチの方法を表しているということである。戦略的方向付けは、以下に挙げる３つの一般的な課題の検討を経て定められる。

- 変わりゆく状況、新たな機会、脅威に対してどう対応していくべきか？
- 自社が有する資源や能力をどう配分するか？
- 顧客を獲得するにはどうすればよいか？

　図6.5は、事業の戦略的な可能性を探るモデルに６つの戦略的方向付けを重ね合わせたものであり、経営者が行う市場および自社の評価に基づき、どの方針が最適であるかを明確にしたものである。

　事業の戦略的な可能性を探るマトリックス上に６つの戦略的方向付けを重ね合わせると、各方針が企業の能力と外部環境にどのように対応し

[図 6.5] 戦略的な可能性が戦略的な方向性にどう影響するか

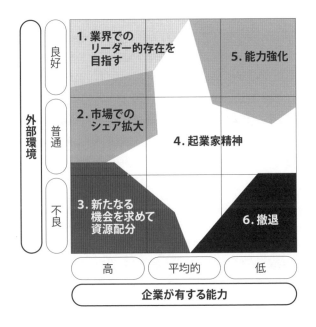

ているかを示すことができる。たとえば、その優れた能力と魅力的な市場によって確固とした戦略的可能性を有する企業であるならば、業界でのリーダー的存在を目指したり、市場シェアの拡大といった方針を戦略的に選択するだろう。あるいは、図の右下に位置するような、能力も劣っており自社を取り巻く外部環境にも恵まれていない企業は、ファミリーの資産を守るためには撤退の戦略を取るであろう。

　ここで特筆すべきことは、起業家的戦略（Entrepreneurship）をとることは、戦略的方向付けとして常に選択可能であるということだ。起業家的戦略は、新たな市場の開拓や既存市場に変化をもたらすものである。たとえば、アマゾン（Amazon）やアップルはこの戦略を取り、市場での地位を確立し、今や業界でのリーダー的存在を目指す戦略を取って、新たな市場での地位を確固たるものとしている。この戦略は必ずしもその企業が想定している戦略的可能性の枠内におさまるものではないが、いずれにせよリスクを厭わない経営者によって取られる。

　図6.5は、企業のオーナーが投資に消極的で、自社のポジションを強化するために必要な行動をとることを拒むならば、その会社を売却するべきだとする、きわめて現実的な撤退戦略を示している。この場合、時としてマネジメントやオーナーシップの世代交代を機に、「新たなる機会を求めての資源の再配分」が行われたり、会社の再生に向けての第一歩として起業家的な戦略が取られたりする。以下、戦略的方向付けについて、それぞれ詳しく見ていくことにする。

●業界におけるリーダー的存在を目指す

　これは最も積極的な戦略的アプローチであり、既存の魅力的な市場においてその強みを存分に発揮出来ている企業を念頭にしたものである。業界のリーダー的企業は、新製品の開発のために巨額の投資を行うことができるという強みを生かして、市場でのシェアを広げ、成長を加速させる。こうした最大手企業は、競合他社が同市場での利益獲得を狙って参入する際、さまざまな障壁を設ける。こうした障壁には、特許権侵害

をめぐっての提訴や、供給元と顧客との長期契約の締結、製品の仕様変更による新規参入に必要な資本の増大、企業ブランドの創出等が挙げられる。アップルコンピュータ（Apple Computer、現在のアップル）は、業界におけるリーダー的存在を目指す戦略の典型例である。同社はその製品をパソコンからMP3プレイヤー、携帯電話、タブレット型端末へと広げ、音楽ダウンロードとソフトウェア・アプリケーションによって障壁を築き、グローバルに展開することを目指した。戦略的方向付けについて、以下詳述する。

- 製品の市場への投入を拡大する。ニッチ市場を幅広くカバーし、競合他社が市場において確かな足掛かりを築く余地を与えないことである。自社の強みを最大限活用するためには、広範囲にわたる製品やサービスを提供せよ。

- 業界を再編する。競合他社を買収し、市場での地位を強化して経営効率を向上せよ。買収が成功すると、企業ブランド、コア・コンピタンス（core competency）、技術力が向上し、収益性が上がる。

- グローバル展開を図る。事業をグローバルに展開することは、通信手段や輸送手段の向上に伴い、いかなる規模の企業にとっても可能となった。今日では、国内企業は、一国内における業界最大手としての経験を、世界的規模の市場におけるリーディングカンパニーとしての地位を築く足掛かりとして活用するようになっている。スターバックス（Starbucks）、ルイ・ヴィトン（Louis Vuitton）、ソニー（Sony）などがその好例である。

●市場でのシェア拡大

この戦略は業界におけるリーダー的存在を目指す戦略と密接に関係しており、自社に優れた能力はあるものの、必ずしも市場に恵まれているとは言えない企業が取り得る戦略として適している。企業自体には高い競争力があるのだが、市場の魅力が乏しいために収益の機会が限られているのだ。フォルクス・ワーゲン（Volkswagen）が、市場でのシェ

ア拡大戦略を取っている一例として挙げられる。自動車業界は競争の只中にあるが、フォルクス・ワーゲンの掲げる目標は、グローバル市場において最大手になることである。同社は現時点においても数多くの強みを持っているが、経営陣は同社をさらに成長させるための構想を抱いている。こうした戦術の詳細は、以下のようなものである。

- 新たな市場領域への参入または業務の地理的範囲の拡大。自社の持つ強みを最大限活用すること、さらには現在の仕様を変更したり、新製品を投入したり、新たな販路を開拓したり、あるいはまったく未知の顧客層を取り込むことなどを通して、新たな顧客を獲得すること。業務の地理的範囲の拡大については、地元のコミュニティからより広範な地域へ、さらには全国規模の展開をはかることが必要になる。こうした展開は、強力な経営陣によって統率された企業にとっては合理的な選択と言える。

- 川下市場統合。商品化に至る全体プロセスの中で、開発や製造にとどまらず、（品質管理やアフターサービス等）、川上産業から川下産業へと業務を拡大するか、取引相手の市場に参入し、その中のいくつかを買収するか、もしくはそれらと競争すること。しかしながらこうした戦略は、あらゆる戦略的方向付けの中でも、最もリスクが高いものであることを忘れてはならない。なぜならば、こうした戦略は、現経営陣が必ずしも把握しているとは言えない未知なる市場に会社を位置づけることになるからである。こうした戦略においては、コスト削減、徹底した生産管理、技術革新等が強みとなる。この戦略は、競合相手である供給元と手を携えてビジネスを行うことを快く思わない、現在の取引先の感情を害したり、あるいはそうした取引先を失ったりするリスクを抱える。この戦略には企業に並はずれた強みが備わっていることを要する。

- 川上市場統合。サプライ・チェーンの初期段階の原材料の調達方法について、今まで購入していたものを自社での生産に切り替えることで、現在の企業の収益性をさらに高めること。外注していた組み立て、塗装、梱包などは自前で行う。川下市場統合と同様、川上市

場統合においても、他社の買収や企業内部の改善を通して実現される。しかしながら一般的に川下市場統合と比べると、リスクの少ない方法である。

◉新たな機会を求めての資源の再配分

　企業自体には力があるものの、それを取り巻く市場や業界に今一歩勢いがない場合には、この戦略を取るとよい。こうした状態は、ファミリー企業が、すでに成熟期を迎えた産業にあまりにも長くとどまり続けた場合や、新しい機会を求めて投資を行わなかったりしたときに頻繁に見られる。自社には余力があるものの、それを取り巻く市場に勢いがないと判断した場合には、経営陣は資金を回収し、成長の見込める分野に資金を投入すべきである。デイトン‐ハドソン・デパートメント・ストア・グループ（Dayton-Hudson Department Store Group）は、ターゲット（Target）、デイトン（Dayton's）、ハドソン（Hudson's）、マーシャル・フィールド（Marshal Field）などの小売企業をグループに持つ企業グループであるが、そのオーナーであるデイトン・ファミリー（Dayton family）は、この戦略を取り入れ、成長の見込めない事業から、高い成長が見込めるターゲット・ディスカウント・ストアの事業拡大へと資金を投入した。戦略の詳細については以下に述べる。

- 成長が最も見込める領域に参入する。製造や小売業等、すでに成熟期を迎えたと思われる市場であっても、新たな販路開拓からイー・コマース（電子商取引）の活用にいたるまで、高成長が見込める領域は存在する。力ある企業は、すでに飽和したと思われる市場であっても、この領域を見極め、積極的にそこに参入することができる。

- 製品あるいは市場から回収する。すでに成熟期を迎えた製品の供給や、採算性の低い顧客層をターゲットとすることをやめるのだ。プランニングを行うことで、現時点での会社の収益を最大化するためには、資金を新規かつ魅力的な市場や事業領域に投入する必要性が明らかとなるはずだ。企業は、商品やサービスの価格を引き上げて、

高い収益を望めない顧客層を切り捨て、自社の利益を増やすこともできる。あるいは、これ以上、高い収益を望めない製品の生産を中止する方法も取ることができる。

- 再投資を控える。プランニングの結果、市場の動向に比べ、自社の方が安定しており良好であるということが判明する場合も考えられる。そうした場合、優良な経営を実践している企業であっても、提供している製品やサービスの質は平均的ものにすぎないと思うかもしれない。低価格の商品やサービスを提供している企業であれば、価格面での強みを強調することをやめて、活動に関わる経費を漸進的に引き上げることもいとわないかもしれない。そうすれば、手元に余った資金を新しい機会に投入することができる。

- 利ざやを増やす。あらゆる製品やサービスの価格を引き上げることで衰退しつつある市場から撤退することを通じて、あるいは経費を削減することを通じて、手元の資金を確保する。強調するが、手元に資金を確保する目的は、それを新たなビジネスに投入することだ。

- 関連市場に活動範囲を広げる。この戦略は企業の現在の強みを、関連するあらたな市場に活用するものである。たとえば、二輪車メーカーであれば、すでに確立した企業ブランドや既存の流通／販売網を活用して、固定運動器具の製造に乗り出すことも可能となろう。魚介類卸売業者が寿司を扱ってもよい。企業は、自社を取り巻く市場が魅力的でないのであるならば、自社の強みを有効に活用できる新たな領域を探る必要が出てくるのである。

- 新たな用途に注目する。事業の戦略的な可能性に恵まれない企業が取り得る戦略としては、既存の製品に大きな変更を加えないで、新たな用途を見つけることである。たとえば、サーモスタットを販売する企業であるならば、持続可能性が叫ばれて久しいエネルギー市場において、潜在的な需要を発掘することができるかもしれない。

- 新しい市場に活動範囲を広げる。企業自体には余力がありながら、関連する市場については魅力に欠ける場合があるかもしれない。そ

うした場合、まったく新規の事業領域に資金を投入したほうがよい。工業製品製造元が一般消費者向けの製品の製造に移行したり、外食企業が冷凍食品の開発に乗り出したりするといったことである。

●起業家的戦略

これはファミリービジネスにおいてよく見られる戦略で、図6.5においても中央部の広い範囲を占めている。企業の経営自体はそれほど悪くはないのだが、市場に魅力がないということはよくある。あるいは市場が悪化している中でファミリービジネスを継続し、収益の低迷から次第に企業の余力も低減していくということもある。いずれの場合も組織には更なる能力が必要になる。新たな資本、旧来型の戦略の転換、新たなマネージメント・スキル、より強力なガバナンスなどがそれに該当する。

取り巻く環境がそれほど悪くなく、平均的な能力を持った企業であれば、世代交代時に起業家的戦略を取るのが良いだろう。当然のことながら、こうした環境下で、当該企業が株主の価値創造を増大させるには限界があり、新たなビジョンを掲げて、何らかのイノベーションを起こさなければ、次世代を支えていくことができないような場合である。一般的に起業家的戦略とは、これまでの経験や蓄積とは断絶した、新たなテクノロジーやパートナーシップに対する投資のことである。ファミリーによる起業家的戦略の好例として、高級ブランドのルイ・ヴィトン・モエ・ヘネシー（Louis Vuitton Moët Hennessy）が挙げられる。同社はワイン、蒸留酒、宝飾品、香水、衣料品、その他、多岐にわたる業界の小売を買収、あるいは創業してきた。この戦略の詳細を以下に記す。

- これまでとはまったく異なる新たな機会を求める。本来、ある1人の起業家が市場の機会を見つけ、製品やサービスを生み出したのが、多くのファミリービジネスの起源である。しかしながらこういった革新的な戦略は、規模が小さく相対的に力の劣る企業が今後数世代先を見据えて収益性を高めるのにも役立つ。

- 新たなパートナーシップ、ジョイント・ベンチャー、戦略的提携を

模索する。こういったものには、ライセンス（使用許諾）、フランチャイズ、ジョイント・マーケティング（共同市場戦略）に関する協定の締結、海外生産、輸出入が含まれる。提携は供給元、競合他社、仲買業者、顧客、その他、価値創出を後押しするためのあらゆる組織との間で進められる。

- 業界の慣行を変える。業界におけるこれまでの慣行を破ることで競合他社に揺さぶりをかけるのだ。こうしたものには、その業界での販売促進費の季節的なパターンから逸脱することや、従来にはない新たな販売網を活用することや、新たな融資条件を提示することや、トレーニングやサポートプログラムといった関連サービスをパッケージとして提供することなどが挙げられる。

- 新たなテクノロジーを取り入れる。業界と市場環境を分析することで、企業を新たな領域へと導く、魅力的かつ勃興しつつある技術が明らかとなろう。

- すき間市場を探す。相対的に力に劣り、大きな市場では勝負することができない企業においては、同社が対象と出来るすき間市場（地元配達業者、自家商標の商品、特定の顧客層など）を探すことになるかもしれない。こうした市場は、規模の大きい競合他社にとっては、対象とするには小さすぎるか、あるいは参入するには手間がかかり過ぎるのである。結果的に、そうした事業は競合他社のいない比較的守られた環境のもとで行われ、後に戦略を拡大するときの重要な足掛かりとなる。

- 経営効率を高める。市場環境にも企業自身にも明るい展望が描けない状況においては、会社内部の弱点を修正することが、将来に向けての戦略の柱となる場合が多い。プランニング・プロセスによってそれが明らかになったときは、より高いレベルのサービスを提供することや製品をカスタマイズすることなどを考えるべきである。

●能力を強化する

この戦略は、市場環境には恵まれているにもかかわらず、企業の能力

第 3 部
ファミリーとビジネスの戦略

が不足しているときに取るべきものである。この戦略的方向付けの焦点は、より効果的なビジネス戦略をサポートできる組織を作り上げることである。企業に競争力がない状況では、業界や市場における魅力的な環境を上手く利用するための革新的なアイデアが必要になる。この戦術の詳細を以下に記す。

- 競争上の強みに磨きをかける。自社の競争上の強みを確立しそれをさらに高めるのだ。たとえば、自社が優良な供給元として取引先からの信頼を得ているのならば、その信頼をさらに高めるべく投資すべきである。自社に、商品を低価格で提供できるという強みがあるのならば、その強みを確固たるものにすべきである。

- 競争上の弱点を克服する。顧客が自社の製品やサービスを好まない場合、その主な原因―営業力のなさ、製品の品質、価格など―を突き止めることが必要である。そしてそれを直すために努力しなければならない。

- 新たなビジネス・スキルを獲得する。自社の不得意分野に強みを持つ企業を買収するのも1つの方法である。買収の対象先としては、より大きな生産能力や、より広範囲かつ効率的な販売網や体制を整えている企業等である。あるいは事業を強化するうえで必要となる専門的スキルを持った人材を雇い入れるのである。たとえば、世界的なビジネスに打って出るのであれば、グローバル・マーケティングの知識や能力を持ったスタッフを雇い入れることも必要である。必要となるスキルや人材を会社内部で作り上げるのが間に合わない場合、残された唯一の選択肢はやはり買収ということになる。

- 競合他社の戦略を模倣する。市場や会社の状況から、投機的な投資を実行できるだけの状況になく、競合他社が明らかに優れたアイデアを実践している場合、最も優れた戦略とは、単にそれを模倣し、同じような包装を使ったり、同様のサービスを提供したり、価格や販促方法をまねすることである。

● **撤退**

　企業に余力がなく、市場環境にも恵まれていない場合、通常であれば取るべき選択肢は1つしかない。オーナーは、自社の価値が大きく減少する前に、即座に売却を検討しなければならない。できるだけ高値で売却して、それから次の機会を求めるのだ。こういった状況は、経営幹部の育成の失敗や、事業への消極的な投資によって引き起こされることがある。つまるところ、企業に競争上の強みが確立されなかったということである。市場環境に恵まれず、競争上の強みを持たないファミリービジネスを売却して新規事業に投資することは、家族の投資資金の残余を守ることにつながる。事業の存続は、ファミリーや会社の資本を大幅に減らすだけである。最も合理的な戦略は、その資本を株や債券などの金融資産や不動産に投資することだ。

戦略的ビジネス・リーダーシップのためのパートナーシップ

　戦略的プランニング・プロセスを実行に移すことによってもたらされる成果として、ビジネスについての明確な指針を得られること以外にも、重要なものがある。それは、ビジネスを展開するうえで重要となる各キーマンの間で共通の理解が生まれることである。ＣＥＯや経営陣は、取締役会とその議長との間に重要なパートナーシップを形成する。これらの人たちが、共同作業を通じてプランの内容を共有することになり、コミットメントの強化につながる。特に取締役会の役割について見ると、経営陣があるプランを実行に移す際、取締役会がこれに承認を与えるというかたちを取る。取締役会がそのプランに承認を与え、ファミリーや他の利害関係者の前でこれを積極的に支持する姿勢を示すことは、非常に重要なことである。

　取締役会、オーナー、その他の利害関係者の各主体者の間の関係も重要である。なぜならば、取締役会は、会社そのものの利益と同様、各個人自らの利益をも表明する場であるからだ。戦略策定のプロセスに取締役会が関わるということは、プランニングや意思決定についてのオー

第 3 部
ファミリーとビジネスの戦略

ナーや他の利害関係者の見解が、取締役によって代弁されるということを意味する。したがって、取締役というのは、単なる形式だけのものであったり、承認を与えるだけの存在ではなく、こういった各利害関係者の見解をも代弁する重要な存在である。また、オーナーは、プランニング・プロセスに関与する取締役会を、経営陣の暴走を牽制する存在としてだけではなく、ファミリーの利益を保護する存在としても見ている。

戦略的ビジネス・プランニングが各利害関係者へもたらす恩恵は、それに投じる時間や労力よりもはるかに大きい。戦略的ビジネス・プランニングとは、以下のような効果が期待できるものである。

- 経営者にプロとして責任を持って行動するよう促す。
- ビジネスの将来像について共有している目標の実現を働きかける。
- 体系的なアプローチを用いて、会社全体を分析する。
- 目標や目的の設定を後押しする。
- 将来の機会とリスクを明らかにする。
- 会社全体での意思決定の体制を整える。
- 会社の現状や事業計画を評価し、再検討する。
- 会社の市場でのポジションと競争環境を把握する。
- 組織全体のコミットメントやエネルギーを集約させることを促す。

ファミリーによる投資に関する決定

戦略的な方向性を定めて、それを実行に移す具体的な行動を決めた後、ファミリービジネスのプランニング・プロセスにおける次なる重要なステップは、必要となる投資の規模を決定することである。プランニング・プロセスにおいては、まずは各戦略の優先順位とそれぞれのシナリオに

ついて検討される。投資の規模は、企業のとり得る戦略的可能性やビジネス戦略による影響を受けるからだ。価値を創造する潜在能力が高い企業は、他社の平均を上回る収益を投資から得られる可能性が高い。企業が取る戦略は必要な投資の規模を決定し、影響も与える。合併による業界再編を検討していたり、高成長戦略を取ったりする企業は、安定した市場において一定の利益を計上することを戦略に掲げている企業に比べると、より多額の金銭的投資を投じる必要がある。一般的に、高い可能性を秘めた企業は、より多くの資本を要する。すでに述べたように、プランニング・プロセスを主導するのは経営陣であり、取締役会はその成り行きや決定事項を監視するのである。しかしながら、その一方で、取締役会は、オーナーとともに、企業の財務構造や負債、配当率、設備投資等について決定を下すという重要な役割を持っているのである。

　投資をめぐる課題が出てきたところで、先に見たサリーの話題に話を戻そう。彼女は自らを取り巻く課題にどう対処すべきか。そこには、唯一これが確実といえるような答えも、問題を解決に導いてくれるような魔法の杖もないが、本章に書かれた内容は、サリーが自ら判断を下す際の一助となるはずだ。サリーは自らのファミリービジネスを、本章で紹介した各モデルに照らし合わせて考えてみることで、経営者が配当金を減らそうとしていることについて理解を深めるはずだ。それでも、最終的にどうすれば良いのか決めかねるというなら、プランニング・プロセスの最終ステップである、第7章「ファミリービジネスを成功へと導く投資」が参考になるはずだ。

<small>ファミリービジネス</small>
最良の法則

戦略プランを策定する行為は、あくまでも一定の手順を踏むことを要するものであり、単なるイベントの類ではない。ファミリービジネスの各利害関係者が共に戦略プランを策定することで、現状の把握や、取るべき行動につき共通の認識を深めるようになる。

周到にビジネスプランを策定することによって、ファミリーの価値観やビジョンを反映した意思決定が可能となる。

ビジネス戦略プランは、今後ファミリービジネスが直面すると思われるすべての緊急事態やイベントに対応しているわけではない。それはむしろ、その発生が事前に予想された各イベントでの行動や、予期せぬ状況下での対処法についての指針を与えるものとなる。

ファミリー・オーナーの存在は、彼らがビジネス戦略を理解したうえで、これを支援するのであれば、ファミリービジネスにとって競争上の強みとなる。

7　ファミリービジネスを成功へと導くための投資

　初代が築き上げ、2代目がそれを守り、3代目がそれを使い果たすという古い格言を、誰しもが耳にしたことだろう。ビジネスの成長、投資の拡大、やがて利益の回収という一連のサイクルにも通じる、この3世代の法則を説いたものについては、同様のものが世界中に数多く存在する。たとえば「Shirts sleeves to shirts sleeves」「camel to camel」「stable to stable」「clogs to clogs」「rice paddy to rice paddy」といったものである。換言すると、第3世代のメンバーは、たとえば、事業の成長を意図した積極的な投資といった何か特別なことに打って出ない限り、祖父の代が始めた事業を終わらせてしまうことになりかねないのである。実際のところ、50年、あるいは3世代以上にわたって生き延びている企業というのは、それがファミリー企業もしくは上場企業のいずれかを問わず、ごくわずかしか存在しないのである。

　投資に関する判断は、ビジネス戦略を実行に移す際に利用できる財務的資源を決定することであり、これはビジネスを強化する重要な要素である。投資をめぐる判断においても、上記の3世代の法則が当てはまる場面が多くみられる。内部留保、負債、増資等、いかなるかたちであれ、その企業が利用できる財務的資本によって、取り得るビジネス戦略の様式や規模が決定される。一方、創業者やオーナー経営者は、自らが立ち上げたファミリービジネスを通じて、精神的に「投資している」とも言える。なぜならば、彼らにとっては、ファミリービジネスそのものが、自らのキャリア、富、情熱などすべてを体現しているからといえるからである。創業者の代、あるいはその子の代には、再投資と配当の間で意見の対立が生じることはほとんどない。なぜならば、こうした世代では、

第3部
ファミリーとビジネスの戦略

利益やキャッシュ・フローが成長や買収をサポートするという点で見解が一致しているからである。

創業者によるビジネスに対するグローバルな規模でのコミットメントが影響力を有することについては、ヴィラロンガ教授（Villalonga）とアミット教授（Amit）が最近行った研究によって証明されている[1]。同研究によると、創業者がCEOや会長の座を退いたときに、企業の財政状況は悪化し始めるという。通常、こうした財務状況の悪化は、ファミリービジネスの株主や利害関係者の数が拡大し、経営とオーナーシップの役割が分かれたときに生じる場合が多い。この場合、戦略と投資の目的の整合性を図ることは、配当、賞与、ファミリーへの支払い、資金の積み増しといった、相反する要求に押されて、次第に難しいものになっていく。したがって、企業の財務構造に関して共にプランニングを行い、決定を下していくことが、多様な考えを持つ株主の意識を投資へと向かわせる1つの方法である。

本書では、ファミリーによる投資として2種類を取り上げている。つまり財務的投資と人的投資である。

人的投資とは、経営幹部、取締役、ビジネス参加に積極的なオーナー、ファミリー評議会のメンバー、ファミリー財団の管財人等に対するものである。有能なファミリー・メンバーが、オーナーシップやリーダーシップの地位に就いた場合、ビジネスの実行力、さらには投資等の重要な意思決定や各活動について株主等の利害関係者の協力を取り付ける能力は高まる。イタリア国内で有数の兵器製造企業として知られるベレッタのウーゴ・グッサリ・ベレッタ（Ugo Gussalli Beretta）は、ファミリーの投資について次のように語っている。「ビジネスでお金を儲けようとしすぎるのは最も危険なことだ。ビジネスに私たちはお金だけでなく、魂も注ぎ込んでいたのだから」[2]。

本章では、会社のビジネス上での収益やその他の財務的資本を、今後の会社の持続的な成長のために再投資に振り向けることに着目して話を進める（人的資本の育成については第5章ですでに述べた）。財務的資本への投資、それをどのように振り分けるか（分配）、投資の回収をど

[図 7.1] ファミリーの期待とビジネスのニーズを調整しビジネスと投資の戦略を立てる

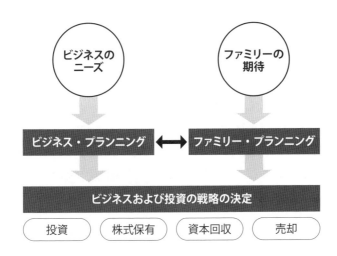

う管理するかということは、ほとんどのファミリー企業が抱える課題である。ファミリーの規模が拡大し複雑になるにつれ、投資すべき分野とオーナーの見解とを一致させるプロセスの重要性は高まる。ファミリービジネスをめぐっては、創業者でありオーナーでもある初代以降は、ビジネスに対するコミットメントの違いによって、オーナーとしての立場から一般的に次の4つの戦略がとられる。その4つの戦略とは、投資、株式の保有、投資の回収、売却である（図7.1参照）。各戦略は、投資に対するオーナーの姿勢やコミットメントをよく映しており、自社が有する価値創造の潜在能力やファミリーのビジネスに対するコミットメントをもとに決定される。

第3部
ファミリーとビジネスの戦略

どれだけダウ・ジョーンズは投資を切望していたか

　財務にかかわる議論というものは往々にして実際の結論にまでたどり着くことはないし、たとえ戦略の改善や新しい投資プランがなくても会社は存続できる。第1章で紹介したバンクロフト家の事例も、ある部分、これと同様のものである。オーナー・ファミリーであるバンクロフト家が会社側に求めるもの（単に質の高いジャーナリズム以上のもの）について経営者や取締役会に、共通のビジョンを上手く伝えることができていたら、ダウ・ジョーンズがたどる結末は違ったものとなっていただろう。バンクロフト家はビジョンを伝えることに加えて、人的および財務的資本への投資にもしっかりと取り組むべきであった。もしバンクロフト家が取締役や統治するオーナー（governing owners）としてビジネスに積極的に関与していたならば、新たな機会や財務投資のシナリオを提示すること等を通じて、ビジネス戦略の構築に貢献できたはずだ。
　バンクロフト家は議決権を有していたので、ビジネス戦略とその実行について、経営側に最終的に説明責任を求めていくこともできた。しかし実際にはバンクロフト家が議決権を有することは有利に働かずに、むしろファミリーはその責任を放棄したようなものだった。結果、バンクロフト家は苦境に陥り、同家の資産は大きく目減りしていった。最終的に、バンクロフト家は、ジャーナリズムについての見解と商売のやり方に嫌悪感を抱いていたルパート・マードックに、会社を売却することにした。
　バンクロフト家の事例から明らかなように、ファミリーによる投資に対する意思決定には、しっかりとしたアプローチが必要である。バンクロフト家は20年以上も費やして、将来像について議論を交わしてきたが、その間にダウ・ジョーンズは新たな機会を逃し、ファミリー・メンバーの更なる配当増への要求は満たされないままであった。バンクロフト家が抱えていた問題として、シニア世代がファミリーの伝統的な

ジャーナリズム観にとらわれ過ぎていたことが挙げられる。他にも、ファミリーに、おそらく戦略や投資についてしっかりとした議論を行う場がなかったことも明らかな問題である。

　ビジネス戦略や新たな機会、ファミリーの投資について議論することを通じて、必然的にもたらされる成果といえば、重要なキーパーソンであるファミリー・オーナー、経営陣、および取締役の各主体が長期的な価値創造に目を向けるようになることである。オーナーは経営陣が策定する戦略プランの影響を受ける一方、経営陣はファミリーによる投資についての判断に影響される。取締役会は経営陣が策定した戦略を再検討するうえで中心的な役割を果たし、さらには、経営陣が決定した配当金と投資の割合について、これに承認を与える役割も担う。オーナーは、取締役会に全権を委任する者もいれば、取締役会や経営陣に自らの意見を表明する者もいたりとさまざまで、場合によってはファミリーリーダーが自らの判断で決断を下す時もある。実際のところ、ビジネスとファミリーが同じ目標とビジョンに向かって進むためには、以上の3者がそれぞれ意思決定に関わっていなければならない。たとえば、経営陣が多額の設備投資を前提とした積極的な成長プランを描いている一方、オーナーは配当やリスクの回避に重きを置いていたとしたら、両者の対立は避けられなくなる。

　次に、ファミリーによる財務的資本に対する投資について、ファミリービジネスが直面しやすい課題と、それがビジネス戦略と将来のオーナーシップに与える影響について探っていきたい。ところで、ファミリーによる投資についての議論において、たとえ正面から取り上げられることはないにしても、人的資本に対する投資についても、この議論の対象に暗に含まれる。財務的資本と人的資本の両投資は密接に結びついている。なぜならば、仮にファミリーがオーナー、取締役、または経営幹部としての立場から、ビジネスに積極的に参加することを通じてリーダーシップの発揮に貢献することができない、あるいは自らそうした姿勢をとろ

第3部
ファミリーとビジネスの戦略

うとしない場合、ビジネスの発展に貢献できる機会は限られるからだ。投資やビジネス戦略の決定に積極的な役割を果たすこともなく、経営陣や取締役の行動にただ承認を与えるだけのファミリーは、ビジネスまたはファミリーのプランニング・プロセスに新たな価値を加えることはできない。

多くのファミリーは、受身的な姿勢で投資の意思決定に関わっているにすぎない。支配権を存続させ、投資資本を生み出し、株主に対して配当を還元するといった問題を取り扱うことは非常に難しいことであるからだ。自らも属するファミリーが創業し、所有し続けてきた「ファミリーの遺産とも言えるビジネス（legacy business）」に対して、これまでと同様に再投資することは、賢明で分別のある判断に思われることが多い。こうしたビジネスにはすでに確立された実績があり、オーナーはこうしたビジネスへの投資を通じてどういったことが期待できるのか予測しやすいからだ。また、ファミリーは脈々と受け継がれてきたビジネスに強い心のよりどころを感じており、ビジネスの永続的な成功について責任感も抱いている。しかしながら、残念なことに、こうしたビジネスへの投資が、いつも富の創造やファミリーの調和を維持するための解決策になるとは限らない。拡大を続けるファミリーにあって、さらには激動の様相を呈するグローバル市場においては特にそうである。

投資におけるジレンマ

財務的資本への投資は、非常に積極的でありかつ能力的にも優れたビジネス・ファミリーにとっても難題となる。それは、ファミリーの将来的な富、オーナーシップ、あるいはメンバー間の関係を決定付ける、あるいは互いに相反させかねない難しい決断を含んでいるからである。本書で紹介したカーギル家の話を思い出していただきたい。カーギル家のオーナー・グループが配当金の増額を要求した際、125年にも及ぶカー

ギルとマクミランの両家によるオーナーシップは完全に再考を余儀なくされた。仮にオーナーが配当を増やす決定を下していたら、投資に振り向けるための資本が減少し、現在の会社はもっと小さく、収益も低い水準にとどまっていただろう。カーギル家がファミリー・オーナーのために持ち株を売却して資金を得るという選択肢も、事態を悪化させるだけである。そんなことをすれば、ファミリーの支配力は低下し、ファミリーのオーナーたちとは異なる目的や時間的感覚を持っているに違いない外部の投資家や株式市場からの厳しい評価に対処することを余儀なくされていただろう。残された選択肢は、何もしないことである。この場合、ファミリー・オーナーは特別待遇の黄金の手錠をかけられているようなものである。少数株主は、より多額の配当を求めたり、あるいは経営陣、取締役、その他の関係者に対して不満を口にし、内部に争いを引き起こして、ビジネスの将来を守ることに集中できなくなる。

　ファミリービジネスの顧問であり、取締役でもあるフランソワ・ド・ヴィスシェ（Francois de Visscher）は、「ファミリービジネスにおける投資のジレンマ」として、支配、ファミリーの手元資金、資本投資の３つの変数の間でバランスを取ることを挙げている。図7.2はファミリーの期待に応えることと、ビジネスのニーズを満たすことの両者をめぐる難しい選択があることをはっきりと表している[3]。これはカーギルとマクミランの両家が実際に経験したことでもある。ここで留意すべきことは、手元資金、ビジネスの成長、ファミリーの支配といった、相反する要求はいずれも、妥当な目標であることには変わりないということである。オーナーが投資に対する配当金を期待し、経営陣が自ら策定した戦略を実行に移すための投資を要求し、ビジネス・ファミリーが自らの会社を支配下に置きたいと思うことはいずれも当然のことなのである。

　一方で、ビジネス・ファミリーは、オーナーシップの世代間の承継を進めて、ビジネスの成長を持続させるには、負債、支配、配当金、報酬等について、新たな考え方が必要であることを認識しなければならない。ファミリービジネスの創業間もない頃、その創業者やオーナー兼経営者

[図7.2] 支配、手元資金、投資にかかわる各ニーズのバランスをとる

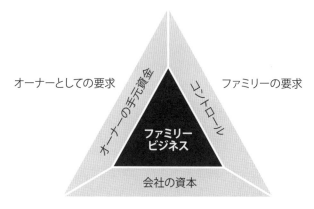

は通常、事業で得た収益を、今後の成長のために、全額再投資に回す。したがって、同時期のファミリービジネスにおいては、利用可能な資本の大半もしくはすべてを事業に振り向ける。しかしながら、ファミリー・メンバーの数が拡大するにつれて、会社が保有する資産に対して同ファミリーの要求が次第に大きくなっていく。最終的に、ビジネス・ファミリーにとっての最重要課題は、自らが保有する資産の保全や資金ニーズとなる。したがって、不幸にも十分なプランニングを行っていなければ、ビジネス・ファミリーによる資金に対するニーズが、ビジネスの成長の源泉となる資金の不足を招くのである。

　他にも、ビジネス戦略や投資にかかわるプランニングを困難なものにしているのは、シニア世代が経営の第一線から退いた後もなお会社の経営判断について影響力を保持しようとすることが挙げられる。シニア世代が賛同しないような戦略プランを次世代やファミリー外部出身の経営幹部が作った場合、深刻な対立が生じることがある。ファミリーによっ

ては、シニア世代が影響力を保持しようとするあまり、承継およびビジネス戦略双方のプランニングが妨げられてしまうところもある。残念なことに、こうしたことは、ビジネスに必要となる資産を奪い、次世代のメンバーが自らのキャリアを築き、実質的にビジネスを率いるリーダーとなる機会を奪うだけである。

ビジネス資本の必要性

　ビジネスに必要となる資金を調達することが、ファミリービジネスの成長や存続に欠かせないことに異論はないであろう。フランスに拠点を持ち、冷凍ハーブを取り扱う世界的リーダー企業であるダレガル・グループ（Groupe Daregal）の社長であるリュック・ダーボン（Luc Darbonne）は、自らの経験を次のように語る。

　　最も大きな問題は、ビジネスは資本によって制約を受けるということだ。当社はニッチ・マーケット（すき間市場）に身を投じており、この業界では世界最大手となった。成長を続けるには世界中に投資する必要があり、そうしないと莫大な利益は得られない。フランス国内だけではそれは難しい。それが問題だったのだ。

　競争に耐えうる力を備え、かつファミリーの要求に応えるだけの企業を創出することが最終的な目標である。しかしながら、ほとんどのファミリー企業が、資本をめぐっての各主体の利害が対立するなかで、折衷的な選択をとることを余儀なくされる。支配権の譲渡を行うことおよびビジネスの戦略的な可能性を認識していることから、オーナーは1つまたは2つ以上の戦略を組み合わせることになる（図6.3参照）。
　カーギルとウェイツの両ファミリー（それぞれ第2章と第5章に登場）はともに、ここで述べた投資におけるジレンマに対処すべく戦略を立

第 3 部
ファミリーとビジネスの戦略

たおかげで、成功したファミリービジネスの支配権を行使できる株主であり続けることができた。カーギルでは、ファミリー・メンバーが保有する株式を買い取るために、従業員持ち株信託が作られ、ウェイツにおいては、創業家の2つの分家が保有する株式を買い戻すためにレバレッジド・バイアウト（leveraged buyout）を活用した。他にも考えられるアプローチとしては以下のようなものがある。

- ファミリーの資産を再編成する。会社の所有権と、その会社が保有する不動産やその他の有形資産の所有権を分離することにより、ファミリービジネス内部の各主体によるさまざまな期待や要求に応えることができる。このアプローチを取ることで、会社本体やその会社に利益をもたらす関連事業は他に売却されるか、ビジネスに積極的に関与する姿勢を示すファミリー・メンバーに譲渡されることも可能になる。一方、その他の資産やそれに関連するキャッシュ・フローは他のメンバーに受動的所得をもたらす。

- 資金を調達するために、より多額の負債を引き受ける。多額の負債を引き受ける目的としては2つのことが考えられる。1つは、新たな戦略を遂行するうえでの資金を調達することと、もう1つは、株主から株式を買い取ることで、そうした株主の個人的な財産プランや資金需要に応えることである。このうち後者については、レバレッジド・バイアウトを通じて、オーナーを退出させるか、あるいはオーナーシップを取り戻したうえでファミリー内の承継者に支配権を譲渡するために、負債が有効に活用される。

- ジョイント・ベンチャー。他の企業とパートナー関係を締結することにより、全リスクや投資を一手に抱えることなく、自社が保有する資源や能力を新たなビジネス上の機会に投入する。

- 選択を行い処分する。会社本体の一部や、十分に活用されていない資産を処分することもある。実際には、ある特定のファミリー・メンバーが保有する株式を買い取るための資金を調達し、これによって、他のファミリー・メンバーによるオーナーシップを存続させる

ために、ビジネスを縮小するという選択が取られる。

　手元資金や会社支配に関してファミリーが抱く期待や要求に着目してみると、ファミリーのオーナーシップと戦略的なビジネス・プランニングの両者を分けて考えることはできないことが明らかとなる。オーナーシップについては不確定な要素があるが、とりわけシニア世代が支配権の譲渡に消極的な場合は当てはまる。こうしたオーナーシップをめぐる問題が、他の要因とともに戦略プランニングを遅らせることがある。並行的プランニングを通じて、たとえば会社の支配権に関わること等、ともすれば感情的になりやすい問題のすべてが解決されるわけではないが、プランニングの実践を通じて、こうした問題に着眼することで、投資判断を推し進めるための方法が得られるのである。そのいくつかを以下に記すが、それらは、たとえファミリーが困難な状況に置かれていても上手く作用するはずである。

ファミリービジネスのコミットメントとオーナーシップ

　ファミリーのコミットメントには2つの側面がある。それは、意志（ファミリーが信奉する価値観やビジョン）と行動（人的・財務的資本への投資にかかわるファミリーの働きかけ）である。多くのファミリーがファミリービジネスを自ら所有することを「コミットしている」としているが、意志と実際の行動を一致させることは1つの大きな課題といえる。たとえば、次世代メンバー間の熾烈な対立や、あるいは、オーナーシップやリーダーシップの承継にかかわるプランニングをシニア世代のメンバーに反対されたファミリービジネスを考えてみるとよい。これもよくある話だが、ファミリー・メンバーは通常、ファミリーによるオーナーシップの存続を支持するが、実際には各人が行動で示さない。[4]。

　実際には、ビジネス・ファミリーには、そのコミットメントの強さの

違いに応じて、取るべきオーナーシップ戦略が4つ考えられる（図7.3参照）。前章で述べたように、ファミリーがオーナーとしての立場からビジネスに傾けるコミットメントは、そのファミリーの価値観やビジョンに加え、そのビジネスの戦略的な可能性にも左右される。ファミリー・オーナーはファミリーの期待や要求に基づいて、自らの持ち株について、その全体での比率を上げることも、それをそのまま保有し続けることも、資本を回収することも、あるいは売却することもできる。

　オーナーとしての立場からファミリーが取る戦略は、その企業の将来の戦略可能性によっても変わってくる。高い可能性を秘めた企業においては投資が促され、将来性の低い企業では資本が回収される。「投資」や「持ち株の保有」という戦略を取るということは、投資に対するコミットメントが高〜中レベルであることを示し、一方、「資本の回収」を選択するということは、投資に対するコミットメントが中程度であることを示し、ファミリーに長期的な資金を確保したいとの意図がうかがえる。「資本の回収」という戦略を取ることは、ビジネス・ファミリーはファミリー・メンバーからの要求に応じて自らの富を分散するか、またはオーナーシップを縮小するべきだと考える者もいるということを示している。

　また、市場環境によっては、ファミリービジネスを売却する場合も考えられる。ブラックウェル・ベンチャー（Blackwell Ventures）の代表であるフィリップ・ブラックウェル（Philip Blackwell）は、最終的に出版事業を売却することにした経緯について次のように語っている。

　　出版業界の展望は「食う（eat lunch）」か「食われる（be lunch）」かであった。しかし当時の大型買収の案件すべてに、我々が想定していたものよりも30％から40％高い価格が提示されていた。こうしたことから、当社にはおそらく自分たちが思っているよりも高い価値があるのだとやっとわかるようになった。当時の出版業界はさまざまな要因が合わさって苦境に立たされていた。学術書出版というビジネスモデルは、外部からの脅威にさらされていた。さらに当社の主要な株主たちは皆一

[図 7.3] ファミリービジネスの戦略的可能性とオーナーシップ戦略の関係

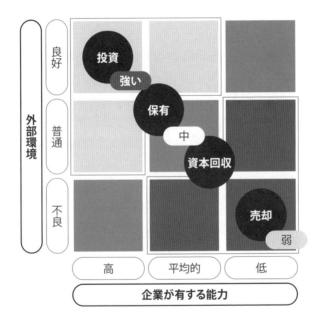

定の年齢に達しており、優秀な経営陣も引退を考え始める年齢に達していた。まさにそのような折、私たちは、当社と同様にファミリーが所有し、我々と同じような価値観を持ったうってつけの買い手を見つけたのだ。

負の投資（Disinvestment）の戦略の最たるものは、ファミリーの持ち株を売却することであり、これは一般にファミリーや市場の状況により有利な売却の機会に恵まれた時や、自社が強力な競合他社による脅威に晒された時や、業界がすでに成熟した時、あるいはマネジメントの承継時に起こる。こうした状況においても大きな利益を上げる企業もなかには存在するが、そのためにはかなりの人的・財務的投資が必要であり、失敗のリスクも大きい。感傷的になって、あるいはファミリーが受け継いできた遺産を守りたいとの思いから、すでに力を失った会社をサポートし続けるファミリーもあるだろうが、やはりこの決断はオープンに議論し、全員がファミリーの投資を続けることの意義を理解しておく必要がある。

対立する利害を調整する

ファミリーが投資または負の投資の割合について決定を下す際、それに付随して決断を下さなければならない項目が多く存在する。事業収益やキャッシュフローをどのように使うか、増資を行うのか、あるいは負債をどう活用すべきかといったことなどが挙げられる。しかしながら、大まかに言って、「金がものを言う」という古い格言にあるように、金額の多寡はコミットメントを測るにはうってつけである。単純に考えて、献身的なファミリーというものはビジネスの長期的な成功のために目先の利益には目をくれずに、利益を再投資して企業をサポートするものである。対照的に、献身的でないファミリーや戦略的な可能性の低いビジネスは、投資を減少させることになるか、もしくはビジネスを売却することになる。

ファミリーの投資は3つの要素に左右される。経営者のビジネス戦略、ビジネスの戦略的な可能性、ファミリーのコミットメントである。ファミリーの投資に対する決定は、こうした各要素が交わり合っている部分によって左右される。交わり合っている部分の大きい企業には、より多くの戦略の選択肢がある。交わり合っている部分の少ない、もしくはまったく無い企業には、実行可能な選択肢は無く、投資を減少するか、ビジネスを売却するしか道は残されていない。

　ある起業家が創始した新たなベンチャービジネスの事例を考えてみよう。その企業家は新たな機会を見出だし、その戦略的な可能性を信じている。その者はビジネス戦略を立て、それを実行に移すべく尽力している。創業者が、自ら創始した新規事業に、自らの才能と財産をすべてつぎ込もうとするのはごく自然なことである。換言すれば、投資の決定は、戦略的な可能性、個人的なコミットメント、戦略の実行によって導かれるということである。

　ここで、3世代続く、ある成功を収めたビジネス・ファミリーについて考えてみよう。同社は43年にわたって存続し、採算も取れているものの、業界には同社の他にも有力な競合先数社も参入しており、市場はすでに成熟しており、競合各社は製造拠点をアジアに移し始めていた。その結果、国内で生産される自社製品の利鞘は小さくなった。同ファミリーには2歳から81歳にいたるまで計26名のメンバーがいる。そのうち3名は経営幹部として同ファミリービジネスで働き、うち1名は取締役会の議長に就いている。メンバー計26名のうち、同社株式を保有する者は22名いるが、議決権付き株式を全体の6％以上保有している者は1人もいない。

　投資の決定を創業者1人が行う場合と、大人数の家族が行う場合とを比較すると、この2つがまったく違ったものになることは明らかである。創業者が1人で行う場合、「これは自分のビジネスだ！」という想いが強く、投資の決定はある意味機械的に行われる。一方、複数のメンバーが集団で投資の決定を行うときにはコミュニケーションが不可欠であり、プランニングを通じて相反する期待や要求のバランスを取る必要が

[図7.4] ファミリービジネスにおける投資：ファミリーの投資を左右する、重要となる3つの各要素の交わり合う部分を最大化する

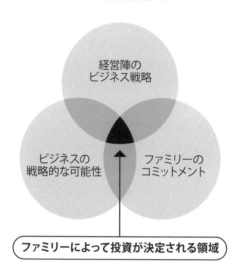

ある。メンバーの中には、配当金の増額を求める者もいれば、自らがビジネスに関与していないことから、持ち株を売却しようと考える者もいるかもしれない。対照的に、経営陣が提示する案に同意し、資産を売却したうえで新たな市場に資本を投入することに賛成するグループが出てくる可能性もある。相反する各要求を調整しながら行われる投資の決定は、創業者が1人で行うものに比べて、その選択の幅は狭いものとなる（図7.4参照）。

　ファミリーによる投資判断とは、オーナーに配当金を支払いながら、経営陣が提示する戦略プランの資金をどうやって調達するかということを決めるものである。本書第6章で述べたように、経営者は戦略的思考を開始するにあたって、まずは自社を取り巻く競争環境を分析し、そこから新たなビジネスチャンスを特定し、自社がそうしたビジネスや新たなチャンスを活用できるように、それに合わせた戦略的アプローチを組み立てる。たとえばすでに述べたように、戦略的な可能性にあふれる企

業であるならば、業界でのリーダー的存在となる戦略をとったり、新たな市場において買収やジョイント・ベンチャーを立ち上げたりといった戦略を立てるだろう。仮にオーナーが、買収の有効性や経済的価値を生み出す新たな市場の将来性を信じているなら、取締役会に働きかけてプランを承認させ、必要となる財務的投資の額を決定することだろう。こうしたオーナーは、その新たな市場を熟知することや経営陣者をサポートすることに、自らの時間や労力を費やすことになるだろう。

ファミリービジネスの投資の決定

　実際のところ、すべての会社が投資の決定を行う必要がある。最新技術の導入、従業員の研修、新製品の開発、新市場の開拓、設備の改良等に資金を投入する必要のない会社など考えられない。ファミリービジネスにおける投資は、将来に向けてのファミリー内での共有されたビジョンを表していることから、とりわけ重要である。ビジネスに対して献身的なファミリーが所有し、なおかつ優れた能力を持つ会社においては、その能力を最大限に発揮するべく、資金とリーダーシップが注ぎ込まれることだろう。一方、ビジネスに対して献身的でないオーナーが所有し、なおかつ能力に劣った企業では、その事業を売却したり、ファミリーの資産が他の目的に使われることになる。ほとんどのファミリービジネスが上記の両極端の中間に位置しており、投資と配当の割合を決定するという熟慮を要する難しい決断を迫られている。

　ファミリービジネス投資マトリックス（Family Business Investment Matrix）（表7.1参照）は、経営陣、取締役会、株主の各主体が、ビジネス戦略および投資判断をめぐって話し合いをする際に有用なツールである。お金については社会的にさまざまな意味合いがあり、ファミリーにおいて、お金にかかわる話し合いを行うことは容易なことではない。ファミリー・メンバーについても、各人がそれぞれお金に対して独自の見方を持っており、それは権力、支配、報酬、承認、安寧、慈善、愛、

[表 7.1] ファミリービジネス投資マトリックス

A ビジネスの戦略的可能性	B ファミリーのコミットメント	C 再投資の割合	D 配当の割合
強	投資	60〜100%	0〜40%
中	保有	40〜60%	40〜60%
中	資本回収	10〜40%	60〜90%
弱	売却	0	100%

思いやりの象徴であるという見方から、あるいは単にビジネスを構築する手段といったものまである。

　投資マトリックスは、投資判断の際に有用なツールである。それは投資判断が感情に左右される余地をある程度少なくして、その代わりに、ビジネスの戦略的な可能性とファミリーのコミットメントとの関係を、より客観的に捉えることができるようにするために使えるものである。ファミリーは、投資について、ただ個人的な意見を述べることに終始したり、感情に流されたりするのではなく、自社の戦略的な可能性に関する経営陣の評価と、それを基に推奨される戦略とを、マトリックスにあてはめてみるのである。仮に、ビジネスの可能性と、経営側が提示する案の実現に必要となる投資の規模に一致がみられる場合、そのときはファミリーのコミットメントを明確にしておくことが、投資の規模と資金の調達先を決めるうえで重要な課題となる。ファミリービジネスの投資マトリックスは、投資と配当の細かな割合を決定することまではしな

いが、ファミリーのビジョンとコミットメントに関する議論にひき続いて、投資について有意義な議論を進められるよう、ある一定の範囲を提示するものである。

　ファミリービジネス投資マトリックスは、ビジネスの戦略的な可能性とファミリーのコミットメントのさまざまな組み合わせに基づき、4つの投資シナリオを示すものである。表7.1中の列Aは、オーナーに対して価値をもたらす能力（潜在能力）である「ビジネスの戦略的な可能性の程度」を、それぞれ強、中、弱で表している。列Bは、ビジネスのオーナーシップを存続させたいとする意思である「ファミリーのコミットメントの強さ」を、それぞれ投資、保有、資本の回収、売却で表している。この列Aおよび列Bから、ファミリーの投資と配当についての最終的な判断が導かれるのである。

　列Cおよび列Dはそれぞれ再投資と配当の割合を表し、これらは負債、新株発行等、外部からの資金調達がない限り、相関的な関係にある。事業上の収益が、配当、内部留保のいずれかに振り向けられるのである。

　ここで、戦略的な可能性が中程度であるファミリービジネスと、そのビジネスに対する投資のいくらかを回収することに決めたファミリー・オーナーについて考えてみよう。このファミリーは、資金のうち60～90%を配当に回し、10～40%を再投資に充てるだろう。投資のいくらかを回収する場合、営業活動によるキャッシュ・フロー（operating cash flow）のほとんどが必要となり、ファミリー・オーナーにその半分以上が支払われることになる。言うまでもないことだが、ここで示されるパーセンテージはあくまで例示的なものに過ぎない。同投資マトリックスで示される投資と配当の割合については、会社や業界において求められる固定資本や運転資本（working capital）の程度、あるいはビジネスの抱える負債が増加傾向にあるか減少傾向にあるかといったことに大きく左右される。

　投資マトリックスは、ビジネスの戦略的な可能性とファミリーのコミットメントによって導かれる、さまざまな再投資のシナリオを明らかにするものである。ファミリー株主は、投資判断の際にはこれら2つの

要素を考慮に入れる必要があり、さらに、ファミリービジネスについてのプランニングを行ううえで、以下に掲げる関連事項を把握しておく必要がある。

- 高いレベルの再投資が必要なファミリービジネスにおいては、高いレベルのファミリーのコミットメントが要求される。

- ビジネスに対して懐疑的な見方をするメンバーやコミットメントが低いメンバーに対しては、その者が保有する株式を売却する機会を提示すべきである。

- ファミリーがビジネスに対して強いコミットメントを持たない場合、取るべき戦略は売却か資本の回収のいずれかということになる。

- ビジネスに対するコミットメントが低いオーナーと、高い能力を秘めたビジネスを運営する有能な経営陣との間には特有の対立が内在する。コミットメントの低いオーナーは、高いレベルの再投資には興味がなく、それゆえ、ビジネスの能力は制約されてしまうことになる。経営陣は、ファミリー出身者であろうと出身者以外の外部者であるとを問わず、自らの職業上の任務や目的を果すためのビジネスチャンスを逃すことになり、欲求不満がたまる。各人が抱えるフラストレーションは、ビジネス内の不和やファミリーの対立の原因となり、ひいては才能ある経営者を失うことにもなりかねない。その結果、会社の能力は減退し、その会社の競争上の地位や財務上の実績にも支障が生じることになる。

- ビジネス・ファミリーは、会社からの支払い（ボーナスや配当金など）を期待し、会社の将来のための再投資に抵抗を示すことがある。こうした状況においては、適切な再投資が行われないことから、すでに衰退へと運命付けられた会社を将来世代が引き継ぐことになったと言っても過言ではないだろう。

多くのビジネス・ファミリーが、人的・財務的資本に対する投資につき、意思決定へと至るプロセスをよりしっかりとしたものにすれば、利

益を得られるはずだ。これはバンクロフト家が直面した課題でもあった。同家のオーナーシップをめぐる方向性の欠如や内紛については、自社が発行するウォール・ストリート・ジャーナルでさえ報じているという有様であった。「会社の運営や業績をめぐっての内輪もめは、今を遡ること20年前、10年前にも生じたが、いずれも収めることができた。しかし今回ばかりはそうはいかなかった。今では年長のメンバーたちでさえ自社の業績に疑念を膨らませている」[5]。

　同ファミリーのなかでも、若手のメンバーたちは、ビジネスを売却するか、もしくは金融情報等の新たな市場に参入するといった、事業戦略の再構築を進め、そのための資金を調達する必要があることを認識していた。しかしながら、投資やオーナーシップをめぐるファミリー全体の合意を得ることができず、結果的に、同ファミリービジネスは10年前の価格よりもさらに安値で売却されることになった。しかもその売却先は、自らの価値観とは相容れないライバルであった。

　投資および負の投資についての判断は、各人のライフスタイル、ファミリーの富の創造、ビジネスの競争力と戦略、ファミリー遺産、心情的な愛着等、ファミリーのありとあらゆる事柄に影響を与えることから、非常に重要となる。企業の収益のうち、再投資と配当にそれぞれどの程度振り向けるかをオーナーが決断することによって、ビジネス戦略はプランニングの段階から実行へと移される。投資の規模と配当についての方針は、一度限りの議論で済むようなものではなく、オーナー、取締役会、経営陣の各主体間での継続した対話を要するものである。投資の規模と配当政策についてはオーナー、役員、経営陣による対話が重要であることにはかわりないが、一方で、次のことを常に念頭においておくべきである。それは、配当の割合を比較的低く抑えておくか、もしくは資本の流動性を確保しておいて、厳しい経済情勢下でも投資を削減する必要がないようにしておくことが賢明であるということだ。そうすれば企業価値は保たれるだろう。

ファミリービジネス
最良の法則

ファミリービジネスの能力と財務的・人的資本を結び付けることにより、価値創造にとってのより好ましい機会が生じる。

ファミリーがビジネスに対して強いコミットメントを持たない場合、事業を売却するか、事業から資金を回収するプランを立てるべきである。

ファミリーのコミットメントとビジネス戦略に食い違いがある場合、ファミリー内部もしくはファミリーと経営陣との間で対立を生むことがある。

適切な再投資を行わないと、将来世代がビジネスを引き継ぐころにはそのビジネスはすでに衰退している。

第 4 部

ファミリーとビジネスのガバナンス

8 ファミリービジネス・ガバナンスと取締役会の役割

　当社の経営陣は、これまでファミリービジネスに尽力してくれた。当社を湾岸地域最大の貿易会社の1つに押し上げたのも、他ならぬ彼らの支えがあったからこそである。その一方で、当社を取り巻く状況は刻々と変化しており、当ファミリービジネスも、経営の承継、オーナーシップの構造、グローバル・ビジネス戦略について、より高度な専門知識を必要としている。

ワリード・アル・サイード（Waleed Al Said）

　ワリード・アル・サイード（68歳）は、10年前に、ワールド・トレーディング（World Trading Company）のCEOに就任した時、前マネジングディレクターで現在は同社会長を務める兄のハマド（72歳）、過去20年にわたって販売担当役員を務めてきた弟のハッサン（64歳）、同社会計主任である従兄弟のカーレド（59歳）、さらにはファミリー外部の者として、営業担当役員（58歳）および財務担当役員（66歳）、以上の5名からなる取締役会を組織した。
　以上の登場人物は、いずれも架空の人物である。しかしながら、こうした設定は、現実世界において典型的な例と言えるのではないだろうか。ワリードの最大の関心事は、次世代のリーダーシップとオーナーシップについてプランニングを行うことである。同社には次世代のファミリー・メンバーの従業員が6名おり、雇用関係にない者たちも含めると、将来のオーナー候補者が11名いた。承継の問題に加えて、ワリードは、ファミリーが手掛ける慈善事業をより専門的なものにする必要があるかどうか頭を悩ませていた。正式にその任に当たらせているわけではないもの

第4部
ファミリーとビジネスのガバナンス

の、37歳になる娘が、ファミリーの慈善事業をとりまとめており、昨年度は49を数える組織や個人に、総額45万ドルを提供した。取締役会がほとんど議題にしない事項には、他にも、同社の拡大する事業外収入の扱いが挙げられる。今のところ、ワリードの従兄弟であるカーレドが、同社会計主任を兼務するかたちで、その管理／運営にあたっている。こうした投資には、不動産、民間の金融機関へのファンド、各種金融商品、ヘッジファンド等が含まれる。

「当社の取締役員の職を務める次代の後継候補者たちは、皆良い仕事をしている。ただ、私の後継となる次期ＣＥＯを誰にするのか？ どのようにして決定すればよいのだろうか？」ワリードは自問する。彼は46歳になる長男が後継者となることを望んでいる。一方、ワリードの弟ハッサンも、次期リーダーとなるに相応しい実績等をこれまであげてこなかったにもかかわらず、ＣＥＯ就任への強い願望を抱いている。

以上に挙げたようにさまざまな問題があるが、とりわけ、次世代へのオーナーシップの承継をめぐる問題の扱いがもっとも困難であると思われる。ワリードの兄であるハマドは、オーナーシップの承継はイスラム聖法に基づいて行われるべきで、次世代のメンバー全員が、同法に従うべきであると考えている。ワリードは、ファミリービジネスを守るためには、現に雇用関係にある者がオーナーを務めるべきであると考えている。次世代のファミリー・メンバーのうち、現にファミリービジネスの現場で働いている者は彼の2人息子だけであることから、次世代のファミリー・メンバー全員を含めたオーナーシップには強く反対している。現時点において、次世代のファミリー・メンバーが11名いるが、全員がすでに結婚しており、その多くに子どもがいる。したがって、ワリード、兄のハマド、弟のハッサンの3人の兄弟が、オーナーシップについて何らかの決定を下す場合、それはビジネスやガバナンスにかぎらず、ファミリー全員の今後の将来についても少なからぬ影響を及ぼすものとなるだろう。

3人の兄弟たちはこれまでこうした問題を直接議論することを避けてきた。こうした問題をあえて取り扱うことによって、その子たちの間に

対立の芽が生じうることを恐れていたのである。彼らは、承継等の問題を扱うことを機にファミリーの関係が崩壊し、恨みを残す結果となってしまったファミリーを数多く見てきた。

ワリードは、最初に、有効に機能する取締役会を設置したうえで、事業についてのファミリーの意思決定と説明責任を向上させる必要があることを認識していた。その一方で、ワリードは、彼の2人の兄弟たちが、自分たちにとって都合が良い現在のファミリー中心のガバナンスを好んでいるということを知っていたので、変更を加えることは困難な作業になるであろうことを認識していた。ワリードは、取締役員の任命やファミリー協定の草案に関しても、いくつかの疑問を持っていた。彼はまた、非事業部門への投資や慈善活動に関して、長期的な視点からプランニングを行い、これらを監視することが必要であることを認識していた。

ファミリービジネスにおけるガバナンスの難しさ

創業家が支配権を握る企業におけるガバナンスと、株式公開企業におけるガバナンスは、基本的に異質のものである。なぜならば、ファミリービジネスのオーナーとファミリーの関係は、市場による評価や圧力から、不採算部門・企業を守る働きがあるからである。INSEADの名誉会長であり、インターナショナル・カウンシルの会長であるクロード・ジャンセンは、以下のように述べて、この点を強調している。

> とりわけ創業ファミリーが株式の大半を握っている場合、同ビジネス・ファミリーでの意思決定において、ガバナンスは非常に重要である。取締役会には、ファミリー内部の者にかぎらず、場合によっては創業家に異議を唱えることも厭わないファミリー外部の者も加えることも不可欠である。第三者的な立場の取締役員は、ファミリー出身者とは違った視点を与えることができ、ファミリー出身者が優勢であるなか、これに対

第4部
ファミリーとビジネスのガバナンス

抗することで、結果的により好ましい説明責任が果されることになる。

　ビジネス・ファミリーには、事業経営とファミリー関係における、より効果的な意思決定とより強固な説明責任を支える並行的なガバナンス機構が必要である。取締役会の役割とは、堅実な事業戦略の策定をサポートし、企業の業績を監査し、優れたリーダーシップが発揮されることを保証することを通して、ビジネスをガバナンスすることである。その一方で、ファミリー集会やファミリー協定を通して、プランニングが推し進められ、ファミリー・メンバーによるビジネスへの参加が促され、ファミリーにかかわるすべての事柄において公正さが担保される。さらに、信頼を得た取締役会は、承継、投資等について重大な決断を下す必要に迫られているファミリーに対して、必要な支援を提供できる場合も多い。フランスを拠点にフローズン・ハーブ事業を手掛けている世界的企業、ダレガル・グループの社長、リュック・ダーボンは、ＣＥＯの役割を次のように指摘している。「企業のトップとは、時に孤独なものだ。自らを顧みる機会が必要だ。さまざまな解決策を示してくれる者が必要だ。より多くの選択肢を得ることができるということは、すなわち、より多くの解決策を手にすることになる。そうすれば、トップの地位にある私は、心地良い眠りにつくことができるであろう」。

　ファミリー・ガバナンスは、ビジネス・ガバナンスと比べると、難解である。なぜならば、取締役会の組織や機能といったコーポレート・ガバナンスとは異なり、ファミリー・ガバナンスは憲法や法律等によって要求される項目が明確にされているわけではないからである。ファミリーがビジネスに参加するということは、ファミリービジネスのガバナンス機構とそのプロセスが、ファミリーの価値観、年齢や性別等の構成、人間関係によって形成されることを意味する。ファミリーの規模が拡大し、複雑になるにつれて、各メンバーは定期的にファミリー集会（より大きなグループであればファミリー評議会）を開催して、積極的にコミュニケーションをとる必要がある。ファミリー評議会は、ファミリーがあまりにも拡大した場合、あるいは地理的に分散してメンバー全員が定期

的に集うことが困難な場合に設置される。ファミリー評議会は、ファミリーにとっての「取締役会」として機能し、コミュニケーションの促進、プランニングや意思決定についての討論機会の提供、さらには、ファミリーの説明責任を促す機会を提供することで、有効なファミリーの関係が構築されることに焦点を当てる。

　本章では、ファミリー企業のビジネス・ガバナンスを概観する。ただし、以下本書で述べるように、ビジネス・ガバナンスとファミリー・ガバナンスは一体のものであり、本来両者を別個に論じることはできない。なお、ガバナンスは、並行的プランニングのプロセスにとって不可欠のものである。なぜならば、ガバナンスについて議論することで、ファミリービジネスにおいてガバナンス機構がはたす補完的な役割、特に取締役会とファミリー評議会の両者の重要性を認識することにつながるからである。さらにガバナンスをめぐる議論は、並行的プランニングのプロセスの成果であるファミリーとビジネスの双方の向上を持続させるツールともなる。本章では、特に取締役会が、ビジネスとファミリーについてのプランニングやファミリーの投資決定に際して、どのようなサポートを行っているのかを考察する。ファミリー集会やファミリー協定を包含したファミリー・ガバナンスについては、第9章において詳しく扱う。

　再び、アル・サイード家に話を戻そう。同ファミリーは、現在のガバナンス機構とオーナーシップ構造が、再検討を要する段階にあるのか否か、重大な判断に下す必要に迫られていた。ファミリー・メンバーおよびメンバー以外の従業員から構成される取締役会は、ビジネスに関わる問題や意思決定については、ワリード、兄ハマド、弟ハッサンの3人の兄弟の助けとはなったが、ハッサンの次期CEO就任という野心といったファミリーにかかわる事案については、助けとはならなかった。

　アル・サイード家も、成功した多くのファミリービジネスのご多分に洩れず、重大な事案について頭を悩まし、上の世代と次世代の双方のニーズのバランスを必死にとろうとしていた。3人の兄弟は、兄弟という絆で結ばれた者同士協力し合い、お互いの長所と短所を受け入れつつ、一方で、反発が予想される困難な問題についてはその扱いを避けてきた。

ところで、子世代にあたるファミリー・メンバー11人は、それぞれ境遇が大きく異なる。事実、学歴、個人的な願望、人生経験、ファミリーの価値観の理解度には差異があり、それらがひいては、対立、誤解、あるいは無関心を産み出すものと思われる。ファミリーが認識しておくべきことは、彼らが適宜何らかの決定を下すことは、重要性の観点からはあくまで副次的なものにすぎないということである。まず、ファミリーは、現世代が何らかの決定を下す際の助けとなるものにかぎらず、将来世代におけるファミリー・ガバナンスおよびビジネス・ガバナンスの礎となるものを創る、並行的にガバナンスを行うプロセスの重要性を認識しておく必要があるのである。

ファミリービジネス・オーナーシップの進化

　ファミリービジネスは、「オーナー経営者」、そして取締役の各役割を兼ねる、少なくとも1人の起業家のもとで開始される（図8.1参照）。1人の専制的なオーナーが存在する段階（Owner-Manager stage）においては、ガバナンスは重要視されない。なぜならば、その時期の創業者もしくは企業家は、創業や事業の確立に関心を寄せる一方、自らのプランニングや意思決定に他人を参加させる必要性を感じないからである。こうした企業家精神にあふれる彼らのスタイルとは、専制的なオーナーとして絶大な力を持ち、事項のほとんどを単独で決定する一方、周囲のサポートを必要としていない。したがって、彼らは、会社支配の中身を明確にしない一方で、事業のあらゆる面に関与し、影響力を行使することを好む。

　創業者の子たち（兄弟パートナー）が結婚し、家族を設け、やがて、ビジネスにおいてリーダーシップの役割を担い始めるようになると、ガバナンスの構造と機能を明確にしておく必要性が生じてくる。この「兄

[図 8.1] ガバナンスと経営に関する創業者モデル

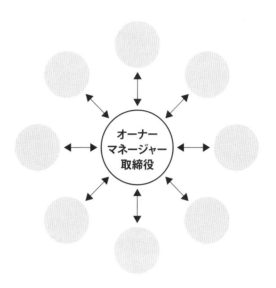

弟パートナーシップ」の段階においては、通常、創業者の子にあたる複数の兄弟姉妹が共同でオーナーシップを受け継ぐことから、専制的なオーナーの時代とは明らかにオーナーシップの構造が異なってくる。複数の兄弟姉妹のうち、単にオーナーシップのみを有する者が現われてくることから、所有と経営の役割の分離が生じる。オーナーシップの役割は、変遷を続けながらも、最終的に以下の5つのものに落ちつくと思われる。こうした各役割は、ガバナンスの構造がいかなるかたちをとろうとも、それぞれで異なったモチベーションや期待が存在するものと思われる（図8.2参照）。

「兄弟パートナーシップ」期における所有と経営の分離、事業の複雑化、ファミリーの拡大は、非公式な仕事の打ち合わせや分担された権限が、取締役会、株主総会、ファミリー集会などのガバナンス機構によって取って代わられることを意味する。また、ビジネスが専門化するにつれ、高度に訓練された役員やファミリー出身者ではない取締役員も登用するよ

[図 8.2] ファミリー・オーナーシップとガバナンス活動の諸段階

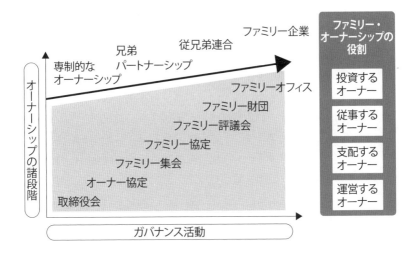

うになると、従来型のガバナンスは、プランニングや重要な決定を下す際には、もはや有効ではなくなってしまう。

「従兄弟連合」や巨大な「企業形態のファミリービジネス」の段階になると、ファミリー・メンバーや姻戚の数が一層拡大し、ビジネスとのつながりや家族関係が希薄になる場合が多いことから、より明確なガバナンスがこれまで以上に要求されることになる。ファミリーが拡大を続ける中、創業者と同じ時間を過ごしたり、あるいはファミリービジネスの現場に近いところにいたりするファミリー・メンバーが相対的に少なくなるにつれて、心理的オーナーシップ（psychological ownership）とも称されるファミリーの感情的なつながりが弱まっていく。従兄弟によっては、これまでファミリービジネスとは関わったことのない者をその親に持つ者もいるかもしれないし、そうではなくとも、ビジネス上のキャリアを持たず、おそらくはビジネスに関する知識を備えていない従兄弟もいるかもしれない。姻戚も、ビジネスの専門知識を買われて、も

しくは婚姻を機にビジネスに参加することになる。ビジネスに参加するにいたった経緯はどのようなものであれ、拡大したファミリーの下では、ほとんど必然的に、異なった役割を担う各オーナーが多数存在することになる。「従兄弟連合」期においては、ファミリー投資（family investment）や慈善活動等の非事業部門への関心も増大する。「従兄弟連合」期においては、ファミリー・メンバーが明確なガバナンス構造や機能を求めるようになる。通常、ファミリー集会、成分化されたファミリー協定、ファミリー評議会が設置、策定され、資金が豊富で大規模なファミリーでは、ファミリー・オフィスまたはファミリー財団が設けられる場合もある。ファミリーがビジネス以外に関心を示し始めるということは、ファミリーの関心事がビジネスそのものというよりも、そのプランニングや意思決定へと移るか、あるいはビジネス以外の活動へと移ることを意味している。（図8.3参照）。

「従兄弟連合」や「企業形態のファミリービジネス」の段階においては、ファミリー・オーナーの役割が、会社の経営とは離れて、次第に、財務等、受身的なものへと変わっていく。これに加えて、ビジネス部門を統括する取締役会に加わるよりも、ファミリー評議会、ファミリー・オフィス、あるいはファミリー財団の委員として参加するファミリー・メンバーの数が多くなる。ビジネスが成長し、やがて成熟していくにつれて、その経営は、専門的知識を有するファミリー出身者またはファミリー出身者以外の者で構成される取締役会に委ねられるようになる。世代を経るにしたがい、各分家や世代からのファミリー参加者の数が増大すると、より洗練されたファミリー・ガバナンスとそのプロセスが必要となってくる。事業規模とその時々の株主数については、ファミリービジネスと株式公開企業とで、概ね似たような傾向を示す。

　12の世代を数え、1,000名を超える株主を抱えるウェンデル家（Wendel family）の事例をみてみよう。創業300年を誇る、フランスの老舗ビジネス・ファミリーは、一般的な株式公開企業に比べて多くの株主を抱える。同ファミリービジネスの取締役を務め、ファミリー団結

第4部
ファミリーとビジネスのガバナンス

[図 8.3] 企業形態のファミリービジネスにおけるガバナンス：
ファミリー・オーナーの役割が、ビジネスの経営から、ビジネス以外の諸活動に移行

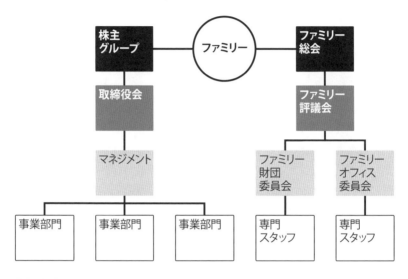

委員会（Family Cohesion Committee）の議長を兼務するプリシラ・ド・ムスティエ（Priscilla de Moustier）は、同ファミリーについて次のように語る。

　270年間、ウェンデル家はフランスのロレーヌ地域で鉄鋼業を営んできた。我々は、フランス革命、普仏戦争、第一次世界大戦、第二次世界大戦といった苦難を乗り越えてきたが、1970年代に入り、我々のビジネスは政府によって国営化されてしまった。我々は、一瞬にして、ビジネスのみならず、アイデンティティさえも失ってしまい、ロレーヌへの郷土意識も薄れてしまった。

　同ファミリービジネスは今日に至るまで自らを再興し、再投資してきた。一方で、プリシラ・ド・ムスティエは、次のように語っている。「我々が頭を悩ましていることは、今や1,000人を数え、今後もますます増え

293

続けるであろうファミリー株主を、どう結び付けておくかということである」。

　ウェンデル家は、ファミリーのコミットメントを維持するためには、決算報告書や投資戦略に関するレポートを開示するだけでは不十分であることを認識していた。それゆえ、ファミリーの価値観の浸透を目的に、ファミリー表彰プログラムを創設した。同プログラムの下で2つの賞を設けて、起業家精神に富んだ偉業を達成したか、または人道主義的なプロジェクトを行った次世代のファミリー・メンバーを表彰し、これらの者たちを高く評価している。さらにウェンデル家は、教育や組織内での情報交換の重要性を認識していたことから、次世代の者を対象とした、財務とファミリービジネス・オーナーシップに関するセミナーを企画した。ウェンデル家はさらに、株主の代表者を対象とした夕食会を定期的に開催し、その席に、シニア世代のファミリー・メンバーを講師として招いた。プリシラが強調するように、「ファミリーの強固な結びつきを維持することは容易なことではない」のである。

　ファミリービジネスのオーナーシップの形態の諸段階において、ビジネスもしくはその業績についてそれほど関心があるわけではないが、心情的な理由、相続上の理由からオーナーに留まっているような受身の姿勢のファミリー・オーナーがいるかもしれない。ファミリービジネスは創業者によって開始されて以降、親族によって運営され続けるということから、単にファミリー出身のオーナーは企業に対し感情的なつながりを持っているにすぎない。米国を拠点とし、100年以上にわたって同一のファミリーによって所有されてきたナッシュ・エンジニアリング（Nash Engineering）の82歳になる女家長は語る。「私は自社を特段、ビジネス（企業）であると考えたことは一度も無く、ただ単にファミリー、そしてファミリーが行っているものにすぎないものだと捉えてきた」[1]。

第4部
ファミリーとビジネスのガバナンス

ファミリーとビジネスそれぞれの
ガバナンス活動を同時進行させる

　ファミリーとビジネスのそれぞれのガバナンス活動の整合性を図り、相互支援的な相補的なものにするという目的のために、並行的プランニングほど有益な手段は無い。ビジネス・ファミリーが並行的プランニングを適切に実践することができれば、ファミリーおよび経営陣の各主体がそれぞれ個別に協議している、ビジネスに対するファミリーのコミットメントや貢献に関する事項、あるいは、ビジネス戦略や業績に関する話題などに関し、ガバナンスを通じて、ファミリーと経営陣の双方間で対話が促進されることになるだろう。取締役会が有能な経営陣や有効に機能するファミリーの協力を得られるのであれば、企業価値の創造や長期的なオーナーシップの存続についてのプランニングやその実行に向けて注力するようになるだろう。ファミリービジネスにおいては、ファミリーとビジネスの各ガバナンスは明らかに相関しており、経営陣が策定した事業戦略やリーダーシップ・プランを取締役会が監視し、これを通じて、財務的および人的資本に対するファミリーによる貢献を後押しするという関係になっている。
　多くの国において法律上設置が義務付けられている取締役会は、いかなるファミリービジネスにとっても主要なガバナンス機構である。創業間もない頃のファミリービジネスにおいては、取締役会は、第一義的には、税制およびその他法令の関係上、設置が求められている主体であり、第二義的には、オーナー兼マネージャーにとっての相談役に位置付けられる。取締役会はまずは顧問委員会として組織され、オーナー兼マネージャーにとって信頼できる従業員、法律家や会計士等の専門アドバイザー、あるいは友人・知人によって構成される。同委員会は非公式的にオーナー兼マネージャーと面会し、事業計画や意思決定につき協議する。やがてビジネスが成長し、所有と経営の分離が進むにつれて、同委員会

が担う役割も以前のものに比べてより公式的かつ専門化する。こうした役割としては、意見の提示、経営側による行動の監視、承継をめぐっての対処、業績の評価が挙げられる。

　図8.4に示すように、取締役会は、ファミリーとビジネスのガバナンスを支える、通常6つの一般的な機構のうち一角を占める。ファミリーとビジネスにおけるガバナンスについては、直線的な経路をたどるようなものではないことから、図8.4にあるように循環的なフォーマットで表してある。ファミリーによっては、一方的にガバナンスを引き受ける取締役会を有している一方、まずは取締役会において協議を行うものの、その後、当該取締役会が他のメンバーに働きかけてファミリー協定を作成する方式を取るところもある。参加を通じてファミリーにオーナーとしての強い自覚が生まれることから、ファミリーとビジネスにおける理想的なガバナンスとは、民主的であるべきである。

- 取締役会。有効に機能する取締役会は、以下に挙げる2通りの基本的な方法を用いて、並行的プランニングのプロセスを統合し、これを後押しする。取締役会は、プランニングを推し進め、迅速な意思決定を通じて、ビジネス上の重要な問題の解決に努める。強力な社外取締役は、ビジネスとファミリーの行動について、より高いレベルの説明責任を求める。

- 株主協定（shareholder agreements）。創業者が共同出資者もしくは会社形態で自社株を100%保有している場合、オーナーシップの形態は非常にシンプルである。創業者がその子に所有権を譲渡することを選択肢の1つとして検討し始めたとき、あるいは創業ファミリーによる会社支配の存続性を確かなものにするため、税制上の優遇措置を得るため、またはファミリー内部の対立を事前に回避するために、会社の構造を改めることを決めたとき、オーナーシップの構造はより複雑になる。関係してくると思われる法的合意としては、信託、遺言、定款（foundations）、議決権に関わる取決め、売買契約等が含まれる。ファミリーによっては、オーナーシップの存続を確かなものとするために、持ち株会社、合資会社、信託、ま

[図 8.4] ファミリービジネスのガバナンス活動

たはさまざまな種類の株を発行する法人組織にするところもある。

- ファミリー集会。ファミリー企業によっては、ファミリー集会を日常的に開催しているところもある。実際に、非公式的なものであれば、たとえば食事、休日、または宗教的な行事においてさえ、ファミリー・メンバーが集うときには、集会が開催される。INSEADのMBA修了生であり、次世代のファミリー・メンバーの１人であるバシリキ・アニフィオーティ（Vasiliki Anyfioti）は述懐する。「私は、家族での食事や団欒において、いつもビジネスに関する話題が取り上げられていたことを今でも思い出す」。ファミリーの規模が拡大するにつれて、あらかじめ議題を明確にしたうえでファミリー集会を定期的に開催することが、ファミリー間でのコミュニケーションを確保し、連帯感を維持するうえで欠かせない。

- ファミリー協定。これはファミリーにとっての「憲章（charters）」「規約（constitutions）」「議定書（protocols）」としても知られ、その本質は、各ファミリー・メンバーの権利、義務、他のメンバーや

会社との関係についての倫理上の取り決めである。こうした協定には、価値観、行動基準、雇用、報酬・福利厚生ガイドライン、紛争処理の手順、取締役会との関係、ファミリーの教育、ファミリー評議会の役割、慈善事業、配当および投資についての方針が明確に記載されている。

- ファミリー評議会。ファミリーの規模がさらに拡大した場合、ファミリー評議会がファミリー集会を正式なものに改める。ファミリー評議会は、ファミリーから選出された少数の代表者により構成され、ファミリーの行動に関連して生ずる問題を議論したり、計画や方針を定めたりする。ファミリー評議会はさらに、ファミリーの結束を構築することに取り組み、また各ファミリー・メンバーの能力開発やビジネスへの積極的な参加を促進すべく尽力する。

- ファミリー・オフィスおよびファミリー財団。この2つの組織はファミリーが有する資産の管理や、ファミリーによるビジネス以外の諸活動をサポートする役割を担っている。ファミリー・オフィスの主な役割は、ファミリーの金融資産の管理と投資、ファイナンシャル・プランニング、保険、法務、税務上のアドバイスとサポートなどである。ファミリー・オフィスが、ファミリー評議会の活動のサポートを行う場合も多い。ファミリー財団は、慈善事業の企画・運営のために設けられる。

ファミリービジネスは上記のガバナンスを達成するための組織すべてを備えておく必要はない。一方で、複数の世代から構成される大規模な企業のほとんどにおいて、上記の各機能を担う仕組みは必要とされている。オーナー・グループに権限が集中し、メンバー間の強い連帯感がよりいっそう求められ、なおかつ活動領域が拡大するにつれて、ファミリービジネスにおいて、相反するファミリーとビジネスの各目標の整合性を図るためのしっかりとした並存的なガバナンス構造を備える必要性が生じてくる。

ファミリービジネス・ガバナンスの役割と責務

　株主もしくは会社を代表する取締役会、全ファミリーを代表するファミリー評議会は、ファミリービジネスのガバナンスを促進する。有効なガバナンス機構を構築することを検討するファミリーは、互いに相関性を持つ取締役会とファミリー評議会の2つの組織の責任と関係性について最初に議論を行う必要がある。ビジネスとファミリー双方の各利益を調整することが必要であることが認識されるようになるから、これが並行的プランニングの重要な強みである。図8.5はファミリー評議会と取締役会が、ファミリー総会（年次ファミリー集会）および株主グループそれぞれに、報告を行う対等な組織であることを示している。報告の仕組みはファミリーによってさまざまであり、図8.5は、各ビジネス・ファミリーが、当該ファミリーの価値観やビジョンおよびオーナーの形態に基づき、ファミリー評議会と取締役会との関係性につき合意を与える必要があることを示すものにすぎない。並存するファミリー評議会および取締役会を対等に位置付けているファミリーがある一方で、最終決定権をファミリー評議会に付与しているファミリー、あるいは対照的に取締役会に付与しているファミリーもある。

　たとえどのような階層的関係、あるいは報告上の仕組みを備えようとも、ファミリーとビジネスの各役割は重複し合う部分があることから、ファミリー評議会および取締役会には情報の共有と協調的行動が往々にして求められる。これらの組織はお互いに単なる意見交換程度のものを行ったり、あるいは、困難な状況においては、お互いに意思決定への参加を要請し合ったりするかもしれない。ファミリー協定、オーナーシップの移譲、マネジメントの承継、およびビジネス戦略に関する意思決定やプランを双方の組織で共有することは、ファミリーとビジネスの相補性を確保することにつながる。ファミリービジネスにファミリー評議会と取締役会を並存させることによって、ファミリーとビジネスの各システムのすみ分けを明確にしつつも、プランニングの際には双方のシステ

[図 8.5] 基本的なファミリービジネスのガバナンス組織

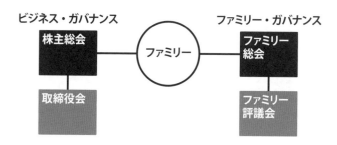

ム同士の整合性を図ることがまさに可能となるのである。

取締役会の役割

　取締役会は法律上明記された義務や責任を有することから、あらゆるビジネス・ガバナンスの土台となる。取締役会は、その会社が設立を届け出ている国の法により、会社、従業員、オーナーの各主体の利益を代表する。たとえば、米国では、取締役会は伝統的に株主の利益を代表し、英国では会社の利益を、ドイツでは労働者の利益を代表する。しかしながら、グローバリゼーションが進展し、ガバナンスに対する意識にも変化が見られ、こうした傾向も若干変わりつつある。現在、多くの国において、取締役会が、より広範囲の利害関係者を代表するものとして、自らの役割をより広い視点から捉える動きが見られる。

　取締役会は、会社が保有する財産を保護し、優秀な経営陣が登用され

るよう尽力し、さらには株主価値を高めるビジネス戦略を後押しすることについて、責任を有する。取締役は株主によって選出されるかもしくは任命され、法に則り、会社を「運営」するのではなく、会社の行動を指揮する。ファミリービジネスにおいては、取締役会は一般的にファミリー・メンバーで構成されるが、会社外から経験ある実業家を招き入れることが最も望ましい。理想としては、過半数の取締役、あるいは少なくとも3～4名の取締役が、会社と利害関係に無い第三者的立場の者、もしくは外部者であることが望ましい。ダレガル・グループのリュック・ダーボンは、実際に同社の取締役として会社外部の者のみを登用することが独立性を確保するために重要であるということを信じている。「当社の取締役会は外部の人間のみで構成されており、その多くが60代前半である。定年退職後、間もない時期であることから彼らは非常に有能である！　当社におけるあらゆる意思決定につき、その重要なものについてはすべて取締役会が行う」。

　取締役会の重要な任務については、以下のものが挙げられる。

- 企業の業績の監視とCEOの評価
- 経営幹部への助言およびサポート
- 戦略的プランニングに対する貢献
- ファミリー従業員のキャリア支援および指導
- ファミリー株主と経営陣の橋渡し
- 非ファミリーの利害関係者の要望を伝える

　取締役会はビジネスに関する正式な役割に加えて、ファミリーとビジネスとの橋渡し的な役割も担う。バーレーン国内のファミリービジネスの社外取締役であるレドハ・A・ファラジ（Redha A. Faraj）は指摘する。「社外取締役はファミリービジネスでの議論や意思決定において重要な緩衝材となる。こうした取締役は、ファミリーに対して問題を別の視点

から捉えるように目を向けさせてくれる」。社外取締役は、経営陣とファミリーとの間に立ち、折衷的な第3の視点を提示することができる。
　さらに社外取締役はビジネスの将来の事業戦略のプランニングや意思決定において欠かすことができないほど重要な役割を果たす。ファラジは次のように語る。

> ファミリー・オーナーはビジネス上要求される知識等を備えていない場合が多く、それゆえ彼らが何らかの助言を必要とするとき、外部から招かれた社外取締役が貢献することができる。一例としてビジネス上のライフ・サイクルを考えてみたい。ファミリー・メンバーは自らのビジネスが成功を収めると、「今後も同じ戦略を続けよう」と考える。こういったメンバーに対して社外取締役は、いつかビジネスが成熟し、利益を上げられなくなり、競争的でなくなることを知らせる必要がある。

　こうした社外取締役をメンバーに抱える有能な取締役会はさらに、次世代メンバーに対して、ビジネス・ファミリーにとって、新たなアイデアを創出することに限らず、オーナーシップと経営に関して専門職業意識を持って臨むことが重要であることを説く役割を担う。

ファミリー評議会の役割

　ファミリー評議会とは、ファミリーの「取締役会」であり、全ファミリーを代表し、ビジネスとファミリーの各システムの重複部分から生じるオーナーシップ、またはキャリアに関わる問題のプランニングや仲裁を行うガバナンス・メカニズムを提供する。ファミリー評議会の重要な役割は以下のものを含む。

- ファミリー協定の検討と更新
- ファミリーの価値観や共有されたビジョンの検討および伝達

- 教育、社会参加、交流にかかわるファミリーの諸活動のプランニング
- ファミリーの諸決定と紛争の仲裁
- ビジネスに対するファミリーによる貢献の高度専門化

　複数の世代を抱えるような規模の大きなファミリーにおいては、メンバー全員がビジネスに参加したり、あるいはメンバー同士の交流の機会が限られたりする場合が多い。（「成人」のファミリー・メンバー全員、あるいはファミリーによっては姻戚のメンバーを含んで開催される）ファミリー総会や株主グループ（shareholder group）は、取締役会やファミリー評議会のように有効に機能する組織であるとは必ずしも言えないものの、毎年開催され、取締役会やファミリー評議会の行動について協議し、これに承認を与える機会がある。ファミリー総会では主として社会的活動に加えてその他ファミリーによる活動について話し合われ、一方、株主グループは会社の財務実績や業績について話し合う。

取締役会とファミリー評議会の参加基準および役割

　取締役会がビジネスや経営を対象領域としている一方、ファミリー評議会は社会、教育、対人関係に関わる問題を扱っていることからして、各組織それぞれに参加する際に求められる要件は違ってくるものと思われる。図8.6はファミリー評議会、取締役会、株主グループの各組織の役割と参加基準の違い、ならびに各組織の相互関係を示している。ビジネス・ファミリーのメンバー同士は対人関係をめぐる問題に直面することから、こうした問題を扱うファミリー評議会の参加基準としては全ファミリーを代表することが要求される。取締役会は会社の業績について扱うことから、メンバーの参加基準として高度専門的な能力を有していることが求められる。株主をはじめとするオーナー・グループは資産や価値創造について扱うことから、株式を持っていることが参加条件となる。

[図 8.6] ファミリービジネス・ガバナンスの各組織の責任と参加基準

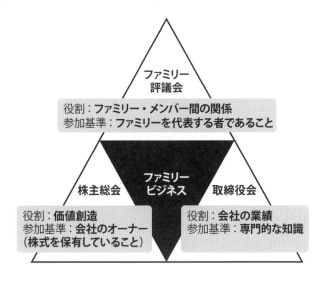

有効に機能する取締役会

　最良のファミリービジネスでは、有能かつモチベーションの高いCEO、尊敬されたかつ有能な取締役会の議長、経験がありかつ積極的な姿勢を示す取締役員、コミットしたオーナーから構成される強力なチームがトップに就いているものである。有効に機能するガバナンスは、ファミリーにとって、ビジネスに対して一定の影響を及ぼす際の最も重要な仕組みの1つであり、経営陣が策定する事業シナリオに重大な影響を及ぼすこともある。ガバナンスを通じてファミリーは力強いファミリー主導の経営陣をサポートし、一方ですべてのファミリーの利益が経営側に反映されるよう働きかけることもできる。仮にファミリー出身者以外の

メンバーで構成される経営陣がビジネスを率いる場合、取締役会はファミリーの利益や財産が適切に保護されるように経営陣の行動や会社の業績を監視することができる。本節では、ファミリーおよびビジネス全体が成功を収めるために取締役会がどのような貢献を果たすことができるかを考える。ただし、有能で効果的な取締役会を組織し、これに権限を与える責任はオーナーにある。

取締役会を設けることについて
ファミリーによる意思決定

並行的プランニングを経て、特に会社外部の者を取締役として招き入れて有効に機能する取締役会を組織する例は多い。並行的プランニングのはじめの段階において、ファミリーは、自らのビジョンを反映させるために、規律を重んじ、説明責任を明確にする必要があることを認識する。ファミリー集会を通じて、取締役会を設けることが会社およびファミリーの双方にとって恩恵があると思われることがはっきりしてくる場合が多い[2]。取締役会の設立にあたって必要な事項としては以下のものが含まれる。

- 取締役会の役割と意思決定権限

- 取締役会の構成（経営陣、ファミリー、および社外取締役）

- 選任の基準、任用の手続き、取締役の任期

- 取締役会および同役員の業績の評価方法

- 取締役会の議長の役割およびＣＥＯとの関係

- 取締役会の役員報酬

取締役会が、綿密な準備を経た末に設立され、なおかつ明確な権限と責務が与えられている場合、それはファミリービジネスにとってかけがえのないほど有益な存在となる。しかしその逆の事例もありうる。強大

なＣＥＯの独断に断固対抗する姿勢を貫こうとするファミリー・メンバーで構成された取締役会は、対立と負の感情を産む新たな温床でしかない。

　外部の者、あるいはファミリー内部の者であっても若すぎるメンバーが含まれる取締役会に権限を付与するようなことはあまりしたくないことである。こうした理由から、ファミリーによっては、正式もしくは法律上の機構を備えた取締役会ではなく、取締役会以外にも客観性を担保できると思われる諮問委員会（board of advisors）を設けたうえでガバナンスを開始するところもある。

取締役会と並行的プランニング

　本章ではこの後、いかにして取締役会が本書でこれまで取り上げてきた並行的プランニングに貢献するか、あるいは有効に機能する取締役会がいかにして並行的プランニングを後押しするかについて簡単に触れておきたい。取締役会は、オーナー・ファミリーおよび経営陣が、ビジネスの存続へのコミットメントを肯定的に捉えることを促す。それはさらにオーナー・ファミリーがビジネスへの参加や承継、ならびに投資をめぐって考えを深めることを後押しする。最後に、取締役会は、経営陣による事業戦略の策定において、重大な価値を付け加えることもできる。

取締役会とファミリーの価値観

　多くのファミリーが、取締役会を、ファミリーの核となる価値観（core value）やファミリービジネスに脈々と受け継がれている哲学を深化させ、明確にする役割を担っているものと考えている。ファミリーに対してその価値観だけを問うことは、その他のファミリー固有の信念や原則を見逃すことになりかねない。社外取締役は、ファミリーの歴史や行動

を新鮮かつ客観的な視点で捉えることができる。このような観点から取締役たちは、バリュー・ステートメント（value statement：行動規範）およびコミットメント・ステートメント（commitment statement：経営理念）を起草するようファミリーに対して求めることができる。ただしそれは、内容が充実してかつ詳細におよび、オーナーにとっては賞賛せずにはいられないほどの満足できる内容のものである必要がある。

　さらに取締役会は、経営陣が事業戦略を策定している際、有益な役割を果たすことができる。取締役会は、経営陣に対して、そのビジネスに関して自らが有する見識を結集するように、さらには、長期的な目標についてはより現実的かつ明確であるように促すことができる。社外取締役であれば誰でも、重要な任務とは、経営幹部に対して、挑戦的な思考を要する啓蒙的な質問を投げかけることである。取締役がこれを実行する場合、優秀な経営陣であれば自らの思考が深化しつつあることを敏感に察し、それがひいては並行的プランニングでの戦略策定にも良い方向に働く。

　最後に、並行的プランニングの初期段階に取締役会を組み入れることで、オーナー・ファミリーおよび経営陣の各代表が共有されたビジョンを確認するうえで貴重な討論の場が与えられることになる。各代表が討論を通じて、互いに他方からの指摘を受けたり、支持を取り付けたりすることができるのであれば、オーナー・ファミリーおよび経営陣の双方にとって、見解の一致が見られ、より自信に満ちたコミットメントを創り出すことができるはずだ。

取締役会とオーナー・ファミリーのコミットメント

　ファミリーが自らのビジネス参加について議論を行う際、特にファミリー企業が非公開企業である場合には、取締役会はさまざまな側面からこれをサポートすることができる。取締役会は、ファミリーが明文化されたファミリー協定を作成する際、非常に重要な相談役としての役割を果たす。多くのファミリーが協定の草案を作成し、それを正式文書とし

て完成させる前に、取締役会にビジネス条項を盛り込むように求める。これにより、ファミリーが作成する協定にビジネス的な側面が完全に取り込まれることになる。真にファミリーの成長や幸福を考慮する社外取締役を持つビジネス・ファミリーこそが最も幸せである。ファミリーの求めに応じて客観的にサポートできる機構は、有能な取締役会をおいて他には存在しない[3]。

　取締役会はさらに、プロフェッショナルとして専門的な基準をビジネスに設定することを通じて、間接的にファミリーのガバナンスとプランニングに貢献する。社外取締役を含む取締役会は、プランニングと意思決定のプロセスに参加する他の者にとって模範となる。とりわけ取締役がファミリー集会の場に招かれ、個人的にも各ファミリー・メンバーと親交がある場合、こうした取締役会は（プランニングと意思決定に当たり）公平なプロセスを確保しさらに高めることができる。社外取締役とオーナー・ファミリー間の親密な関係は、集会の議題や議事録の共有によっても促される。他にもファミリー集会と取締役会のそれぞれの開催日を同一にすることも考えられる。たとえばファミリーもしくは株主が午前中に集い、取締役会と一緒に昼食をとり、午後に各ミーティングを行うことが考えられる。昼食を共にすることで、ファミリーとビジネスの各ガバナンス活動において交流の機会が生じる。

　ファミリーが次世代メンバーを経営幹部候補やリーダー候補とした場合、ここでも取締役会が重要なサポートを行うことができる。取締役は、次世代のメンバーにとって、自分が現実に役職に任用された場合、信頼のおける相談相手になりうる。取締役はさらに、ファミリー企業の枠内にとどまらず、事業や人生に関する相談のネットワークを提供してくれる。次世代メンバーがファミリー企業にフルタイムで雇用されていれば、取締役は、その若きメンバーに対し報酬のあり方や決定に関する客観的な視点を提示することができる。さらに何よりも重要なことは、取締役会は、各ファミリー・メンバーに対して、個人的な業績やキャリア形成に関して、第三者的な視点から、信頼に値するフィードバックを提供することができるということである。

また、取締役会は、承継プランの作成においても重要な貢献をする。いかなる会社であっても、取締役会の一般的な役割の1つとして、CEOと協力して、適任の後継者および上級幹部候補のチームを適切に育成することが挙げられる。承継プロセスに積極的に関与する社外取締役は、ファミリー・メンバーにとって困難もしくは不可能であると思われるような意思決定も行うことができる。ファミリーと親交があり、信頼を得ている取締役が行う意思決定は、ファミリーにとってより受け入れやすく、ファミリー内で生じる争いや対立を緩和することにつながる。

詳しくは次章で触れるが、ファミリーが今後のオーナーシップや遺産配分のプランについて扱うときに、ファミリーは最も困難な状況に陥ることになりがちである。ファミリーからの信頼を得る取締役会は、困難な判断を迫られるこうした繊細な問題について、ファミリーのサポート役となることができる。一方で、取締役会が果たす象徴的な貢献として、社外取締役もメンバーになっている取締役会の存在そのものが、高度専門家としてのコミットメントを体現しているようなことも多い。さらに社外取締役は、ファミリーのコミットメントが、ファミリービジネスに対する受託責任を忠実に履行しているということに関しお墨付きを与える役割を果たすこともある。ファミリーが、積極的に社外の第三者が含まれる取締役会を設立し、説明責任の履行を取締役会と共同で果たそうとしていることが明らかな場合には、そのファミリーがこれまで以上に他者の利益に配慮し、ビジネスの今後をより一層真剣に考えようとする姿勢になっていることは、誰の目にも明らかだろう。

取締役会とビジネス戦略

有効に機能する取締役会を持つファミリービジネスの経営陣は、特別な強みを有している。米国のターゲット・ストアの経営幹部であり、創業者でもあるケネス・デイトン（Kenneth Dayton）は、1984年のハーバード・ビジネス・レビューの記事において、良いガバナンスと良いマネジメントとがいかに「コインの表と裏」のような表裏一体の関係であ

るかについて、以下の通り自らの考えを記している。事業戦略の策定において創造性や新たな視点を提示してくれる取締役会ほど、素晴らしい組織は他に存在しない。ファミリーがオーナーを務める会社においては、こうした意思決定はその会社の長期的な業績を考慮したうえで行われなければならない。

　第6章ですでに述べたように、経営陣がＳＷＯＴ分析を行う際、優れた取締役会はこれに独自の視点を加えることができる。聡明な経営者であれば、会社の内部評価についての暫定的な結果を取締役会と共有するだろう。これは大変知られた戦略プランニングの原則で、自社の能力の評価もしくは競争的地位の評価の結果がどうであれ、自社の能力を過大評価したい、もしくは弱点を過小評価したいとの誘惑にかられやすい経営陣が広く取り入れている方法である。取締役員は、こうした評価に対して、客観的な立場に立つことができる。

　取締役会は、経営陣が事業の戦略的な可能性を絞り込もうとするときには、自社を取り巻く市場環境を分析する後押しをする。社内外を問わず広範にわたり豊富な経験を持つ取締役は、外部環境の変化についての新たな知見をもたらしてくれる。取締役はさらに、自社を取り巻く市場の動向や自社に影響を及ぼすものと思われる外的要因について個人的な経験を有しているかもしれない。

　さらに加えて、社外取締役による外部からの視点は、業界の定義や競争環境についての経営陣の思考を広げることができる。グローバリゼーションの到来、新技術の導入、社会的な価値観の変遷、経済構造の再編、持続可能な資源に対するニーズ等、こうした外部からの圧力が加わることによって、会社がプランニングを行う際には、新たな見識が必要になってくる。豊富な経験を持つ取締役会は、経営陣が適切な事業戦略を選択することができるよう、経営陣が提示する仮説に対しては、経営陣に足りない部分を補ってくれるものである。

　最後に大事なこととして、取締役会は、ファミリーが会社を所有するという形態に特有の競争上の強みをうまく経営陣が活用できるようにするとともに、こうしたオーナーシップの形態に共通する不利な点を回避

するように会社が動くときに欠かせない存在となるだろう。

取締役会とファミリーの投資判断

技術的には、多くの国において、その国内法により、取締役会が自社の資本構成や戦略上のニーズに基づいて配当（および投資率）を定める旨が規定されている。並行的プランニングにおいては、再投資にかかわる判断は、その会社を所有するファミリーが行うこととされているが、ファミリーは取締役会の助言やサポートに頼る場合が多い。第三者的立場の取締役会は、本書第7章で概説した投資にかかわる分析と判断につき、ファミリーがその監視等を行うことを支援するうえで最適な存在である。取締役は、経営側が提示する企業の戦略的可能性を評価し、ファミリーが下す再投資にかかわる最終判断に承認を与えることを通じて、ファミリーがリスクに対して抱く不安を和らげることができる。

より具体的に言えば、取締役会は、ある特定のファミリー、特定のビジネスにとっての適切な配当と再投資の配分比を検討するうえで、最も有益な情報を有する専門家集団である。加えて、取締役会は、いかにして会社の可能性や潜在能力を、ファミリーの長期的な目標である価値創造に結びつけていくかについて、効果的な助言を行うことのできる最も有利な位置にいることも事実である。

取締役会、ならびにリーダーシップおよびオーナーシップの承継に関する最終的な考察

本書はファミリーとビジネスの並行的プランニングについて扱っている。本書ではこれまでリーダーシップとオーナーシップの承継の問題についてはあえて前面に押し出して説明してこなかった。その理由としては、我々が独自に行ってきたファミリービジネスの研究を通じて、特定の課題を取り扱う以前に、まずはしっかりとしたプロセスを構築することが重要であることが明らかになってきたからである。しかしながら、並行的プランニングによるいかなる合理的な分析も、シニア世代を「退

出させる」ことができないままでは、無に帰しかねないことを警告して本章を終えることにする。繰り返しになるが、第三者的立場の取締役は特別な貢献を果たすことができる。承継に関してためらいや葛藤に直面するシニア世代を救うことができる唯一の存在は、ファミリーからの信頼を得た取締役である。

　冒頭に話を戻そう。ワリード・アル・サイードは、あくまでも架空の人物であり、それゆえ、話の帰結をハッピーエンドとすることは我々の自由である。彼は、当初でこそ困難に直面したが、取締役会を専門化した組織にするという最も重要な改革を断行し、その数年後、ＣＥＯを辞した。取締役会の助言も得て、ワリードとその家族は、ハッサン（ワリードの弟）がＣＥＯとして相応しくないことに気づいた。ワリードにとっては本意ではないが、長男にＣＥＯとしての任務を引き受ける覚悟がないことを理解した。事実、息子のアル・サイードがＣＥＯに就く意思が無いことを契機に、この親子間で口論が繰り広げられている。親子の確執は最終的にファミリーから最も信頼を集める新取締役によって仲裁された。優れた能力を持つ非ファミリー出身者を経営者として任用し、会社の運営を任せることで、ワリードをはじめとするファミリーは、今までのところ、以前よりもずっと幸せに暮らしている。ワリードは現在、ハッサンとその息子とともにファミリー評議会を設立するべく動いている。

　本章では、優れたガバナンスを持つことの重要性を概説し、さらに独立した、かつ有効に機能する取締役会がいかに並行的プランニングに特別な価値を付け加えるか説明を試みてきた。次章では、並行的プランニングの最終ステップであるファミリー・ガバナンスについて述べる。有効に機能するファミリー・ガバナンスが備わってはじめて、ビジネス・ファミリーは、ファミリービジネス・システムのニーズに対応するプランニング・プロセスを十分なかたちで実践することができる。ファミリー・ガバナンスは、金銭的、社会的、感情的、精神的な意味合いから見たところのファミリーの調和にとってその土台を築くものである。結局のところ、人生とはビジネス以上に多面的であるということである。

ファミリービジネス
最良の法則

並行的プランニングのなかでもガバナンスに関わる部分は、経営陣とオーナーが意思決定において連携を図るための総括的なフレームワークを提供し、説明責任を確保するものである。

独立した取締役会は、ビジョンや投資に関わるものも含めた並行的プランニングにおいてその関与を通じて、ビジネス・ファミリーに対して、助言を与えることのできる欠かせない存在である。

きちんと組織されて、率いられている取締役会は、戦略的プランニング・プロセスにおいて経営陣をサポートすることができる。

有効に機能する取締役会は、特にファミリービジネスの過渡期において欠かせない存在となる。

9 | ファミリー・ガバナンス：
ファミリー集会と
ファミリー協定

　ファミリービジネスの脆弱なガバナンスが、やがてオーナーシップを巡っての対立を生み出し、最終的には裁判所の判断により、同ビジネスの資産とオーナーシップの分割という結末を辿るということもある。そうした悪夢のような事実を伝えている新聞記事を紹介する。

市立倉庫業者に対する裁判所の清算命令

　ミネソタ州ラムゼェイ郡（Ramsey County, Minnesota）法廷の裁判官は、木曜日、セント・ポール（St. Paul）で卸売業を営むスペース・センター（Space Center Inc.）に対し、同社の支配権を握るファミリー・メンバー間の長期にわたる確執を解消するべく、同社を管財人の管理下に置くこととし、売却する旨の判決を下した。

　スペース・センターは、1916年にセント・ポール・ターミナル・ウェアハウス（St. Paul warehouse company）として、ハリー・マクニーリー・シニア（Harry McNeely Sr.）（1968年没）によって設立された会社である。彼の子たちが現在、会社の支配権をめぐって係争中である。創業者の息子、ドナルド・G・マクニーリー（Donald G. McNeely）は、同社会長、同社持株会社社長をはじめ、40社以上にも及ぶ関連子会社のトップを兼任している。その弟、ハリー・マクニーリー・ジュニア（Harry McNeely Jr.）は、同社持株会社の副社長とスペース・センターの取締役を務めている。この兄弟2人は同社株式の過半を握る大株主で

もある。

　同兄弟はともに、その姉妹を含む少数派の株主グループから訴えられている。同少数派株主グループは、ドナルドとハリーの兄弟2人が、自分たちを会社の経営や事業収益の分配から締め出し、さらに兄弟が二人で私利私欲のために企業を運営していると主張した。姉妹は、兄弟が「自分たちに多額の配当金を支払わなかった。要求した情報の開示を怠った。私利私欲のために会社の資産を悪用した」と主張している。実際のところ、少数派株主グループの利益を代表する取締役はいなかった。

　ドナルド、ハリーの兄弟2人の弁護士は次のように語っている。「仮に姉妹をはじめとする少数派株主グループの主張が認められる事態となれば、750名のファミリーに働き口を提供している同社は崩壊するだろう。今回の件は、そのほとんどが欧州に暮らす少数株主が、自らが保有する株式に相当する以上の金額を欲しているだけに過ぎない」。

　出所：Langberg, M. Court orders liquidation for city warehouse firm, *St. Paul Pioneer Press Dispatch*, November 1, 1985.

　少し遡ってみてみよう。1916年に、ハリー・マクニーリー・シニアは、当時としては多額とされる5,000ドルを義理の父から借り入れ、セント・ポールの中心街で倉庫・運輸業を扱うセント・ポール・ターミナル・ウェアハウスを創設した。彼と、1937年に入社した息子のドナルド、さらには1949年に入社したハリーの3人のリーダーシップの下、公共の倉庫として使用されていた各不動産の買収や、3PL（Third-party-logistics）として物流事業に乗り出す等、必ずしも長期的な視点に立ってはいなかったが、時代の流れに沿った事業戦略をもとに、全米のありとあらゆる資産を次々に獲得していき、数十年にわたり成長し続けた。1970年代後半にハリー・シニアが死去するまで、現在ではスペース・センターと改称している同社は、倉庫業を含め、全米でも有数の規模を誇る不動産グループにまで成長した[1]。

その後も、ドナルドとハリーの兄弟2人が、幾年にもわたり同社を成功に導いてきたが、しかしながら同社は次第に危機に直面するようになってきた。その原因は、経済的、競争的な圧力ではなく、兄弟2人と、同社の少数派株主グループに属していた姉妹2人の間の不和によるものであった。会社で働いたことがない2人のマクニーリー姉妹は、父の遺言に異議を唱えるため、弁護士を雇い、結局、ドナルド、ハリーの兄弟とは異なり、会社の株式ではなく現金を受け取った。訴訟に至る前に、マクニーリー姉妹は、母親が会社に対して持っていた株式を「贈与」として譲り受けることにより、和解に合意したという経緯があるが、その15年後、再び問題が生じた。少数派株主グループに属していた姉妹2人は、再びドナルド、ハリーの兄弟2人に対して訴訟を起こし、同兄弟が自分たちを重役の地位や事業収益の分配から締め出し、さらに同兄弟が私利私欲のために企業を運営していると主張した。裁判を経て、最終的に、少数派株主グループが保有する同社株式の買取りを命ずるというミネソタの裁判史上、最も重い判決が下された。
　この判決を受けて、同ファミリービジネスは破滅的な状況に陥った。長い裁判に明け暮れた末に敗れ、ドナルド、ハリーの兄弟は、姉妹側の主張を支持した判決に従い、支払い義務を履行するため、自社が保有する他社株式の売却を余儀なくされた。兄のドナルドは今回の判決については受け入れる姿勢を示したものの、今後はビジネスにファミリーを関わらせたいとは思わなかった。一方、弟のハリーは依然としてファミリーがオーナーシップを担う形態がビジネス上有利であることを信じていた。こうした両者の見解の違いに端を発して、同社はやがて2つに分割され、新たに創設した持株会社の下に置き、各社をドナルド、ハリーの兄弟それぞれが運営するというかたちに再編された。
　ファミリービジネスの多くは、こうした悲劇を乗越えることができない。一方、ハリー・マクニーリー・ジュニアにとってこの経験は、自らのビジネスを再構築し、ファミリーの価値観や意志を改めようとする原動力となった。ハリーは今回の会社の分割は、これまで長きにわたって存続してきたファミリービジネスを再生する好機であると考えていた。

第4部
ファミリーとビジネスのガバナンス

　彼は、これまでのビジネス戦略を掲げながらも、公正さというファミリーの価値観、参加、高度専門的なガバナンス機構、社会的責任、ファミリーのコミットメント等、新たな視点も取り入れた。彼が最初に着手したことは、自社を再興するという彼自身の目標を力強く後押しするために、経験のある外部の取締役を迎え入れることであった。
　こうして設立されたメリテックス（旧スペース・センター）において新たに組織された取締役会は、過半数をファミリー出身者以外の取締役が占め、残りはファミリー出身の会計士、弁護士および友人から構成されていた。これは、当時、通常のファミリービジネスの取締役会がファミリー出身の取締役により構成されていたという状況から見て、珍しいことであった。そのうえで、ハリーは、次世代の各ファミリー・メンバーに対して、ガバナンスを肌で学ぶため、1名ずつ1年単位で取締役として勤務することを要求した。
　ハリーは、親族間でのコミュニケーションが確保されていないことや、特定の主義に偏っていることを問題視していた。彼はこうした問題の解決にも優先的に取り組み、それはファミリー集会の定期的な開催となってあらわれた。ビジネスの透明性の確保について協議するため、ファミリー評議会を新たに設置し、四半期ごとに開催することとした。ハリーはその成果を次のように語っている。「あらゆる事柄、そして我々全員がビジネスに寄与していることを誰もが知っている」。ハリーはファミリーの能力開発を奨励し、特に後進の育成に力を入れ、自らの子どもたちが将来有能なオーナーもしくは取締役として活躍できるよう、著名なビジネス・スクールが提供するリーダーシッププログラムで学ばせた。
　ファミリー財団は、その規模が拡大したマクニーリー家にとっては再興の柱となるものであった。ハリー・マクニーリー・ジュニアは、同家の従兄弟の世代では為しえなかったが、自らの兄弟姉妹の子全員がファミリー財団に参加し、協力するよう働きかけた。同財団は、教育、環境、芸術、地元地域の振興に加えて、現在では、セント・ポールのセント・トーマス大学（University of St. Thomas）構内において、教育機会の提供や助言を行うファミリービジネス・センターに対する寄付行為も行っ

ている。2008年、ミネソタ・ビジネス・マガジン（Minnesota Business Magazine）は、ハリーの会社を「Family Business of the Year（年間最優秀ファミリー企業）」に選定した。かつて会社清算の憂き目にあったマクニーリー家も、ファミリーの期待との調和のとれた力強いビジネスを再興することができた。

　ハリーが、その兄であるドナルドと姉妹との関係において経験してきたことは、ビジネス上の業績とファミリーの団結の両方に資する意思決定のツールとして、コミュニケーションとファミリーおよびビジネスのガバナンスの重要性を、気づかせるきっかけとなった。ハリーの長男であるパディが、10年の間別の会社で過ごし、トップレベルの業務遂行に求められる能力を培ってメリテックスに戻った時に、彼は、ファミリー集会による後押しもあって、最終的に取締役会が策定した後継者育成プランの下、ＣＥＯに選任される運びとなった。ハリーは、次世代へのオーナーシップ承継の問題について、ファミリー、ビジネス、その他の各利害関係者の要望に応えるプランニングと意思決定を行うため、取締役会やファミリー集会にその扱いを任せることにした。

　以上の事例は、ファミリー・ガバナンスが有効に機能しない場合、壊滅的な影響がファミリーとビジネスにもたらされ得ることと、そして、逆にそれが有効に機能する場合、素晴らしい効果がもたらされるかを示している。マクニーリー家において、（ドナルドが２度と姉妹と話し合いの機会を持たなかったように）今後も決して解消されることのないファミリーの不和を抱え、長期にわたる法的闘争の悲哀を味わうことになるだろう。実際には、ファミリーの内紛を通じて、結果的に、ファミリーの協働関係を後押しするガバナンスの役割に目が向けられたのである。ビジネスの再興にとどまらず、新たに立ち上げたファミリー財団の活動に参加してもらうために、ハリーは自らを法廷の場で訴えた者も含めて、ファミリー分家の従兄弟たち全員を団結させてきた。協働をファミリーの柱となる価値観として掲げたうえで、有効に機能するファミリーとビジネスのガバナンスを整備する並行的プランニングを通して、第３世代のファミリーは、祖父母の代から受け継ぐ慈善活動を通じた他

者への貢献というファミリーの遺産を存続させること、その遺産を次の第4世代に受け継ぐことが可能となった。

最近開催されたファミリービジネスに関する国際会議において、マクニーリー家の3世代にわたる物語が詳しく報告された。そのなかでおそらく最も心が動かされる瞬間は、世界中から集まったファミリービジネスの各関係者を前にして、マクニーリー家の将来の夢や希望を語っている孫の弁を、現在では80代となるハリーが誇らしく聞いている場面であろう。

ファミリー・ガバナンスの意義

多くのビジネス・ファミリーは、ビジネス・ガバナンスと並行するかたちで有効に機能するファミリー・ガバナンスがもたらす恩恵を理解していない。優れたファミリー・ガバナンスは、メンバー間のコミュニケーションを向上させ、公平さを後押しし、さらにはコミットメントの維持を通じて、ファミリービジネス全体に好影響をもたらす。

正式なファミリー・ガバナンスは、ビジネスの将来像を巡ってのプランニングや意思決定において、各世代がそれぞれ建設的なかたちでこれに関与できるよう促すことで世代間の承継を後押しする。世代を経るにしたがい、より多くの者がファミリー企業に利害関係を持つようになるにつれて、より一層対立が生じやすくなる。ファミリー・ガバナンスは、重要なテーマを巡るプランニングや意思決定を行う際のメンバー間で共有されたシステムを用意することで、メンバー同士の対立やファミリーの内紛が生じる機会を減らすうえでその真価を発揮する。現時点においては良好な協働関係を構築できているビジネス・ファミリーであっても、今後、メンバー間の不和、ビジネスに起因する問題、精神的な苦痛、あるいは将来の計画をめぐって難しい判断を迫られることも十分考えられる。メンバー間の不和が先鋭化し、当事者間では解決できない場面も出

てくるだろう。感情が高ぶり、意見の違いは、和解しがたいものとなろう。こうしたことから、正式に文書化されたファミリー協定に根拠を置く、ファミリー評議会等のシステムが絶対に必要になってくるのである。

　ファミリー・メンバーの間で生ずる対立をそのままにしているようなファミリーは、開放的な雰囲気があるものとは言えず、誠実な対応をしているとも言えない。ファミリーのメンバーそれぞれが、意思決定、期待、または対人関係を巡る問題について、取り合ってもらえないと感じるとき、各人の不満や不信等の感情が芽生え、その感情が極限にまで高まってしまうと、こうした不満を持っているメンバーが感情を爆発させて破壊的な手段をとらせるおそれもある。ファミリーまたはビジネスにおけるいざこざを解決することは常に難しいものである。なぜならば、メンバーの誰もが、その問題を巡って、非常に感情的になってしまうおそれがあるような話題を、愛する家族の間で取り上げたくないからである。以下の節では、こうしたメンバー間の対立をどのように捉えるべきか、さらには、そこで得た教訓をパフォーマンスの向上や対人関係の強化にどう役立てていくかについて考察したい。

ファミリーの内紛を理解する

　ファミリーであれ、ビジネスシーンであれ、対人関係において対立することはよくあることである。対立したとしても、仮にそれが適切に処理され、これを機に新たな思考、より優れたプランニングや意思決定が促され、そこからより強固な信頼感や責任感が芽生える結果となるのであれば、何の問題もない。ある兄弟2人が、ある問題について同意はできないものの、その問題について話し合うことでは意見が一致し、その後、双方にとって受け入れられる結論にいたった場合には、彼らは信頼関係を築き上げ、彼らの関係はいっそう強化されるだろう。これはファミリーにも当てはまる。ファミリーが難しい議論に取り組む場合、新し

第4部
ファミリーとビジネスのガバナンス

い視点や個人1人ひとりで行うものよりもより現実的かつより優れた解決策が得られる可能性がある。

　ビジネス・ファミリーは以下に挙げる主に3つの対立の場面を経験する。

- 問題対立とは、あらゆる対人関係において付き物である。複数人でアイデアの共有、プランの提示、意思決定を行う場合、各人の価値観、目標、モチベーションの差に起因する対立が生じる可能性がある。問題対立とは我々の日常生活において付き物であり、我々は対立を対人関係においてはごく自然なこととしてそれらを受け入れる慣習とその解決策を持っている。仮に利害関係がさほど強くなく、双方にとってこの問題を真正面から議論したいと思わない場合、特段、対立の解決に向けての公式的なツールがなくても大抵はうまくいく。ところが利害関係が大きく、対立が感情的になる要素を大いに含む場合、問題が生じる。

- プロセス対立とは、我々がそれに対処する手段やシステムを持っていない場合に生じる。仮に2人の従兄弟が普段からコミュニケーションを取っておらず、各人の相違を解決するのに役立つ仕組みがファミリー内部に存在しない場合、彼らは争い合うことになるだろう。プロセス対立は、ファミリーが効果的な対人関係スキルや彼らが争う日常的な問題に対処するガバナンスの仕組みを作っていない場合に発生する。

- 対人関係に端を発する対立は、2つのかたちを伴って生じ、その双方とも等しく有害である。1つ目のかたちは、個人間もしくはグループ間でのビジネス上の一連の未解決問題につき、これを解決に導くための効果的なプロセスを用意していないことから生じる対立であり、このかたちの対立はお互いの信頼関係を損なうおそれがある。これは良好な対人関係を維持するための策を築くことに失敗したケースであり、今後の協働の試みを阻害する。対人関係における対立の2つ目のかたちは、解消されていない不満や不信等が募っていき、やがてそれが対人関係において破壊的行為となって表出した

ものである。私たちはこれまでの研究で、2つのかたちの対立を見てきたが、そのいずれも、当事者である個人間もしくはグループ間で合意に達することはない。なぜならば、彼らには、お互い協力し合うという信頼感もしくは感情面での見識が失われているからである。

　ファミリーとビジネスの双方のシステムが重なり合うこと、さらには生涯にわたって関係を共有するという点から、ビジネス・ファミリーにおいて対立は常に存在する問題である。マクニーリー家の事例が示すように、家族もしくは親族といった親密な関係は、そこでの対立がビジネスにかぎらず愛情をも曇らせてしまうことを意味する。そこで、効果的なガバナンスが、いかにビジネスとファミリーにかかわる問題の調整に役立つかを考えることは価値のあることだ。良いガバナンスは、ビジネスにとっては、業績の向上を後押しするものとなり、ファミリーにとっては、良好な人間関係の強化をもたらすものとなる。メリテックスの現会長兼ＣＥＯ、パディ・マクニーリーは、ガバナンスはライフセーバーとして機能すると語る。「ガバナンスとは、我々オーナー一族と会社の線引きを明確にするものであり、さらにわれわれ各人をつなぎとめるものである」。

　多くのファミリーは問題に対処することをためらう。なぜならば、問題を取り上げることで、これを機に各人の一触即発のわだかまりが爆発する事態を恐れているからである。INSEADリーダーシップ臨床学を専門としているマンフレッド・ケッツ・ド・フリース冠教授（Manfred Kets de Vries）は、ファミリーは往々にして、一族の調和という「神話」を維持することの利益を優先して、現状について誠実に向き合おうとせず、痛みを伴うようなコミュニケーションを時折避けてしまうとして警告を発している[2]。家族の調和を維持することが重要であることについては、何ら異論はないであろう。しかし、個人、家族、会社の成長のために、対立に目を背けるのではなく、その解決に向けて積極的な姿勢を示すことは極めて重要なことである。

第4部
ファミリーとビジネスのガバナンス

　ファミリーの価値観や脈々と受け継がれている文化が、時として、さらにオープンで誠実なコミュニケーションにとって障害となることがある。シンガポールを拠点にファミリー企業の形態を取る運送会社、ＩＣＭのただ１人のオーナーであるフレッド・ツァオ（Fred Tsao）が、この点について次のように端的に語っている。「我々のファミリーの歴史上、対立は存在しなかった。我々は、代わりに回避方法を持っていた！」同氏はさらに続けて、彼および彼の兄弟姉妹にとって優先すべき事項の１つは、家族間のコミュニケーションをより開かれたものにすることである、とした。

　　私は、兄弟3人と外部コンサルタント3人を交えた有意義なディスカッションをちょうど終えたところだ。我々は、価値観、文化、言語、ビジネス等を再定義する途上にあり、今後長きにわたって存続可能なアイデンティティを模索している最中にある。我々には、こうした根本となる問題を扱うべく、適切な議論の場が必要である。

　特に、伝統的にリーダー（家長）の権限が強すぎたり、未解決の内紛を抱えたままのビジネス・ファミリーにとっては、ガバナンスのシステムを構築することはおそらく難しいことであろう。不幸なことに、何もしないでいることは、後に紹介するチェララム家（Chellaram family）の事例で見られるように、深刻な状況を生み出すことになる。創業者がリーダーとしての任務を果たさず、あるいは創業者によるリーダーシップの代わりとなるガバナンスについて、ファミリーで合意が得られない場合、破滅的な結果をもたらし得る対立に歯止めをかけることはできない。
　ケッツ・ド・フリース、カーロックの各氏は、2007年発行の共著 *Family Business on the Couch: A Psychological Perspective* のなかで、対人間の対立を乗り越えるには、各人の願望や欲求を抑えて、ファミリーと利害関係者との共同財（collective good）に配慮できる能力が必要であるとしている。各人それぞれの興味や関心事と、グループで共有さ

れる目標との調整を図ることは、特に、各人が個人的な競争心や解消されていない不満を満たす場としてファミリービジネスに参加し、その際にその者とは相容れない兄弟が現れた場合、多くのビジネス・ファミリーにとって非常に難しい問題となる。仮にそうした兄弟が、お互いにいがみ合う代わりに協力し合うと、そのファミリービジネスがいかに強固な存在となるか想像してほしい。

対立の回避および解決の手段としてのファミリー・ガバナンス

　それでは、ビジネス・ファミリーがメンバー間での対立を解決する上で、いったい何が役に立つのだろうか？　メンバー間の対立を抱えるファミリーは、そうした対立が、さらに非生産的な関係を強めてしまうという悪循環から抜け出せない。香港で輸送および不動産業を営む会社の会長、シャム・チェララム（Sham Chellaram）は、ファミリーの内紛を過去3世代にわたって経験しながらも、彼の曾祖父が興したビジネスがどのような経緯をたどってきたかについて次のように述懐している。

　　私の祖父は、曾祖父より野心的であった。それゆえ、祖父は曾祖父と袂を別ち海外へと事業を展開した。祖父は私の父とその兄弟と共にグローバル・ビジネスを築き上げた。しかし、その祖父と父たちの間でも対立が生じ、ついに私の父は兄弟たちとビジネスを分かつことになった。父の事業は成功を上げ、私たち兄弟にバトンを手渡した。しかし、会社が成長するにつれて、私たち兄弟の間でもビジネス上の運営をめぐる意見の違いが生じ、私たちはビジネスを分割することにした。

　チェララムは、こうした対立の悪循環を断ち切るために不可欠となる、ファミリーの対立を処理し信頼を築くガバナンス機構とそのシステムを

第4部
ファミリーとビジネスのガバナンス

活用することの意義を認識するにいたった。彼はファミリーとビジネスの双方に委員会を設置した。その効果について、彼はこう語っている。

> 委員会はビジネスを責任ある存在に変えた。そのために、ビジネスに対して求める水準も以前のものに比べまったく新しい段階へと押し上げられた。こうしたことにより、我々は輸送ビジネスにおいて、望ましいことに、より慎重な姿勢を取るようになり、データを重視するようになり、それは我々の行動をより客観的なものにした。

ビジネス・ファミリーにとって、ファミリーとビジネスの持続的な関係を構築するうえで、まずはファミリー内におけるコミュニケーションの向上に着手することが大事であり、そのためにガバナンスが効果的な手段であるということがわかる。

対立を回避することで生ずる代償は非常に高い。誠実な対人関係や信頼は抑制される。対立を回避し続けることで、ファミリーは、個人の成長や変化にとって必要とされる健全な緊張感を逸してしまうことになる。それは個人の表現や他者との意見の共有といった機会が制約されるからであり、ファミリーにとって不健全な緊張関係をもたらすことになる。夫もしくは妻から不平不満のみを聞かされてきた夫婦関係、あるいはあまりにも片方の肩を持つことが多い夫婦関係も、このような不健全な緊張関係を抱えやすい。ファミリーが協力し合い、ファミリーとビジネスの今後に向けて備えるには、心地良くないと思われる変化、誤解、対立と正面から向き合う必要があることをファミリーは認識すべきである。

ファミリー集会を開催すること、ファミリー協定を策定すること、オーナーシップにかかわるプランを明確にすることは、不必要な構造上の対立を事前に防ぐうえで役立つ。ただし、残念ながら、これは兄弟、従兄弟間において生じるような内紛には適切な解決策とはならないかもしれない。ファミリー・メンバー同士の競争意識もしくは競争が支配的となったとき、シニア世代のメンバーまたはファミリー評議会が問題を解決す

る必要がある。解決策として、ビジネスから1名もしくは複数名の対立を生じさせているファミリー・メンバーを除外すること、会社を複数の事業主体に分割すること、持株会社を設立すること、場合によってはビジネスを売却することも検討されるかもしれない。シニア世代のメンバーには、今後長期にわたる内紛やビジネスの崩壊につながりかねないいかなる状況についても解決するというファミリービジネスを預かる受託管理人としての責任がある。もし彼らがうまく対処しなければ、こういった状況はおそらく永遠に解決しないだろう。こういった状況が続くようでは、次世代の多くのメンバーが、ファミリービジネスを有望で魅力ある存在と見なすとは到底考えられない。

　お互いが建設的に向き合うことは、学習し習得すべきスキルである。なぜならば、多くの一般的なファミリーが、こうしたスキルもしくは行動様式を持ち合わせているとは考えられないからである。各ファミリーは、対立に対処するプログラムを策定する場合、各ファミリーに固有の価値観や文化について考える必要がある。ファミリーによってはその文化が内紛を助長しかねないこともある。そうしたファミリーにあっては、各メンバーは躊躇することなく自らの意見を述べる。他方、他のファミリーでは、意見の相違を述べることや他のファミリー・メンバーを非難することをやめさせる。

　いずれにせよ、各ファミリーは、たとえばファミリー評議会もしくはシニア世代のメンバー（ファミリーによっては長老評議会とも称される）へ問題の解決を付託するなど、ファミリー規約（family constitution）上に紛争解決のための選択肢を用意しておくべきである。オーストラリアにある株式会社ＲＯＩの会長を務めるリチャード・オーウェンズ（Richard Owens）は、自らのファミリーの経験を次のように紹介している。

　　ファミリー規約の作成に着手した際、最も優先すべき事項として対立の解決を掲げた。それは最も重要なことだった。我々は前世代に起こったことを、次世代の者に経験させたくなかった。こうしたことから、対

立の解決について記述した箇所は数ページにもおよび、くどいようにも思われたが、しかしこれは当時我々が必要と感じたものだ。実際にそうした解決法を使用する場面がこれまでに訪れたか？　私が考えるに、今がまさにその時ではないのか。ただこうしてそれを眺めるだけでも、ファミリー規約を紐解くことの意味がある[3]。

この他にも、こうした対立をめぐる問題がファミリー集会の議題として取り上げられて、その機会に解決に向けての話し合いが行われるかもしれない。仮にこの問題がビジネスに関するものならば、取締役会に状況の確認を依頼し、実行可能な解決策を提示してもらうことも可能となろう。重要なことは、対応するにあたり紛争の当事者にとって受け入れ可能で、ファミリーの価値観やビジョンとは矛盾しない解決策を提示するということを念頭に置いておくことである。

ファミリーによっては、ファミリー評議会や取締役会等の仲裁システムを活用するよりも、むしろ対立を解決に導くように、ファミリー・メンバーが専門的スキルを修得することを目指すために投資することもある。他のファミリーでは、専門家を雇用して解決の支援を頼むこともある。こうしたファミリーは、より複雑な問題については、専属の組織開発エキスパート、十分な訓練を受けた心理療法士、またはファミリービジネス・コンサルタントを雇い入れ、これらの各専門家に相談することを選ぶかもしれない。

相談事が何も無ければ、そもそも争いごとが生まれる余地が無くなるので、家族関係は強化されるだろうという広く知られた神話が存在する。しかしながら、実際には、各メンバーが重要な問題について異議を唱えることができ、さらに対立を解決に導くツールが存在するならば、ファミリーはより良好な信頼関係を構築することができる。

参加および信頼醸成の手段としての
ファミリー集会

　いかなる困難な意思決定であれ、その出発点となるのはファミリー集会である。ファミリー集会は、コミュニケーションの促進、教育、プランニングおよび意思決定の機会の提供、ならびに説明責任の履行を通じて、良好な家族関係の維持をその趣旨としている。有効に機能するファミリー集会は、共有された将来像に向けてメンバー間の協力を促す礎となる。メリテックスでＣＥＯを務めるパディ・マクニーリーは、協力的な姿勢で臨む必要があることを次のように強調している。

　　われわれは、第３世代から第４世代への移行については、承継を円滑に進めることができるだけの期間がある。まず、第３世代が中心となって承継上のプロセスの実行に着手してもらう。それがまず最初に来ることである。その後、今後10年から15年の期間が重要な時である。たとえ年に２回ずつであっても一同が会する機会（ファミリー集会）を持つことができれば、第４世代の将来に対する考え方やプランニングに影響を与える機会が10年で20回も作られることになる。

　ファミリー集会を行うことは、ファミリーのニーズから、ファミリー全体で共有された願望や価値観を明確にするうえでも役に立つことが多い。マレーシアに本拠を置くブキット・キアラ・グループ（Bukit Kiara Group）は、次世代の者を参加させて作業チームを編成し、「雇用、投資、事業等に関して、どのような将来像を思い描いているかということ、言い換えればファミリーとしての価値観を表明する」ファミリー憲章の策定に当たらせることで、次世代メンバーがファミリーの中で果たす役割を見出させようとしている。自らもファミリー出身者であり、ファミリービジネスに法律家として加わっているポリーン・トン（Pauline

Tong)は、並行的プランニングの意義に関連して次のようにわかりやすく説明している。「我々（ファミリー）は、各メンバーを互いに結び付けるにはどのような行動を取れば良いのかを一堂に会して協議し、さらに経営陣と同じ方向にファミリービジネスを導くことに効果のある行動をとる」。

　なぜ単なる会議にすぎないものがそれほど重要なのだろうか？　第一に、仮にファミリーが集会に参加したくないか、もしくは参加できないということを言い出している場合、その時点でファミリーが協働するということにおいて、すでに困難に直面していることがよくわかる。仮に、定期的な集会を開催することで意見が一致しなければ、そのファミリーは将来起こり得る対立を解決するスキルを備えることができるとは到底考えられない。こうした場合においては、物事を上手く進めるためにも、問題の解決をファミリービジネスや組織行動を専門にしているようなコンサルタントに相談してしまうのも１つの方法だろう。

　これまで一度もファミリー集会を開催しようとしなかった複数世代から成るファミリーの多くは、実際に取り掛かると開催に漕ぎ着けるまでの道のりがいかに大変なものであるかということに気づくだろう。その理由として多くの場合は、単にメンバー各人の見解に違いがあることに原因となっている。しかしながら、ファミリー集会実現に向けて、メンバー各人が強いコミットメントを示すことができれば、その集会はファミリーにさまざまな利益とモチベーションをもたらすであろう。摩擦や紛争の種は白日の下にさらされ、新たなアイデアが次々と浮かび、各世代がいかにポテンシャルと才能を秘めていたかということを知ることができるにつれ、ファミリーはあらためて自分たちのファミリーの偉大さに驚かされることになる。

　正式に成文化された協定を策定し、もしくは主な論点につき協議するまでの道のりは長いが、こうした集会を持つことは、ファミリーの教育に活かされるかもしれない。こうした集会を、ファミリー「セミナー」として位置付け、今後求められるリーダーシップ・スキルやファミリーが果たし得る役割を検討する場として活用できるかもしれない。また、

特段、こうした正式な集会の場で無くとも、上記のトピックに関するメンバー同士の対話が、後々になってより正式なファミリー・プランニングや意思決定の強固な礎を提供する可能性もある。

ファミリー集会についての合意

ファミリー集会は、メンバーによる積極的な参加を促す条件が整えば、組織自体のメカニズムはかなりシンプルである。図9.1は、ファミリー集会をうまく機能させるための5つのステップを示している。各ステップが示すように、ファミリー集会の最も重要な意義は、ファミリー・メンバーが直接関わり合う機会の提供、プランニングの共有、議論と意思決定、行動と説明責任の確保である。ファミリー集会は、協議事項、議長、議事録、フォローアップ等、プロフェッショナルなかたちを備えたものでなければ、メンバーの失望や反感を買うことになりかねない。

専門的かつ周到に計画された集会が開催されることは、そこで決定された事柄が高度に専門的なプロセスを経て実行されるとの期待を作り出し、意思決定のシステムが提供され、結果を改善することができる。ファミリー集会のプランを作成するにあたり、すべてのファミリーが考えておくべき重要な項目として、以下のいくつかが挙げられる。

- 誰が集会に出席するべきか？

- 協議事項をどのように設定するべきか？

- 誰が集会の進行役を務めるのか？

- 集会では何を議論するのか？

- 行動と説明責任をどのようにして確保するのか？

第4部　ファミリーとビジネスのガバナンス

［図 9.1］効果的なファミリー集会についての一連の流れ

参加とプランニング		議論と採択	行動と説明責任	
参加	プランニング	集会	進行	フォローアップ
❶検討チームを発足させる ❷誰を集会に参加させるかについて合意を得る ❸日時を設定する	❶各メンバーの意見を協議事項に反映させる ❷協議事項の案を作成する ❸集会が公正に開催されることを確認する ❹協議事項と関連資料を発送する	❶議長を選出する ❷集会規則に合意する ❸議事録を作成する ❹協議事項を検討し、時期を設定する ❺議論／意見を共有する	❶決定を採択する ❷時期と責任内容を決定する ❸会議の進行具合を評価する ❹次回の集会と検討チームについて議論する	❶議事録と活動記録を配布する ❷次回の集会と協議事項を告知する ❸進捗状況や結果を評価し、それを共有する ❹貢献や業績に対するファミリーの表彰のあり方を計画する

参加：誰がファミリー集会に参加するべきか？

　ファミリー集会の参加者をめぐっては、2つの見解がある。1つには、成人で親族に該当する者のみが参加すべきだとする考え方である。きわめて繊細で慎重な扱いを要するファミリーにかかわる問題は、参加者の数を限ったほうが、秘密が守られやすく、感情的な対立を回避しやすいというのがその理由である。この他にも、姻戚もしくは若手のメンバーでは、おそらく事情の背景を完全には理解できないということもその理由に挙げられる。一方で、緊急の事態でないかぎり、10代の若者、夫（妻）、パートナーを含むすべてのファミリー・メンバーを迎え入れるべきだとの考え方もある。なぜならば、ファミリービジネスは、親族にかぎらず、姻戚やその他、一族全体に影響を与え、またこうした者もビジネスの成功に重要な貢献を果たすからである。

　現在では、ファミリービジネスの専門家の多くが、すべてのファミリーが少なくとも何らかのかたちでファミリー集会に参加することを推奨している。それには以下の理由による。

- 姻戚、夫（妻）、未成年者は、ファミリーにかかわる各種プランや問題について直接学ぶ機会を得ることで、ビジネスの現状を知ることができる。

- 集会に参加することは、出席者全員がファミリーの伝統やプロセスに触れる機会を得ることでもあり、それはファミリー全体で共有されたビジョンやビジネスに対するコミットメントを理解する機会ともなる。

- 次世代の若手メンバーや姻戚の者は、新たな視点を得ることで、価値のある貢献を果たすことができる。仮に集会が開かれたものであれば、若いファミリー・メンバーは自らの価値観やビジネスに対する願望を述べることができるだろう。こうした者の参加は、ファミリーとビジネスの将来にとって欠かせないものである。

多くのファミリーにとって、誰が集会に参加するべきかという問題は、時間が立つにつれて解決の方向に進む。初回となるファミリー集会において、成人や近親者のみが参加する「計画立案セッション（planning session）」を設けることは、時として賢明な手段となる。これは成人や近親者があらかじめファミリー集会に関する基本原則を規定し、集会の形を整えておくことで、結婚して新たに一族に加わった者（姻戚者）や若いファミリー・メンバーが参加しやすい環境を用意しておくことになるからである。全員参加型の集会に先立ち、こうした予備的な集会を開催することの意義として、誰がどの会議に出席するのか、あるいは姻戚者が果たす役割について合意が得られることが挙げられる。

プランニング：議題をどのように作成するべきか？

ファミリー集会の議題の作成方法については、そのファミリーの参加や貢献のあり方を反映したものとなる。シニア世代のみで作成された議題は、ファミリー・メンバー全員がアイデアを持ち寄り作成した議題に比べると、議事の進行がより困難となる。議題を参加者全体で共有することは、ファミリー内での効果的なコミュニケーションを促し、異論の多いもしくは慎重な扱いを要する議題も俎上に載せやすくする。集会の効率性を確保することは、その内容によっては必ずしも必要なことではなく、むしろどのように問題に取り組むか、意思決定権が広く共有されているか、多くの者の参加が奨励されているかどうか、これらのことの方が重要である。2名ないし3名のファミリー・メンバー（次世代の若手メンバーを含む）で構成される作業チームが、集会の議題や対人関係を巡る問題につき、メンバー各人から幅広く意見を募るべく協力し合うことができれば、良い方向に働く。

ファミリー集会では何を議論するのか？

初回の集会においては、滞りなく議事を進行させるため、集会を通じ

[図 9.2] ファミリー行動規範

期待されるファミリーの行動

- 共感し、敬意を持って耳を傾けること
- 敬意を持って語りかけること
- 全員が意見を発すること
- 公平なプロセスの行動や価値を実践すること
- 議題や重要な問題につき同意すること
- 行動規範を破った者は10分間発言を控えること
- 守秘義務を遵守すること
- 陰で話をしないこと
- 成功を分かち合うこと
- 楽しむこと

てより強固な信頼関係を築くことに焦点を置くべきである。多くのファミリーが語るところによると、実際に彼らが初回の集会で取り組む課題とは、今後どのようにメンバー間の交流関係を築き、良好なコミュニケーションを図っていくのかについて規定したファミリーの行動規範に同意することである（図9.2参照）。

　まずは行動規範を策定することからファミリーが協力し始めることは、多くの利点がある。まずは日和見的な決定ではなく、あらかじめ明確なルールを策定しておくことで、未然に対立を防ぐことができる。次に、現実の問題についてのメンバー間のコミュニケーションを促すことができる。最後に、共有されたビジョンの実現にとってこうした行動規範がその効果を発揮する。こうして作られた行動規範はさらに、個人間での信頼醸成から発展して組織全体での信頼醸成を後押しすることになる最初のファミリー協定として位置付けられていくのだ。

ファミリーが集会を開催して間もない時期は、メンバー各人が議題に盛り込みたいと考えるものがあまりに多く存在することが多い。重要かつ緊急性のある1つ、もしくは2つのトピックのみを特定し、これらについて意思決定を行い、それを具体的な行動プランに落としていくことが有効である。一般的に、重要かつ緊急性のある問題とは、オーナーシップ、キャリアまたは意思決定に関連したものであり、最終的に正式なファミリー協定が策定された際にはその主要な部分を占めるものとなるだろう。ファミリーが初回の集会を開催して以降、その議題の内容はファミリー協定の策定に関するものから、次第にファミリーの参加やビジネスに関わるプランニングというものを含み始める。議題には、現在下記に関連したトピックが含まれるであろう。

- オーナーシップ向上のためのプランニング
- ガバナンス機構の検討および取締役の任命
- ビジネス戦略の実現に向けた資源の投入
- ファミリーの教育機会および成長の実現
- 慈善活動やその他の投資といった新たな活動の検討

誰がファミリー集会の進行役を務めるのか？

本書の読者は、ファミリー集会の進行役は必然的に会社の社長またはシニア世代のファミリー・メンバーが務めるものと考えるだろう。しかしながら、こうした集会は、リーダーシップを担う機会を増やし、次世代の者にとっては、リーダーシップやコミュニケーション・スキルを学ぶまたとないチャンスを与えるものである。こうした点を考慮すると、ファミリー集会を組織し、これを進行する役割は、次世代の者で構成される小集団の作業チームに割り当てられるほうが良いのである。シニア世代のメンバーはプランニングについて貢献することが奨励されている

が、その一方で、集会を組織したり、これを進行することについては小集団の作業チームである。次世代の者たちに任せ、彼らにファミリー・ガバナンスに関わる一定の責務を担わせるべきである。

　コミュニケーション・スキルを身につけたコンサルタントや専門家の助力を得ることは、時として、新たに開催し始めた時期のファミリー集会を円滑に進行させるためには有益かもしれない。たとえば、実際にファミリーによっては、集会の開催に着手したり、協議事項の概要を設定するうえで専門家の助力を求めるところもある。これは、いずれかのファミリー・メンバーにかかる重責を取り除き、さらにファミリー全体からの質疑を促す働きがある。どのようなアプローチを取ろうとも、最終的な目的はなるべく多岐にわたるトピックを扱うことにある。また、最終的な目標は、各ファミリー・メンバーがファミリーとビジネスの今後の関係を明確にするファミリーの方針（philosophies）や協定（agreements）を策定することと、ファミリーの絆を強固なものにし、うまく協力し合える能力を強化すること、の2点を可能とすることにある。

　ファミリーが複数回にわたって集会をうまく開催させることができるようになったら、作業チームの助力を得ながら、司会進行役を務めるファミリー・メンバー1名を選任してもよい。解決の難しい問題または技術的問題に対応するうえで、いつでも信頼できる顧問をファミリー集会に参加させることも、もちろん可能である。しかしながら、そうした目的とは、ファミリーが有するガバナンスやリーダーシップにおける能力の開発にかかわるものであるべきである。

説明責任をいかに確保するのか？

　ファミリー集会は、参加者各人の期待を膨らませる。ファミリー集会は家族関係の向上をもたらすものだろうか？　集会において熱心に議論された各プランは実行に移されるのだろうか？　仮にそうであるならば、これらはファミリーの行動に変化をもたらし、ファミリーの機能を

円滑にするものとなるのであろうか？　ファミリーとは本来ビジネスとは異なるものであることから、これらの疑問に答えることは難しい。ファミリー内で潜在的な不満や不信が生じるおそれを最小限にするために、集会の状況はきちんと文書のかたちにして、その内容がファミリー全体に周知されることが重要である。まずは、ファミリー全体の同意や支持を確保し、次に具体的な責務や行動のタイミングについて確認する必要がある。

　タイミングよくフォローアップを行ったり報告をすることで、ファミリー側の要望に関わる記録が残され、さらには集会の進行を適宜監視する機会も得られる。さらに集会全体のプロジェクトについて定期的にアップデートを行うことで、今次集会の結果やその報告を活かすかたちで、次回の集会開催の準備を円滑に進めることもできる。ファミリー集会またはファミリー評議会は、さまざまなアプローチから、同意されたプランや具体的な行動がきちんと実行されていることを確認する委員会として、同様の役割を果たす。これに加えて、次回開催されるファミリー集会は、新たな情報を取り入れたうえで既存のプランを改定する機会を提供するものとなる。可能であるならば、各人それぞれにではなく、2名ないし3名のファミリー・メンバーで構成される小集団の作業チームにプロジェクトを一任したうえで、次回以降に開催される各集会の成否についてその責務の重要性を認識させることは重要である。

権利と責任を明確にするためのファミリー協定

　ファミリー協定とは、すべてのファミリー・メンバーが株式所有者、取締役もしくは従業員として、ファミリービジネスに貢献し、または参加することができるように整備しておく必要がある基本原則である。ファミリーは、本書第1章で紹介した各ファミリー全般に共通する5つの問題に加えて、各ファミリーに特有の問題に対処し、ファミリーに期

待される行動や責任を明確にしなくてはいけない（図9.3参照）。ファミリー協定は通常、ファミリーの価値観に基づき、法的なコミットメントではなく、むしろ道徳上のコミットメントを表したものである。ファミリー協定はさまざまなかたちを取ることができるが、サウジアラビアのザミール・グループにおいて、財務・投資担当取締役を務めるアディブ・アル・ザミールは次のように指摘する。「ファミリー規約は、紛争が生じる以前に、各人の取るべき行動を明確に示す先例集として策定される必要がある」。非公式な手紙の類のようなものから、詳述された規約にいたるまで、さまざまな形式が考えられるが、いずれにせよ、ファミリー・メンバーが成人した際、あるいは外部から婚姻によりファミリーの一員となったメンバーが生じた際には、その者が署名しこれを承認する必要がある。

　理想を述べれば、ファミリー協定は、ファミリーおよびビジネスの変化を反映して改定を繰り返す生きた文書であるべきである。ブキット・キアラ・グループのプリーン・トンは自らが属するファミリーの新たな協定について次のように述べている。「ファミリー協定とはわれわれファミリー・メンバー間での倫理上での同意であり、現実の変化を反映して、柔軟に改定を加えることができるような継続的に機能する文書である。それはファミリーの雇用、慈善活動等について、われわれの価値観や思考の概略を述べたものである」。

　並行的プランニングを通じて、ファミリー協定をさらに踏み込んでファミリーに関わる各種手続きを明確にしたり、ビジネス上のニーズを後押しする内容とすることができる。ファミリー協定は、下記の内容を明確にされたときに、対立を減らす効果が期待できる。

- ファミリー協定がファミリー全体の総意に基づいているとき
- ファミリー協定がファミリー全体に周知されているとき
- ファミリー協定の適用が首尾一貫しているとき
- 状況の変化に応じて、内容を改定する仕組みが用意されているとき

[図 9.3] ビジネス・ファミリー全般に共通する5つの問題の解決を趣旨とするファミリー協定

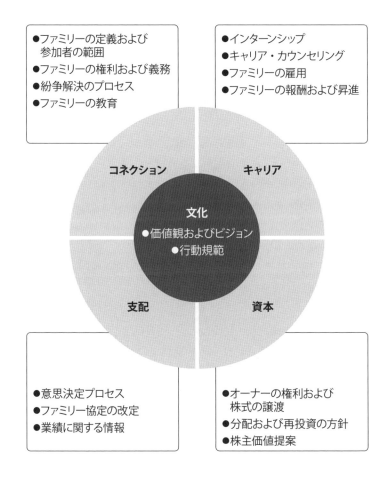

一般的なファミリー協定に含まれる項目

　当初のファミリー協定には、承継や次世代メンバーによるファミリービジネスへの参加について記されている場合が多い。中東地域を拠点に高度専門的なサービスの提供を行っている大手グループ企業、タラル・アブ・ガザレー・オーガニゼイション（Talal Abu-Ghazaleh Organization）の副会長であるルアイ・アブ・ガザレー（Luay Abu-Ghazaleh）は次のように語る。

　　イスラムの家庭にとっては皮肉っぽく聞こえるかもしれないが、我々ファミリーの承継プランは、我々が独自に名づけた「ファミリーバイブル（family bible）」のなかに書き込まれてきた。現在では、「ファミリーバイブル」には、承継プラン以外の内容も盛り込まれており、ファミリービジネスに参加するためのルールを定めている。しかし、それは変更不可能なものではない。我々は、ファミリーの賛同を得たときその内容を変更することができる。私の父は、「ファミリーバイブル」の内容が将来にわたって固定してしまわないように願っていた。

　ファミリー協定を策定するにあたり、それに盛り込むべき内容を検討するときには、我々はファミリー・メンバーのキャリアに関わる問題を思い浮かべるだろう。本書第1章で見てきたように、ファミリーの雇用をめぐっては、対立を生じさせかねない要因が存在する。親はわが子のキャリアをサポートしたいとの本能的な願望があり、わが子の成功を自分自身のものとして重ね合わせて見る心理的な傾向があるからである。ファミリーの雇用について規定した協定の内容は、他の各種契約書類と同じように扱われるべきである。内容を改定するのであれば、なぜ改定が必要なのか、改定後の内容はどのようなものかをファミリー全員に周知する必要がある。各メンバーは、改定後の内容が自らにとってどのような影響があるかを理解していないといけない。考えもしなかったよう

[図 9.4] ファミリー協定をめぐっての検討事項

雇用協定

- 雇い入れの時期、採用基準はどのようなものか？
- その採用は、空席となっているポストを埋めるためのものか？
  それとも採用にあたって、新たにポストを設けるのか？
- 学業に関する履歴および職務経験としてはどのようなものが必要か？
- 雇い入れに際して年齢制限はあるか？
  30歳もしくは40歳？
  そもそも年齢制限を設けるべきなのか？
- 自己都合もしくは会社都合により離職した後、当社に再就職することは可能か？
  育児休暇、就学休暇、あるいは職務上の重大な問題を理由とした雇用の終了は、上記に含まれるか？
- インターンシップおよびパート勤務の扱いをどのようにするのか？
- 姻戚の者を雇い入れる際、どのような能力を求めるのか？

な改定が行われると、ファミリー全体での信頼の土壌を揺るがすものとなりかねない。雇用に関連してファミリー協定を策定するにあたり一般的に検討を要する問題については、図9.4に示されている。雇用にかかわる問題は、ファミリー全体に影響を及ぼすものとして慎重に扱うことが重要である。したがって、ファミリーは、自らの期待と経営陣が策定する事業戦略とを調和するべく、経営陣と密接に行動を取る必要がある。

◉報酬および昇進

　報酬および昇進をめぐっては、ファミリーの方針やビジネスそれ自身を基にした複数のアプローチが可能である。1つ目のアプローチとしては、一般的な商習慣を活用することが挙げられる。給与額は、市場での相場および各人の業績に基づいて算出され、ビジネス上の都合が常に優先されることになる。こうしたアプローチは、各人の業績向上を促すかもしれないが、その一方で、ファミリー内での対立を生み出しかねない。

2つ目のアプローチはファミリーを優先したものである。メンバー全員の給与を等しくし、あらゆる困難な意思決定はコンセンサスに基づいて行われる。事業運営の責任を取る「社長」業務は実質的にファミリーの中の複数名のメンバーで構成されるチームが担い、その任務は、難しい意思決定を行うことではなく、むしろファミリー全体のコンセンサスが得られていることを確認することである。こうしたアプローチを取る場合、ビジネス上の業績がファミリーの調和のために犠牲にされるおそれがある。

　いずれのアプローチを採用しようとも、経営陣は、ファミリー全員に対して給与水準を公表することによってもたらされる利益を考えるべきである。これは各メンバーが自らのライフスタイルもしくは思い込みから間違った期待を抱く可能性を最小限にすることができる。さらに給与水準を公表することは、各メンバーが金銭面での報酬やその他の恩恵を互いに支え合いながらはじめて享受することができているということを、明確なかたちで伝えることができる。

●ビジネス上のニーズに基づいた職務の割り当て

　実際に後継の社長の指名が行われるまでは、次世代の各ファミリー・メンバーに対して、何を望んでいるのか、その意志を問うことは控えるべきである。各メンバーは、ある特定の事業分野に詳しいスペシャリスト、あるいはあらゆる部署を統括するゼネラリストといった具合に、それぞれの強みを持っている。次世代の各メンバーが自らの任務を全うし、その努力が何らかのかたちで報われれば、彼らはビジネスに対して価値のある貢献を果たせたと感じるだろう。これは自らの兄弟が自分より高いポストに就いていることに対する羨望や嫉妬を和らげる方向にも働く。これもいずれは起こりうることだが、各人のキャリア上の分岐は、企業分割、あるいは新しいリーダーシップの下で展開される新事業への途を拓くものとなり得る。

●ビジネスにおけるファミリーの行動様式

　従業員または他の各利害関係者（顧客もしくはサプライヤーを含む）を相手にして、ファミリー・メンバーが取る行動や態度は、模範的なものであるべきである。ファミリー・メンバーの行動によっては、ビジネスにとって重大な法的帰結をもたらしたり、企業の信頼を貶めることとなりかねない。仮にファミリー・メンバーが他の従業員を適正に処遇しなかった場合、会社全体の士気は脅かされることになる。換言すると、各人による好ましくない行動は、ファミリーの価値観や指導力について、好意的ではない見方を従業員や他の各利害関係者に植え付けることになる。

●雇用とファミリーの行動規範

　ファミリー企業での雇用について、各ファミリー・メンバーには、会社の評価に貢献するかたちで行動することが期待される。他者と絶えず口論しているメンバー、職場内で同僚と対立するメンバー、他者に対して無礼な発言を公然の場で行うメンバー、こういう行為を行うものは、ビジネスに関係するメンバーが共有するビジョンに対して、ファミリーのコミットメントを弱めてしまう。したがって、行動規範は往々にして、ファミリー・メンバー同士あるいは他の各利害関係者との関係で、協力関係を築くためのルールも含むようにその内容を拡大する必要がある（図9.5参照）。

ファミリー評議会
——ファミリー・ガバナンスを専門的なものにする

　ファミリーの規模、複雑性（人数、地理的要素、分家、世代の数等）が増すにつれ、定期的に開催されるファミリー集会は小規模ながら代表者からなるファミリー評議会に移す必要があるだろう。ファミリー全員が参加するような集会は、年1回開催されるファミリー総会として、メ

[図 9.5] ファミリーの従業員の行動規範

従業員行動規範

- 我々は、お互いに支え合い、さらにはファミリー全体をサポートする
- 我々は、共通の認識を有する
- 我々は、ファミリーの価値観に基づき行動する
- 我々は、お互いの職業観を尊重する
- 我々は、いかなるビジネス上の利益も個人的な利得に悪用しない
- 我々は、会社に法律上の問題をもたらす、または企業の信頼を失墜させるような行動を取らない
- 我々は、倫理にかなったかたちで、従業員を接する

ンバー同士の交流、問題意識の共有、あるいはファミリー評議会の小グループが取る活動に対して承認を与える趣旨で存続させる場合が多い。

　一般的にファミリー評議会への移行は、並行的プランニングの一環として、ファミリーに関わるあらゆる問題に対処し、ビジネスや取締役会との交流を図るうえで、より専門的なアプローチが必要であることを意味している。

　ファミリー評議会の参加メンバーである、ソフィエ・ラメラント・ベルゲ（Sophie Lammerant-Velge）は、ベルギー国内の自らのファミリーがファミリー評議会を設立した経緯について次のように語っている。

　　ベカルト（Bekaert）は120カ国で2万3,000人の従業員を抱える企業である。ファミリーは現在、第3世代から第6世代で構成され、非常に規模が大きい。ベカルトの取締役会には8名のファミリー・メンバーが

[図9.6] ファミリー評議会の役割

ファミリー評議会の活動

- ファミリーの教育プランを策定する
- プラン実行に関する説明責任を確保する
- 取締役の選任に関与する
- ファミリーの価値観およびビジョンを再検討する
- ファミリー集会および株主総会を開催する
- ファミリーによる各活動への参加を推進する
- 次世代のファミリー・リーダー候補を育成する
- ファミリーによる社会活動および慈善活動を企画する

在籍し、ファミリー評議会には14名在籍している。ファミリー評議会の役割は、ファミリーにかかわるあらゆる問題が、取締役会に持ち込まれる以前に解決され、取締役会が事業戦略やビジネスにかかわる問題に集中できるようにすることである。前もってファミリー・メンバーの見解を1つに集約することが重要である。

ファミリー評議会の設立は、取締役会から成るビジネス・ガバナンスと双璧をなし、ファミリー・ガバナンスとビジネス・ガバナンスの双方が相補的な関係を築くうえで、必然的な一歩であるといえる。これはファミリー・ガバナンスが、より戦略的な見地から、かつプランニングに基づき、新たな段階に移行したことを示す。ファミリー評議会は、ファミリーに求められる行動を特定し、さらに取締役会との協働においてより積極的な役割を担うものになる（図9.6参照）。

ファミリー評議会設立についての
ファミリーの決定

　ファミリー評議会設立を計画しているファミリーは、ファミリー・メンバーで構成される同評議会とビジネスとの関係に関連して、同評議会の役割について考慮すべきである。評議会がファミリー集会から発展した場合、ファミリーは共有されたプランニングや意思決定のアイデアを受け入れるだろう。ファミリー・メンバーは重要な問題について了承を得るために、協力することの意義を理解する。評議会の各決定事項は、年1回開催されるファミリー総会での承認手順を経ることになるだろう。

　複数の世代から成るファミリー、または多くのメンバーを抱えるファミリーは、参加の機会を広げる代表制アプローチ（representational approach）の恩恵を受けるだろう。ファミリー企業と雇用関係に無い、または株主ではない若手のファミリー・メンバーは、代表制を取るファミリー評議会が自らの意見を受け入れ、自らが抱える懸案事項についても対処してくれる、開かれた存在であることに気づくであろう。ファミリー評議会の参加メンバーを指名もしくは選挙で選ぶことは、ファミリー内のさまざまなグループにとってリーダーシップを経験するチャンスを生み出す。

　ここで難しいのは、ファミリーを代表するファミリー評議会の参加メンバーをどのようにして選出するのかということである。これはとりわけ、これまでファミリー集会が伝統的に開催されており、それがシニア世代のメンバーによって導かれてきた場合に特に当てはまる。ファミリーによっては、各分家の代表権が確保されることが求められ、一方他のファミリーにおいては、ファミリー企業内外、それぞれで働いているメンバー間の均衡が求められるだろう。他にも世代間のバランスを維持することを求める見解もあるだろう。優れたファミリーのなかには、分家、世代、職務等にかかわらず、最適と思われる候補者を検討することで、そうした問題を避けている。また、参加の方法についてローテーション制を採用することにより、成功しているファミリーもある。

ファミリー評議会と社会的活動

　ビジネスに長けたビジネス・ファミリーを存続させることが、ファミリー評議会の活動のすべてではない。すべてのファミリーは社会的な時間を共有すべきである。ファミリー評議会は、社会的活動の企画についても役割を担う場合が多い。社会的、娯楽的活動を共に楽しむことで、メンバー同士が、親密さ、友情、良好なコミュニケーションを築き上げる。ビジネス上の懸案事項と、こうした活動を完全に切り離すことは重要である。こうすることで、ファミリーとビジネスとを効果的に線引きすることができる。仮にこうした場所にビジネスにかかわる事項がいつも持ち込まれれば、ファミリー・メンバー、特にファミリー企業と雇用関係にないメンバーは、自らが対等な立場で参加できていないと感じ、正式なファミリーの一員であると実感できないことになってしまう。

　定期休暇を設定することを通じて、あるいは農場、夏季の別荘、共用のリゾートマンションを購入することで、ファミリーの公式行事（formalize fun）として楽しむことを組み込んでいるファミリーも多い。ファミリーによっては、ファミリー協定の規定に、ファミリーの休日、定期休暇、宗教上の儀式を盛り込み、専らファミリーに関する事項を中心に据え、会社もしくは会社に関わる事項は盛り込まないところもある。

ファミリー株主協定

　創業者およびビジネス・ファミリーは、さまざまな方法で、オーナーシップに関する計画作りに着手する。創業者は『「自分が死んだ時」ではなく、「仮に自分が死ぬとすれば」』という態度を取っているため、自らが死んだ後の財産もしくは支配権の配分について準備を行っていない

場合が多い。ビジネス・ファミリーにおいては、承継にかかわる話し合いを避けていることが多い。なぜならば、こうした議論は、メンバー間の対立や確執をもたらすおそれがあるからである。どちらにしても、ビジネス上の業績向上やファミリー・メンバー間の調和には到底結び付かず、延々と続く法的闘争を招来する可能性がある。

　フォルモサ・プラスチックス（Formosa Plastics）、およびその創業者で、遺言状を残すことなく昨年米国で亡くなった、ワン・ユン・チン（Wang Yung-Ching）の事例を見てみよう。台湾で２番目の富豪として知られたワン（Wang）は、自らが築いた世界的企業の支配権の承継等を明確にしないまま、91歳で亡くなった。米ニュージャージー州判事は、誰が数十億ドルの資産を管理し、さらには米国、台湾のいずれの法律に準拠して判断を行うのかどうかについて、ワンの息子により提起された訴えを棄却しなかった。同事例は現在係属中であり、最終的に各相続人に財産が分与されるまでにはさらに長年に及ぶ審理が必要となろう。

　並行的プランニングの目的に沿ったアプローチというものは、上記とは対極に位置付けられるもので、オーナーシップの存続のためにプラン策定に積極的に取り組むというものである。先にファミリーバイブルの事例でも取り上げたタラル・アブ・ガザレー・オーガニゼイションの副会長であるルアイ・アブ・ガザレーは、自らの父が、承継に関わるプランニングの必要性を初期の段階から認識していた経緯について次のように語っている。

　　父のビジョンは、教科書やビジネス・スクールにおいて展開されるものというよりは、彼自身の職務上の経験から培われてきたものであった。当社は、多くの顧客相手に専門的なサービスを提供しており、それゆえ、経営が立ち行かなくなるファミリービジネスも数多く見てきた。自ら「議題（agendas）」を提示できないほど若かりし頃、父は、母、兄弟、姉妹、そして私を含めて家族全員を集めて、自分が死んだ時、どのような事が想定されるかについて語りかけた。我々全員は混乱してしまい、母は怒っ

てしまい、以後、我々はそのことを話題にしなかった。父が、3度目に話し合いの機会を設けたとき、今度は事前に（数百頁にも及ぶ）書類を配布し、わざわざパリで集会をセッティングし、その場に信頼できる弁護士を呼び寄せていた。こうなれば我々は承継につき議論するより他は無かった。

　相続にかかわるプランの策定は、シニア世代の者にとって、最も難しい作業の1つである。なぜならば、それは非常に繊細な問題を扱うからである。これは親の支配、自主性、死、敬意、愛、ライフスタイル、姻戚の者との関係、離婚、性別の違い、親子関係といった、ありとあらゆる社会的タブーや各人の感情面に触れるような話題を扱うことになるため、その対話は非常に難しいものとなる。そして、承継プランを策定することは、ファミリーの一部で考えるのではなく、各人、分家、そしてファミリー全体の各レベルにおいてのプランニングや行動が求められる。

　個人のレベルにおいては、各人それぞれが自らの死というものに向き合い、そこから自らが有する金融資産の扱いをどうするのか、どのように分与するのかを考えなければならない。場合によっては、こうした相続をめぐる計画については、ファミリーの中での株式所有のバランスを保つため、ファミリーの各分家も考慮に入れることもある。信託（trusts）、議決権付き契約（voting agreement）、または売買にかかわるプランが用意されているのであれば、ファミリー全体による行動が求められる場合がある。こうした仕組みを利用するために重要なことは、ファミリーの世代間のニーズのバランスを取る必要があり、ビジネスが財務的に存続し、競争力を維持し続ける状態を確保しなければならないことにある。

　株主協定は、3つの重要な役割を果たす法律上の契約である。1つ目として、同協定はオーナーシップの権利および義務を明確にし、その枠組みを与えることである。2つ目として、オーナーシップをめぐっての紛争もしくは対立を解決するための枠組みを与えることである。ただし、

この場合に留意すべき点として、ファミリーの中にはオーナーシップについてはファミリー協定に盛り込んでいるケースが多いが、それは一般的には法的というよりもむしろ倫理的な拘束力を持つものであり、オーナーシップにかかわる行動すべてが、法務や税務の各専門家による助言に照らし合わせて慎重に考慮される必要があることは注意して頂きたい。3つ目の役割であり、そして上記2つと同等に重要な役割は、ファミリーの中での株主の間の協定は、ビジネスに対するファミリーのビジョンおよびビジネスそれ自体をサポートするオーナーシップの仕組みをかたち作ることになるということである。次世代の若手メンバーが入社する以前に、雇用と労働関係にかかわるファミリー協定を作成しておくことは重要であり、株式の譲渡が確約される、もしくは実際に移譲される前に、オーナーシップにかかわる広い問題を扱った協定を策定することが不可欠である。

　ファミリー内の株主間の協定の目的として、他にも株主の権利を明確にすることが挙げられる。残念ながら、株式非公開企業における株主の権利は、企業憲章、法律、政令よりも、むしろ対人関係や各利害関係者による明確な了承に左右される。株式公開企業においては、株式市場、政府機関、裁判所が最低限の基準を設け、株主総会、財務情報の開示、取締役会、議決権、その他ビジネス上の問題を扱った法規を執行することからも、株主は明確に定義された権利を持つ。こうした株式公開企業においてみられるものは、本章の冒頭で紹介したマクニーリー家のような極端な事例は除き、通常ビジネス・ファミリーにおいては適用されないツールである。

　ファミリーが、ファミリー・オーナーシップの存続を含むビジョンに同意した場合、オーナーシップにかかわるプランニングやオーナーシップの承継は重要な課題となる。それは簡単なものではないが、ファミリーの将来像について合意を得ておきたいとするニーズは非常に強い。他にもファミリービジネスのプランニングにかかわる重要な要素として、真っ先に主要なファミリー・メンバーの年齢などのライフ・サイクルの問題が挙げられる。前章ですでに考察したように、オーナーシップは現

第4部
ファミリーとビジネスのガバナンス

在のオーナーの意向に基づいている。シニア世代のファミリー・メンバーがある一定の比率の株式を保有する場合、それは宗教的、売買、その他法的な制約等がない限り、その株式をどう処分するかは本人の判断に委ねられる。オーナーシップはまた、慈善活動への拠出金や各相続人に分与される資産と同じく、シニア世代のライフスタイルや経済的な保障を象徴する。これは、ファミリービジネスに参加しないことをすでに決めた子に対して親の資産の一部を分与することも含んでいる。

　ファミリー内の株主が自ら保有する株の売却を望んでいるが、その一方でオーナーとしての立場に留まらなくてはいけないという理由から、売却出来ない場合、葛藤が生じる場合が多い。仮に株主の1人が予期せずして現金が必要になった時に、保有する株を売却する以外に用意する方法がない場合、こうした問題はより複雑化してくる。多くの場合はファミリーと企業の間で売買協定（buy-sell agreement）または償還ポリシー（redemption policy）して知られるような買い取りプランを用意して、ファミリー・メンバーが保有する株式を処分することができるようにしている。自らが保有する株式の売却を検討している者は、他の魅力的な投資機会を思い描いているか、あるいは単にこれ以上ファミリー企業の株式の一部を保有したいとは考えていないような時がある。いずれの場合であっても、ファミリーにとっては、ビジネスを保護しファミリー関係を維持するために、自社株を買い戻す、再分配する、もしくは譲渡するためのプログラムを管理する有効かつ簡潔な手段を用意しておくことが重要である。

　個人オーナーの形態を取るファミリービジネスにおいて、オーナーシップの権限強化を図るために、実際のところ外部からの介入に頼らないものである。ただし、過度に、法的要件の厳密な解釈あるいは想定される法的措置を意識しながら業務を行うようなファミリーは、ファミリービジネスが本来有していたはずの信頼という競争上の強みを失ってしまうこともある。ファミリービジネスの株主になることは一体どのような意味を持つのかにつき、ファミリー全体での認識を明記したファミリー・オーナーシップ協定（family ownership agreement）を作成

することは多くのファミリーにとって有効だと思われる。

　上記のような不確定な事項にかかわる議論を円滑に進めるうえでも、並行的プランニングが役立つ。これは、並行的プランニングを通じて、ファミリーおよびビジネスの双方の懸案につき、誠実なる情報の交換や完全なる情報開示が促されることを意味する。オーナーシップに関わる問題を解決する唯一の方法は、ファミリーおよびビジネスの双方の財務的状況をオープンに議論することである。ファミリーによっては、財産に関わるプランを策定することを通じて、たとえば誰がビジネス・オーナーシップの責任を引き受けることを望んでいるか等、未解決の問題が浮上してくることもある。このような場合においては、会社が事業戦略の適否を判断する以前に、ファミリーがこうした問題を解決しなければならない。

ファミリービジネスから、ファミリー・オフィスおよびファミリー財団へ

　事業を売却したファミリー、または莫大な財産を築いたファミリーは、自らの資産や寄付行為を管理するために、ファミリー・オフィスやファミリー財団を設立する。これら2つの組織はそれぞれで異なる役割を果たす。ファミリー・オフィスは、投資、ファイナンシャル・プランニング、税務、会計上のアドバイスとサポートをファミリーに提供するために存在する。一方、ファミリー財団は、ファミリーが行う慈善活動について、より戦略的もしくは統合されたアプローチで進めるために設立される。

　独創性に富む企業と同様、優れたファミリーの価値観やビジョンも、投資に対して競争上の強みを付加する。香港に拠点を置き、ファミリー・オフィスを構える、レガシー・アドバイザー（Legacy Advisors, Ltd.）の社長、ジェームズ・チェン（James Chen）は次のように語る。「とりわけ非常時においては、ファミリーとしてただ1つに絞り込んだビ

ジョンを持っていることが必要である。これこそが、まさに、当社が近年の世界経済の激変を何とか潜り抜けてきた理由である。そこにはパニック、あるいは金銭欲に目が眩む余地などまったく無かった。当社はすでにピーク時の純資産価値まで回復するにいたっている」。

ファミリー・オフィスと同様、優れたファミリー財団も、ファミリーの価値観を非常に意義のある慈善活動へと昇華し、仮に並行的プランニングが効果的に実践されているのであればその一環として、ファミリー財団はファミリーの価値観をビジネスへとつなげる役割も果たす。本章の冒頭で紹介したメリテックスのCEOを務めるパディの姉であり、ハリー・ジュニアの娘にあたるシャノン・マクニーリー・ホワイテイカー（Shannon McNeely Whitaker）は、同社に勤務した経験はないものの、現在ファミリー財団の会長を務めている。彼女は次のように語っている。

> 会社本体とファミリー財団は、「姉妹関係」にあり、同一のコミュニティの一部である。ファミリー財団は、我々ファミリーのルーツに遡り、祖父が創業した当時の地元コミュニティでの慈善活動に焦点を当てている。同財団は、被雇用者適性判断事業（an employee gift-matching program）を通じて、会社の各拠点およびその地元地域すべての居住者を対象に、就業を支援し、これを奨励している。ファミリー財団はさらに、大学に通う従業員の子を対象とした奨学金制度を実施している。

ファミリー・オフィスとファミリー財団の2つの組織は、とりわけ、会社に代わって家族をつなぐ役割を果たす場合が多い。マクニーリー家の事例は、会社のオーナーシップの形態が「従兄弟連合」の最中にあるファミリー財団を通じて、ファミリーの不和が癒された最たる例であろう。しかし、家族間の不和を未然に防ぐ役割を第一に担うのは、ファミリー財団とつながる、強力なファミリー・オフィスである。香港のグレース・ファイナンシャル（Grace Financial Ltd）のファミリー・オフィスで投資業務を統括するロイ・チェン（Roy Chen）はこの考えを強く

支持する。

　与えるという行為は、受託責任の考え方に必然的に含まれる。仮に与えるという行為を行うのであれば、当然のことながら、その行為の先を思い描く必要がある。今や、(現在の) 第3世代の枠を越えて、われわれ家族を最も強力につなぎとめているのは慈善活動である、ということは明らかだと私は考えている。投資ということになれば、次世代のメンバーをひるませ、協力や理解を得られないかもしれないが、B型肝炎を長期にわたって根絶するといった活動は、ファミリー全体が賛同し集結してかたちになった類のものである。慈善活動は単なる選択肢の1つではない。不可欠なものである。

ファミリービジネス
最良の法則

ファミリー集会あるいはファミリー評議会は、ファミリーの意思疎通と意思決定を支えるガバナンスの役割を果たす。

ファミリー協定は、重大な問題において協力し合うための各メンバーの行動やルールを明確に表したものである。

株主協定は、ファミリーの資産を争いごとから守り、長期的な視点でのプランニングや行動を可能にする。

ファミリー財団とファミリー・オフィスは、ビジネスの枠を越えて、家族の絆とコミットメントを維持するためのツールである。

第5部

企業形態のファミリービジネスの受託責任

10 木を植える人々

　今からちょうど100年前、南仏アルプスの草木のない山肌において、ある男が木を植え始めた。
　エルゼアール・ブフィエ（Elzéard Bouffier）は低地に暮らす農家であったが、妻とひとり息子を亡くした後、羊を連れて丘陵地に移り住んだ。彼の目的は、すでに人影が絶えて久しい廃村が点在するこの乾燥した丘陵地に、ひとり羊飼いとして余生を過ごすことではなかった。彼の目的は純粋にこの乾いた大地に木を植えてみずみずしい大地を蘇らせることであった。
　ブフィエは、日中はドングリの木を植えることに励み、夜は無数の種の中から最良のものを選び出す作業に勤しんだ。彼はドングリ以外にもブナノキやカバノキなども加えることにした。3年の間に、彼は計10万個の種を植えた。うち5分の1に芽が出た。彼はその発芽したもののうち、生き残るのは半分にすぎないと考えていたが、それでも1万の木が何も無かった大地に根を張り、成長することになる。
　月日は流れ、やがて第1次世界大戦が起こった。エルゼアール・ブフィエは、あい変わらず当初の目的を追求し続けていた。最初に植えたドングリはすでに成人男性の身長ほどに育ち、ブナノキは肩あたりの高さになっていた。谷では、カバノキが茂みを成し、かつて不毛な乾燥地であったところに水の流れができていた。その一方で、少ない資源である苗木や水を、羊の群れが食べ尽くしたり、飲みすぎたりしないよう、ブフィエは4頭を除きすべて売り払った。そして、その代わりに彼は100箱の養蜂箱を手にし、最低限の生活の糧を得ることができた。
　ほんの少しずつではあるが、年を経るごとに、不毛な大地に緑や生物

が帰ってきた。草花にヤナギ、次いで野ウサギやイノシシが戻ってきた。猟師たちもやってきたが、誰一人としてこの目の前に広がる自然の変わりようを、ある1人の男に帰するものとして見る者はいなかった。しかし、こうした自然の奇跡が生まれたのも彼の行動によることは疑いようがなかった。誰から感謝されるのでもなく、また多くの困難にもめげることなく、ブフィエはただひたすらそれを続けていた。時には、1年間に1万を超えるカエデを植えたが、すべて枯れてしまったこともあった。今では森と呼べるまでに生えそろった木々にブナノキを植え足すために、家からの12kmの道のりを歩かなければならないほどになっていた。ブフィエは75歳になっていたが、その頃には、この孤独な生活のため、言葉を交わすということをほぼ忘れていた。

　第2次世界大戦が勃発した際、彼のこうした活動は一時危機的状況に陥った。燃料を確保するために、木々が伐採されることになったのである。ブフィエが育てた森でも、一時期、木々が切り倒されたが、しかしその森は町から遠く離れた場所にあったことから、間もなく、その森を伐採することは非経済的であるとの判断が下された。ブフィエは第1次大戦の時と同じく植林を続けた。ひたすら待ち望んだ平和が1945年にようやく訪れた時、彼は87歳となっていた。その2年後、彼は病院でその生涯を終えた。

　話は少し遡るが、ブフィエの晩年に森林管理部の聡明な役人がこの地を訪れたときに、ここの森が自生したものではないことに気づいた。もはや、ブフィエにとっては知る由もないことだが、その役人はこの若い森の保護活動を何人かのスタッフに割り当てた。ほぼ同じ頃に、かつて放棄された農地や村に人々が戻り始めた。木々は雪解け水を蓄えることができるため、この土地には水がふんだんにある状況になっていた。人々は水の流れはどうやってできるのかを学ぶことができた。水が豊かになったこの土地では、あらゆる作物が豊富に実った。

　こうして、エルゼアール・ブフィエは数千本の樹木が茂る森だけではなく、男、女、子どもを含む1万人ほどのコミュニティを後世に残した。かつてブフィエが目にした荒涼とした土地は今日にいたるまで、生き生

きとしたその表情を見せている。

植林からプランニングへ

　この有名な短編童話である『木を植えた男』はファミリービジネスを扱ったものではない。原著者はフランス人作家、ジャン・ジオノ（Jean Giono）であり、事実に基づいたものであるのかフィクションであるかも明らかにされていない。ただ、彼は現代の物語であるということだけを言い残している。1954年の初版から、この短編はあらゆる主要言語に翻訳され、1987年には、アカデミー賞短編アニメ映画賞を受賞している[1]。

　この物語は、今まさに、植樹によってわれわれが暮らすこの地球を救うことが出来るということが現実化している時代にあって、以前にも増してより意味を持つことになっていることは間違いない。しかしながら、我々にとっては、この物語はファミリービジネスにおいて最も大切なこと、あるいは最も大切だと思われることのすべてを要約しているように思えてならない。さらに、ビジネス・ファミリーは、木を植えた男から学ぶことができるように、おそらく、ファミリー企業の各事例を見ることで、他の一般的な企業も学ぶことができるだろう。

　この『木を植えた男』が訴えていることをかいつまんで言えば、ごく普通の人間が、自らの創造力やエネルギーをビジョンへと導き、途方もないことをやってのけたという話である。未来を見据えた彼の価値観、継続的な学習、および戦略的な行動が、企業家精神にも通ずるような彼の決意と結び付き、これまで決してなされなかったことを実行に移す力となり、不毛の大地を生命の息吹に溢れ幸せに包まれた豊かなファミリーと共によみがえらせることを可能にしたのである。個人的な名声や利得を顧みることなく、その羊飼いの男は、植樹者に転身して居住場所を低地から山岳に移し、その土地の土壌と景観に合った最良の樹木を選

第 5 部
企業形態のファミリービジネスの受託責任

び植えた。まとめていうならば、本物語は、堅実なプランニングの帰結に関わるものであり、それは我々が受託責任と称しているものと同じなのである。

　ジャン・ジオノが著したこの物語について考えることで、我々が本書の冒頭部分で示した、価値観およびビジョンに引き戻し、ファミリービジネスの人間的な側面の重要性を最後に指摘しておくことで本書を締めくくることを可能にしてくれる。我々が経営学者として、戦略、投資、およびガバナンスに関する新しい見解、テクニックを紹介することは、ある意味では易しいことである。こうした技術的な論点については、我々のこれまでの研究、教育、およびコンサルタントとしての経験に基づけば、何等か関連する情報を提供できるからである。しかしながら、実際のところ、ビジネス・ファミリーと行動を共にしていくうえで最も重要な要因は彼らの価値観およびビジョンである。もしファミリー・メンバーの中で生じてくるモチベーションが、お互いに協力して長きにわたって存続するビジネスを築き上げていこう、という意思の表れとしてコミットメントしようとするアクションにつながるものでないならば、我々がプランニングに関してどのようなアイデアを提供しても実際的な価値はほとんど無いものとなる。

　本章では、我々は本書で言及を避けてきた事柄を扱っていこうと思う。受託責任をはじめとして、本書の読者が、ファミリーおよびビジネスにとって最も重要な価値観であると考えているものを、取り上げていくことにしたい。我々がファミリーおよびビジネスの「受託責任」というとき、我々はそれを文字通り、子どもをどのように育てるか、どのようにビジネスを導くのか、さらにはファミリーが望む遺産のかたち、というような意味で使っている。その一方で、裕福で成功を収めているファミリーはまた別の問題に直面する。なぜならば、こうした裕福なファミリーは、メンバー相互の絆を維持することは容易なことではないからである。まさにファミリーの各メンバーがそれぞれの人生において共通の意義を見出すことを後押しするうえで、この受託責任が役割を果すことができるのである。強力な一連の価値観は、ビジネス・ファミリーの結束を維

持することができ、そしてさらに重要なことに、良好な人間関係を時に阻害してしまいかねない富や権限に内在する作用を弱めることができる。

　読者の多くが、ファミリーの価値観として、受託責任、存続性、または永続性に類するようなものを掲げているとは思うが、そのなかでも特に受託責任が並行的プランニングと補完的な関係にある。受託責任とは価値観であり、ビジョン策定、戦略策定、投資、およびガバナンスといった並行的プランニングの各活動は具体的な行動を伴うものであり、これらはいずれもファミリービジネスにとって成功という遺産を築き上げる手段となる。ファミリービジネスの受託責任はさまざまなかたちとなって現れる。以下、その例を挙げてみる。

- プランニングおよび行動の礎としてファミリーの価値観を用いる
- 富についての責務について子どもに教育する
- ファミリーの教育および能力開発に資金を拠出する
- 会社の成長のための経営資源を確かなものにする
- 可能な限り最も有能な経営陣を選任する
- オーナーシップの承継にかかわるプランを立てる
- ビジネス上のチャンスおよびリスクに絶えず目を向ける
- ファミリーおよびビジネスを来るべき変化に備えさせておく
- ファミリーの参加およびコミットメントを後押しするプログラムを策定する
- ファミリーが有する人財および資源を慈善活動に供する
- しっかりとしたファミリー協定を策定し、争いごとを防ぐ
- 意思決定および説明責任の向上にガバナンスを役立てる

第5部
企業形態のファミリービジネスの受託責任

- ファミリーおよびビジネスのあらゆる場面において公正なプロセスを実践する
- ファミリービジネスが事業を展開している地元コミュニティの利益を守る

　最も優れたファミリーとは受託責任を意識して活動を行う。なぜならば、自らの世代が譲り受けたり、もしくは新たに事業をスタートさせたときのものよりも良いビジネスに育てて、子や孫の代に譲り渡すことに、高い価値を置いているからである。しっかりとした見通しの上に立った健全なビジネスは、将来世代にさまざまな選択肢を与えることができ、ファミリーの価値観、参加、およびすべての利害関係者に価値を創造するというコミットメントに支えられながら遺産を築くことができる。
　エルゼアール・ブフィエのお話しのなかの森のように、多くのビジネスがひとりでに成長することはない。その多くが、一世代もしくは二世代ほど存続し、その後は消滅する場合が多い。ファミリービジネスに関する研究を早い時期から行ってきたコンサルタントの1人、レオン・ダンコ博士（Dr. Leon Danco）は、30年前にこうしたファミリービジネスの一般的な趨勢を説いている。彼の見解によると、ビジネス・ファミリーにとっての課題とは、プランニングのプロセスを高度専門的なものにすることであった。彼は、ファミリー、オーナー、および経営者によって効果的なプランニングが行われていないことが、ビジネス失敗の主な原因となっているとして嘆いた。ファミリービジネスの分野においてレオン・ダンコ博士が投じたこうした問題意識は、我々の前著、*Keeping the Family Business Healthy*（ジョン・ウォード著）、*Strategic Planning for the Family Business*（共著）、さらに本書『ファミリービジネス　最良の法則』に影響を与えた。
　我々は、ビジネス・ファミリーは、オーナーおよびリーダーが受託責任という価値観に支えられた有効なファミリー計画およびビジネス計画を策定した場合に、その潜在能力を発揮すると考えている。これは、受託責任を持っているだけでは、ただ単に好ましい意思を持っているとい

うことにすぎず、これに加えて、ファミリーの各メンバーに自らの役割を理解させること、今後のビジネスの成功に資する意思決定および行動を選択させるうえで役に立つ並行的プランニングのような建設的なフレームワークが必要となるということも表している。並行的プランニングを構成する5つのステップは、受託責任を単なるアイデアから専門的かつ具体的な行動へと昇華させるためのツールである。本書はビジネス・ファミリーを想定しているが、21世紀に生きるありとあらゆる企業にとってのプランニングの枠組みを提供できたと自負している。グローバルな市場環境がより厳しいものとなり、ビジネスが複雑さを増していることから、我々は、ファミリー企業であるか、株式公開企業であるかを問わずして、今後多くの組織が、堅実なプランニング、ならびに長期的視野および受託責任に支えられたアプローチを持つことなく、活動を行うようなことはできなくなるのではないかと考えている。

　ファミリービジネスがプランニングを行った結果、もたらされる帰結は当然のことながら予め想定できるものではない。本書が想定するプランニング、すなわち並行的プランニングとは、多くの読者にとって、戦略を選択する能力を研ぎ澄ませ、ビジネスに対するファミリーのコミットメントを強めることができるものとなるであろう。そうであるならば、オーナーによる増資は、ビジネス戦略の成功の可能性を上げ、ファミリービジネスの長期的な存続を後押しするものとなろう。ファミリーによっては、並行的プランニングを通じて、上記とは異なる帰結が導かれることもあるだろうが、おそらくは同等に相応しい結果が得られるものと思われる。並行的プランニングを実践することを通じて、ビジネスを存続させることが自分たちにとっては最良の目標ではないことを、より納得できるかたちで受け入れることになるかもしれない。

　他のファミリーにとっては、並行的プランニングは、可能性が存在することを悟るきっかけとなるかもしれないし、さらに、コミットメントは重要ではあるが、ファミリー・メンバー全員に向けられたものではないことを認識する助けになるだろう。こうしたファミリーはビジネスへの関心を失っている株式所有者に対して自社株の買戻しの機会を提供す

ることで、オーナー・グループ全体としての会社に対するコミットメントを強化することを選択するだろう。先を見越したうえで潔くこうした結論に達することで、ビジネスの成功とファミリーの調和の両方を同時に達成できる可能性が高まる。オーナーやリーダーが受託管理者として役割を果たし、ファミリー全体で公正なプロセスが実現できているとの実感が得られている場合、ファミリービジネスに特有の強みや潜在能力が完全なかたちで活用されることになる。受託責任と公正なプロセスの双方の価値を認めているファミリーは、並行的プランニングが計り知れないほどの価値を持つツールであり、実践するに値するものであることを知っている。

ファミリービジネスの業績を測る真の尺度としての受託責任

　一般的に、ビジネス上の業績は2つの尺度によって測られる。それは営業実績と価値の創造である（図10.1参照）。営業実績は、キャッシュ・フロー、生産性、収益性の点から、最近の決算期のビジネス上の実績を考慮に入れたうえで、経営の効率性を財務的な側面から測ったものである。これらはビジネスの状態を判断する重要な尺度であり、経営陣および取締役会の双方が四半期および年次ごとにチェックしている。
　2つ目の尺度である価値の創造は、ビジネス戦略の有効性、ならびに経営陣が株主および各利害関係者全員に対して長期的な価値をもたらしたかを評価したものである。こうした尺度には、新たな市場の開拓、健全な財務状況、経営陣の質、効果的なガバナンスが含まれる。これらはいずれも、将来的な価値を生み出すビジネスの長期的な健全性や能力を表す重要な指標である。
　ファミリービジネスに限ってみると、その業績を測る第3の尺度があり、それこそが我々が「受託責任」と称しているものである。これはビジネスの生産力を測るものではなく、むしろファミリーやビジネスの成

[図 10.1] ファミリー企業の実績を測る3つの尺度

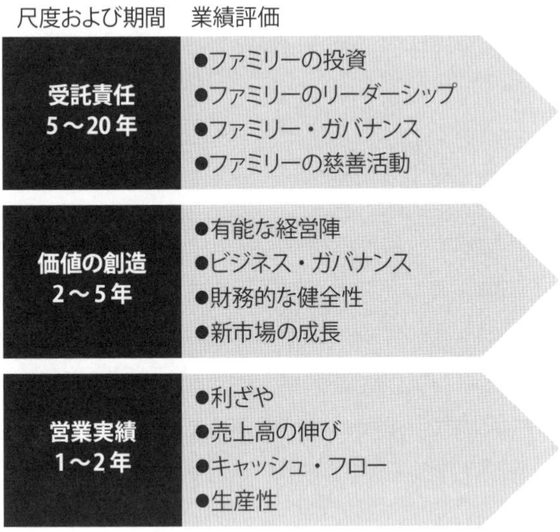

尺度および期間	業績評価
受託責任 5〜20年	●ファミリーの投資 ●ファミリーのリーダーシップ ●ファミリー・ガバナンス ●ファミリーの慈善活動
価値の創造 2〜5年	●有能な経営陣 ●ビジネス・ガバナンス ●財務的な健全性 ●新市場の成長
営業実績 1〜2年	●利ざや ●売上高の伸び ●キャッシュ・フロー ●生産性

功に対するオーナーあるいはリーダーとしての継続的な貢献度を評価するものである。受託責任は、人的投資や財務的投資、リーダーシップ、およびガバナンス活動を基にファミリーの取り組みを評価し、最も重要なことには、専門職業意識（professionalism）、従業員への配慮、慈善または公平さといったファミリーの価値観の方向性を定めるものとなる。ビジネス・ファミリーには、一般的な企業に比べて、より広範にわたる基準が必要である。なぜならば、彼らの成功は単に財務的な実績のみによって測られるものではないからである。本書第1章で考察したように、ファミリー・メンバーは自らの投資の見返りとして、社会的、心理的、および精神的な恩恵を期待する場合が多い。

第5部
企業形態のファミリービジネスの受託責任

受託責任の競争上の強み

　受託責任は、これを計画のかたちにし、積極的に活用するのであれば、すべてのビジネス・ファミリーにとって競争上の強みとなりうる。効果的なプランニングにより、いかなるファミリービジネスであっても自らが有する潜在的な強みまたは比較優位を上手く活用することができる。ファミリービジネスに特有の競争上の強みをすべて列挙することは不可能であるが、少なくとも最良のファミリー企業から見ると、ファミリーがオーナーシップを握るという形態を取っているがゆえに有することの多い固有の強みというものが存在することは明らかである。こうした強みの多くが、実は『木を植えた男』の物語のなかで示されているということは興味深いことである。

　以下の節では、並行的プランニングの5つのステップと、ファミリービジネスがファミリービジネスであるがゆえに有する固有の強みをいかに競争上の強みに昇華させることができるのかを考察したい。

ファミリーの価値観は何らかの意味がある

　自社株が市場で取引されている上場企業は、コストと時間をかけて従業員およびマネジメント・コントロールを通じて、自社の特長や強みを定めていかなければならないことが多い。一方、ファミリー企業は、共有された価値観、ファミリーの一員であることの誇り、自社の製品もしくはサービスに対する誇りがその運営の力となっている。ドアに掲げられた表札が原動力となっているのである。エルゼアール・ブフィエは、自らの作品の原動力として品質（quality）を重視し、物事を適切に行うことを生来のモチベーションとしていた。ファミリー企業も品質を重視する傾向にある。こうした企業は、より大規模もしくは自社株がより

広範に取引されている企業に比べると、顧客の不満に対してより迅速に対応できる場合が多い。ファミリー企業においては、こうした不満が隣人を通じて寄せられてくることから、事案ごとにきめ細かい対応ができる。ファミリービジネスは、大小さまざまな顧客に対して「個人的な対応（personal touch）」ができる。そうしたファミリービジネスの特長は、今日において支配的となっている人間味の感じられないビジネスのなかにあっては、重要となってくる。

ファミリーのビジョンは幾世代にわたって存続する

エルゼアール・ブフィエの物語は、長期的なビジョンに注力することが、結果をもたらす点についても明らかにしている。森を造るという彼のビジョンは、何も無い土地に、3年の期間に10万本の木を植えるというシンプルな戦略に支えられたものであった。彼は、10万本分の木の種を植えたとしても、そのうち発芽するのはたったの2万にすぎず、さらに順調に生長していくのはその半分ほどで、数十年掛かってようやく森を形成するだろうと考えていた。夢が現実となる頃にはおそらく自分はこの世にいないであろうことを確信しつつも、自らの夢を追った。最良のファミリービジネスも同様に、こうした長期の時間軸の中にある。こうした企業は、四半期ごと、もしくは年度ごとの時間軸をこえて、より長期の次世代、それ以降の結果を思い描くことも可能である。

新たな機会に対するファミリーのプラン

ニッチ市場または特定の商品のみを扱う市場は、規模が大きく大衆向けの市場で事業を行う企業よりも機会に恵まれている場合が多い。なぜならばこういった市場には競合相手も少なく、それはとりもなおさず利益を享受できる余地が存在するということになるからである。こうした市場において最初に顧客からの支持を得ることに成功した企業は、他の競合他社に対して参入障壁を築くことができる。

第5部
企業形態のファミリービジネスの受託責任

　ファミリー企業はこうした市場の機会を活用することに非常に向いている。これらの企業は、オーナーシップの形態上、株主や各投資専門家に対して説明責任を果たす必要がない。たとえ、10年ないし20年という期間では利益が得られないとしても、ファミリーのコミットメントを得ることで、新たな市場に参入できるという自由がある。

　ここでもやはりエルゼアール・ブフィエの物語の内容があてはまる。ブフィエにとって、羊がもはや彼の主な関心事では無くなり、そればかりか、今や彼の企ての中心部分を占めるにいたった森の創造を阻害するようになってきたことから、彼は羊を売り払い、養蜂で生計を立てるようになった。彼は、水や若いカバノキといった希少な資源をしっかりと管理した。彼は自らの価値観や何が正しいかを認識しており、それゆえ自らのビジョンを捨てるようなことは決して無かった。しかしながら、彼も年を重ね、自らを取り巻く環境も変化してゆくにしたがい、新たな機会を利用することを計画し、それを取り入れた。

次世代のために投資するファミリー

　ビジネスの最も古い格言の中の1つに「成功するビジネスは成功する。なぜならば未来に投資するからである」というものがある。この格言はファミリービジネスの本質をよく言い表している。最良のファミリービジネスとは最良である。なぜならば、こうした企業は、自社が有する人財や資源を、オーナーやリーダーとしての人的資本と能力開発に投資するからである。エルゼアール・ブフィエも同様に学習を続けた。ブフィエは、ある日のこと、彼の元を訪れた森林保安官（forestry official）から、「自生の森（natural forest）」を脅かすことになるとして、火を使用しないようにと警告を受けたが、明らかにブフィエの方がその保安官よりも木について詳しかった。

　最良のファミリービジネスは、教育・訓練プログラム、ファミリー・メンバー向けのセミナー、コーチング（coaching）、専門職労働組合または製造業労働組合向けの休暇制度、さらには高度の正規教育を助成

する拠出金制度等を提供している。ファミリー企業はこのような投資から高いリターンを得ることができる。なぜならば、こうした投資を提供することで長期的な忠誠心やコミットメントを醸成することができるからである。各メンバーの貢献を柱に、成長し、発展し、その貢献に対して報奨を与えるファミリー企業は、そのファミリー全体のコミットメントからもたらされる利益を享受する。ファミリービジネスに関心の無いファミリーリーダーであっても、自らの子がそのファミリービジネスで働く場合、またはその子が他の何らかのかたちでファミリービジネスを支えることを選択する場合、当該ファミリーリーダーはコミットしたオーナーになる。エルゼアール・ブフィエと同様、次世代の利益のために尽力している間は、その者はまだ人生の幕を下ろす段階には無いのである。

業績のためにガバナンスを行うファミリー

　すべてのファミリービジネスが直面する普遍的な課題とは、ファミリーとビジネスの双方の価値観や考え方に本質的に対立が存在することである。双方のビジョンとプランニングの調整が取れているのならば、この2つの強力なシステムは、各利害関係者に対して非常に優れた価値をもたらすのであるが、しかし、それは効果的な意思決定と説明責任を基盤とするガバナンスが有効に機能してはじめて可能となる。共有された価値観に基づき、ファミリーとビジネスの双方を同時並行的にプランニングし、しっかりと統治されたファミリービジネスは、新たな機会により迅速に対応することができる。こうしたファミリービジネスは、意思決定のプロセスが官僚的で、素早い対応ができないような組織とは異なり、意思決定にかかわる当事者の数が少数であることから、迅速な対応が可能となる。エルゼアール・ブフィエが亡くなる直前、聡明な森林管理官がまさに必要とされていたことを行った。それは、その森が州の管理下に置かれること、いかなる商業目的での木々の伐採をも厳しく禁ずること、以上の2点を保証することを除いては、何も行わないことで

あった。同様に、効果的なガバナンスによって、対立が未然に回避され、過度の衝突から家族関係が守られる。

ファミリーは共有された成功を導く

『木を植えた男』には、受託責任について説いている要素も含まれているように思われてならない。その物語に登場するごく一般的な男は、他者からの称賛や権力を求めず、個人的な利得を当てにすることなく、根気強く自らの信念に従って尽力する。将来に貢献する労働と彼が有する能力こそが、彼にとっての報酬なのである。

　成功を分かち合うなかから生じる、この人と人との結びつきは、ファミリービジネスのオーナーシップが成り立つ最も重要な理由であるかもしれない。優れたビジネス・ファミリーにおいては、メンバー同士が互いの努力や貢献を認めたうえで、これを称え、自らが成し遂げたことについて自信や誇りを持つ機会が与えられている。こうしたことは、創業家では無いごく一般的な家庭においては、めったに経験することのないものである。ファミリーにおける協力関係は、そのメンバーである父、母、娘、息子、叔父、叔母、姉妹、兄弟、あるいは従兄弟がお互いを敬い、他者とファミリー全体のために奉仕したいとの姿勢を示す場合に限り、可能となる。

　ファミリービジネスは、ファミリー・メンバー各人が成功を分かち合って共に喜び合い、失敗した際にはお互いを励まし合い支え合うことのできる特別な場を提供する。ファミリー・メンバー各人で共有された経験は、ファミリー協定等のはっきりとした接点、ならびに取締役会やファミリー評議会等のしっかりとした機構によって支えられていれば、メンバー同士の強固な絆を構築する。こうした固く団結した中にあって、ファミリー・メンバーは、大きな業績を分かち合うだけでなく、たとえ小さく、想定さえしていなかった、各人の寄与についてもこれを共有することができる。こうした表に出てこない成功は、シニア世代の親族からの優しい言葉、重要な判断を下した後の

従業員の笑顔、地域の行事での子どもたちの笑い声、苦しんでいるファミリー・メンバーに救いの手を差し伸べることで彼らがその人生を好転させることに貢献できたことから湧き上がってくる感情等、それこそ挙げ出したらきりが無いほどさまざまな方法から生まれてくる。

　この方法こそ、ファミリービジネス　最良の法則である。

謝辞

　本書は学際的な研究の成果であり、INSEADおよびケロッグの研究チームの功労を称えたい。

　INSEAD Wendel International Centre for Family Enterprise（カーロック教授により設立）は、センターコーディネーターであるVeronique SanciaumeとNathalie Bogaczの両氏のご尽力のもと、教職員が集った。また、バーグマン家、ロイスト家、ホフマン家、ウェンデル家の各創業ファミリーにも大変感謝している。彼らは早い段階から我々の研究の重要性を認めて、財務的支援をしてくれた。彼らの支援がなければ、我々の研究や執筆活動は成り立たなかった。また、Berghmans Lhoist Chair in Entrepreneurial Leadership（起業家リーダーシップにおけるバーグマン・ロイスト基金）のサポートのおかげで起業家精神、ファミリービジネス、ファミリー企業におけるリーダーシップの重要性に焦点を当てることができた。

　世界各国のファミリービジネスから、ここケロッグのプログラムに参加したMBAの学生諸君、卒業生たちの貢献にも感謝したい。過去10年間での彼らとの関わり合いを通じて得たインスピレーションや見識は大いに役立つものだった。特に、ケロッグのGoverning the Family Business programに参加した400名をこえる受講生は、我々に多くの経験と刺激をもたらしてくれた。

　ファミリービジネスの研究に携わる同僚たちも、さまざまなアイデアや有益なコメントを寄せてくれ、我々を激励しサポートしてくれた。こうした方々の尽力により本書が完成を迎えたことに対して、心より感謝申し上げる。また、Family Firm Institute、Family business Network、さらには、コンサルタントやアドバイザーら全員による示唆に

富んだ意見は、我々の考察にも影響を与え、ファミリービジネスの研究と教育の分野に大きく寄与したことをここに述べておきたい。

　本稿の最終的な編集作業に携わり、数多くの創業ファミリーとのインタビュー実現に尽力してくれたエリン・ウィリアムズ、本書執筆にあたり初期段階のリサーチをサポートしてくれたファーガル・バーン、最終稿に有益なコメントを寄せてくれたINSEADのルシア・テプラ教授といった方々の支援を得られたことはとても幸運なことだった。そして、本書の出版にあたりパルグレイブ・マクミランのステファン・リュット氏と、同氏が率いる同社の専門家チームと再び仕事ができたことは本当に幸せなことであった。

　そして何より、INSEADやケロッグのプログラムに参加し、そこで自らの経験を語り、その実情やビジネスの実態を私たちと共有してくれた、世界中の学生たちおよび創業ファミリーに感謝を申し上げたい。我々の目的は、ビジネス・ファミリーが公私におけるさまざまな問題に対して、どう上手く対処していくかを明らかにすることだ。INSEADやケロッグが提供する講義、プログラム、学術会議などに参加する学生たちは皆、他の学生たちの経験や教訓から学ぶことの重要性を認識しており、本書がその一助となれば幸いである。

ランデル・S・カーロック
ジョン・L・ウォード

注

Preface

1 Kets de Vries, M. and Carlock, R. S. with Florent-Treacy, E. *Family Business on the Couch: A Psychological Perspective,* (New York: John Wiley and Sons, 2007)

1.Why Family Businesses Struggle

1 Anderson, R. and Reeb, D. "Founding family ownership and firm performance: Evidence from the S&P 500," *Journal of Finance* 58, 2003, and "Dynasty and durability," *Economist*, September 7, 2009.
2 Carlock, R.S. "Farview Electronics to be sold?" (unpublished INSEAD case study, 2010)
3 Freud, S. *Civilization and its Discontents,* (London: Hogarth Press, 1955). ジークムント フロイト（著），中山元（訳）「幻想の未来 / 文化への不満」光文社、2007
4 Making a Difference (2007-08) PricewaterhouseCoopers Family Business Services.
5 "Dynasty and durability," *Economist,* September 7, 2009.
6 Gersick, K. E., Davis, J. A., McCollom Hampton, M., and Lansberg, I. *Generation to Generation: Life Cycles of the Family Business* (Boston, Mass.: Harvard Business School Press, 1997) ガーシック ケリン・E.、ハンプトン マリオン・マッカラム、ランズバーグ アイヴァン、デーヴィス ジョン・A. ジョン、岡田康司（監訳）、犬飼みずほ（訳）「オーナー経営の存続と継承：15年を超える実地調査が解き明かすオーナー企業の発展法則とその実践経営」流通科学大学出版、1999
7 Erikson, E. H. *Childhood and Society* (New York: W. W. Norton, 1950). エリク・H・エリクソン（著），仁科弥生（訳）「幼児期と社会 1」みすず書房、1977、エリク・H・エリクソン（著），仁科弥生（訳）「幼児期と社会 2」みすず書房、1980
8 "Dynasty and durability," *Economist,* September 7, 2009.
9 Adapted from Sigelman, C. K. and Shaffer, D. R. *Life-Span Development,* (Belmont, Calif.: Brooks/Cole, 1991); Eggers, J. H., Leahy, K. T., and Churchill, N. C. *The Seasons of a Man's Life,* New York: Balantine Books 1978); "Stages of small business growth revisited: Insights into growth path and leadership/management skills in low and high growth companies," in Bygrave, W. D., Birely, S., Churchill, N. C., Gatewood, E., Hoy, F., and Wetzel, W. E. (eds), *Frontiers of Entrepreneurship Research* (Boston, Mass.,: Babson College, 1994).
10 Handler, W. C. "Succession experiences of the next generation," *Family Business Review,* 1992.
11 Making a Difference (2007-08), PricewaterhouseCoopers Family Business Services.
12 このケースの情報は次のいくつかの資料から成っている："Family dynamics: Why Bancrofts shifted stance on the Dow Jones bid," Wall Street Journal, June 12, 2007; "Prelude to a meeting," Wall Street Journal, June 4, 2007; "Bancroft cousin's letter:

'Paying the price for our passivity,'" Wall Street Journal, July 27, 2007; "How Thomson recast itself for a new era," Wall Street Journal, June 12, 2007; and Carlock, R. S., Kets de Vries, M., and Florent-Treacy, E. "Family matters: Keeping it in the family," *World Business Magazine* (December 2007).

13 "Bancroft cousin's letter: 'paying the price for our passivity,'" Wall Street Journal, July 27, 2007.

2.Making the Parallel Family and Business Planning Process Work

1 Broehl, W. G. Cargill: *Trading the World's Grain* (Hanover, N.H.: University Press of New England, 1992).
2 "Cargill faces future with a new face," Reuters, May 18, 2007.
3 Kampmeyer, J. M. "Preparing the next generation of owners (at Cargill)," Kellogg School of Management Family Business Conference, May 16-17, 2006.
4 Carlock, R. "Cheers to French entrepreneurs," *Families-in-Business,* November 21, 2008.
5 原語はフランス語で「旅の道連れ」の意味。英語では Fellow travelers。ここではファミリービジネスを支える従業員や株主を指す。

3.Family Values and Business Culture

1 Schein, E. H. "The role of the founder in creating organizational culture," *Organizational Dynamics,* 12 (1983).
2 Carlock, R. S. Eu Yan Sang: Healing a Family and Business (INSEAD case study, 2004).
3 Ward, J. L. and Zsolnay, C. A. Murugappa Group: Centuries-Old Business Heritage and Tradition, (Kellogg School of Management case study, 2004).
4 Ward, J. L. and Zsolnay, C. A. Succession and Continuity for Johnson Family Entelprises (A), (Kellogg School of Management case study, 2004).
5 Ward, J. L. and Lief, C. Prudence and Audacity: The House of Beretta (IMD case study, 2005).
6 Abdon, E., Engellau, E., Florent-Treacy, E., Guillen, L., and Marmenout, K. under the supervision of Kets de Vries. M. Fatima Al Jaber and Al Jaber Group: Traditions and transitions in a United Arab Emirates Family Enterprise (INSEAD case study, 2009).
7 Watson, N. and Story, J. MAS Holdings: Strategic Corporate Social Responsibility - A Strategy for the Apparel Industry (INSEAD case study, 2005).
8 Van der Heyden, L., Blondel, C., and Carlock, R. "Fair Process: striving for justice in family firms," *Family Business Review* (March, 2005).
9 Kim, W. C. and Mauborgne, R. "Fair Process: managing in the knowledge economy," *Harvard Business Review,* 75 (July-August 1997).
10 Kenyon-Rouvinez, D. *Sharing Wisdom, Building Values* (Marietta, Ga: Family Enterprise

Publishers, 2002).
11 Collins, J. C. and Lazier, W. C. *Beyond Entrepreneurship* (New York: Prentice Hall, 1992).

4.Family Business Vision: Exploring Family Commitment

1 Collins, J. C. and Porras, J. L. *Built to Last: Successful Habits of visionary Companies* (New York: Harper Business, 1994). ジム・コリンズ,ジェリー・I. ポラス,山岡洋一(訳)「ビジョナリー・カンパニー —— 時代を超える生存の原則」日経 BP 社、1995
2 Mowday, R. T., Steers R. M., and Porter, L. W. "The measurement of organizational commitment," *Journal of Vocational Behavior* 14(1979).
3 Carlock, R. A. "Classroom discussion with James R. Cargill," *Family Business Review* (Fall 1994).
4 Carlock, R. S. Eu Yan Sang: Healing a Family and Business (INSEAD case Study, 2006)

5.Family Participation: Planning the Family's Future

1 Larsen, P. T "Blueprint for keeping business in the family - interview with Andrew Wates," Financial Times, July 25, 2007.
2 Senge, P. M. *The Fifth Discipline: The Art and Practice of the Learning Organization,* (New York: Doubleday Currency, 1990). ピーター・M. センゲ, 守部信之（訳）「最強組織の法則――新時代のチームワークとは何か」徳間書店、1995
3 Johnson, L. "Poor children of the rich and famous," Financial Times, May 6, 2009.
4 「シニア世代のリーダーシップ」とは、現在、ファミリー企業を最終的にコントロールしている最高経営責任者やオーナーのようなファミリーメンバーに属する個人か、グループを指す。次の世代は、将来的に、リーダーシップや所有を通じてファミリー企業をコントロールすることになるファミリーメンバーの中の個人か、グループを指す。
5 Florent, E. Work and Love: Finding One's Place in the Family Firm (INSEAD case study 10/2002-5005, 2002-5).
6 Levinson, H. "Why the behemoths fell: Psychological roots of corporate failure," *American Psychologist,* 1994.
7 Kets de Vries, M. F. R. *Family Business: Human Dilemmas in the Family Firm* (London: International Thomson Business Press, 1996).
8 Kets de Vries, M. and Carlock, R. S. with Florent - Treacy, E. *Family Business on the Couch: A Psychological Perspective* (New York: John Wiley, 2007).
9 Davis, J. and Tagiuri, R. "Bivalent attributes of the family firm," *Family Business Review* (1996).
10 Timberlake, C. "The ladder - Oedipus complex: How to get help for a family business," Wall Street Journal Europe, February 27, 2001.

11 Herz Brown, F. "Parenting, privilege and challenging tomorrow's leaders," *Families in Business* (2004).

6.Business Strategy: Planning the Firm's Future

1 Source: Carlock, Randel S. "Family psychology and competitive advantage," *Families in Business,* July 21, 2008.
2 Drucker, P. "The future has already happened," *Harvard Business Review,* 1997.
3 Levitt, T "Marketing myopia," *Harvard Business Review,* September - October, 1975.
4 Porter, M "What is strategy?" *Harvard Business Review,* November - December 1996.
5 Porter, M. *Competitive Strategy* (New York: Free Press, 1980).M.E. ポーター, 土岐坤, 服部照夫, 中辻万治（訳）「競争の戦略」ダイヤモンド社、1995

7.Investing for Family Business Success

1 Villalonga, B. and Amit, R. "How do family ownership, control, and management affect firm value?" *Journal of Financial Economics,* May 2006.
2 Ugo Gussalli Beretta quoted in Wilson, R. L. *The World of Beretta: An International Legend* (New York: Random House, 2000).
3 Adapted from De Visscher, F., Aronoff, C. and Ward J. *Financing Transitions: Managing Capital and Liquidity in Family Businesses* (Marietta, Ga: Business Owners Resources, 1995).
4 Kaye, K. "When family business is a sickness," *Family Business Review* (1996).
5 "Prelude to a Murdoch meeting," Wall Street Journal, June 4, 2007.

8.Family Business Governance and the Role of the Board of Directors

1 Carlock, R. S. and Florent - Treacy, E. Nash Engineering: 100 years of Evolving Family Commitment (INSEAD case study, 2004).
2 Carlock, R. S. and Van der Heyden, L "Board recognition and reward," *Families in Business,* January - February 2008.
3 Carlock, R. S. and Van der Heyden, L. "Natural selection: How to choose the best board," *Families in Business,* January - February 2008.

9. Family Governance: Family Meetings and Agreements

1 Carlock, R. S.and Florent - Treacy, E. From Swords to Ploughshares: Three Generations of Family Entrepreneurship, Conflict, Transition and Connection (INSEAD case study, 2009).

2 Kets de Vries, M. *Family Business: Human Dilemmas in the Family Firm* (London: International Thomson Business Press, 1996).

3 Speaking at the Kellogg School of Management Family Business Conference 2006.

10 The Men and Women Who Plant Trees

1 Giono, J. The Man Who Planted Trees（木を植えた男）(Conde Nast, 1954年, 原著は「希望を植えて、幸福を収穫した男」の書名で、ボーグで出版された)。この話は1982年、タイトル名が現在の書名に変更され、1987年、同タイトル名でアニメ映画となった。

索引

A

SWOT	223
3PL	315
3つの弱点	80
3世代の法則	260
5つのC	39,137
5つのステップ	35,80

あ

アクション・プランニング	236
アドバンテージ	231
新たな機会を求めての資源の再配分	251
新たな市場領域への参入	250
新たなる事業領域への資産の再配分	245
意思決定	41
従兄弟連合	50,291
営業活動によるキャッシュ・フロー	278
営業実績	365
エンタープライジング・ファミリー・シンキング	129
オーナーが存在する段階	289
オーナー経営者	50
オーナーシップ教育	206
オーナーシップ信託	76
オーナーシップの移譲	299
オーナーシップの交代	220
オーナーに必要な6つの大きな責任	207
オーナーの責任	208
オーナーの役割	204

か

会社が保有する能力（強みと弱み）	239
回収	170
各ステークホルダー（利害関係者）の利益	209
価値観	34
価値創造の将来性	244
価値に関する株主からの発議	167
価値の創造	365
株式の保有	262
株主価値提案	232
株主協定	296
川上市場統合	250
川下市場統合	250
管理者教育	196
ガバナンス	35

用語	ページ
ガバナンス機構	95
ガバナンスについての十分な理解	210
起業家精神	57, 246
起業家的戦略	248, 253
企業形態のファミリービジネス	50, 291
企業の社会的責任	124, 177
企業文化 (Culture)	39, 107
キャリア (Career)	39
キャリア形成	216
規約	297
旧来の戦略	227
教育 (知識の獲得)	211
兄弟パートナー	289
兄弟パートナーシップ	50, 290
近視眼的なマーケティング	227
議決権	263
議定書	297
業界におけるリーダー的存在	248
経営幹部候補養成プログラム	214
経験 (実績)	211
経済的な目標	46
憲章	297
コア・バリュー	74
後継者問題	184
公正なプロセス	135
行動規範	100
コミットメント	58
コミットメント・ステートメント	307
顧問委員会	295
コントロール (Control)	39

さ

用語	ページ
最高精神的責任者	198
再投資	234, 311
参加戦略	91
財団	54
財務的資源	231
財務的資本	92
財務的投資	261
市場でのシェア拡大	249
市場におけるリーダー的存在	245
市場の拡大	245
シニアマネージャー期	215
シニアリーダー期	214, 215
支配権の譲渡	268
支配権の配分	347
資本 (Capital)	39
諮問委員会	306
社会的責任	45
社会的な目標	46
社外取締役	172
償還ポリシー	351
承継	50
承継のプランニング	188
承継プラン	177
承継プランの作成	309
職務の割り当て	342
所有と経営の役割の分離	290
心理的オーナーシップ	291

心理的な目標	47
持久力	233
事業戦略プラン	177
自社株の買い戻し制度	172
自社特有の戦略的な能力	239
慈善活動	177,292,353
若年専門家期	214
従業員持ち株信託	172
受託責任	365
受託人	112
受動的所得	269
ジョイント・ベンチャー	269
人材育成	185
人的資本	92
人的投資	261
スリー・サークル・モデル	197
スリー・サークル・モデルによるオーナーシップ	199
スリー・サークル・モデルによるビジネス	199
スリー・サークル・モデルによるファミリー	197
精神的な目標	47
成長期	214
青年期	214
世代承継	188
専制的なオーナー	289
戦略	35
戦略的可能性	239
戦略的考察	236
戦略的思考のプロセス	236

戦略的なストーリー	233
戦略的プランニング	89,226
戦略的方向付け	236
戦略の代替案	244
相続にかかわるプランの策定	349
組織的資源	231

た

対処的プランニング	225
対人関係に端を発する対立	321
代表制アプローチ	346
中核的な能力	231
長期的な価値創造	264
長老評議会	326
つながり (Connection)	39
適応的プランニング	226
適切な配当	311
撤退	246
投資	35,170,262
投資におけるジレンマ	268
投資の回収	262
統治するオーナー	263
取締役会	95,296
トレードオフ関係	60
トレーニング（技能と知識の応用）	211

な

能力強化	246,254

は

売却	170,262
売買協定	351
バリュー・ステートメント	307
パートナーシップ	256
パラレル・プランニング・プロセス（PPP）	4
評価／分析	236
ビジネス・ガバナンス	177,199,287
ビジネス上の業績	365
ビジネス戦略	89
ビジネス戦略に関する意思決定	299
ビジネスの可能性	166
ビジネスの結び付き	177
ビジネス・ビジョン	40
ビジネス文化	82
ビジネス・リテラシー	207
ビジョン	35,86
ファミリー遺産	203
ファミリー・エンタープライズ・モデル	132
ファミリー・オーナーシップ協定	351
ファミリー・オーナー取締役会	221
ファミリー・オフィス	56,292,298
ファミリー株主協定	347
ファミリー・ガバナンス	96,177,287
ファミリー規約	95
ファミリー協定	37,95,292,297,337
ファミリー議定書	95
ファミリー計画	177
ファミリー憲章	95
ファミリー財団	56,292,298
ファミリー集会	95,287,292,297
ファミリー集会の議題の作成方法	333
ファミリー総会	299
ファミリー団結委員会	293
ファミリー投資	292
ファミリーとビジネスの相補性	299
ファミリーによる投資	168
ファミリーによる投資判断	275
ファミリーの価値観	82
ファミリーの期待	167
ファミリーの行動規範	334,343
ファミリーの行動様式	343
ファミリーの結び付き	177
ファミリー評議会	54,95,287,292,298,343
ファミリー表彰プログラム	294
ファミリービジネス投資マトリックス	276
ファミリービジネスにおける投資のジレンマ	266
ファミリービジネスの投資戦略	170
ファミリー・プランニング・プロセス	217
ファミリー役員会	55
ファミリー・リーダーシップ	217
フェアプレー	74
フェア・プロセス	135
不動産、財産および人生設計	177

負の投資	273
紛争解決のための選択肢	326
分家の代表権	346
分散型ポートフォリオ	229
プロセス対立	321
並行的プランニング	10, 31
並行的プランニング・プロセスの手引き	99
報酬および昇進	341
保有	170

ま

マッキンゼーの7S	147
マネージャー期	214
マネジメントの承継	299
メンタリング	215
持株会社	326
問題対立	321

ら

ライフ・サイクル	48, 188
リーダーシップの次世代への承継	220
利害関係者の相関図	142
リスクマネジメント	229
レバレッジド・バイアウト	269

[著者プロフィール]

ランデル・カーロック
(Randel S. Carlock)

創業者リーダーシップにおけるベールガマス・ロイスト冠教授で、INSEADにおけるファミリー企業のためのウエンデル国際センターの創立ダイレクター。

米国ミネソタ州の聖トーマス大学でファミリー企業分野の初代教授となり、ファミリービジネスセンターの創立者も務めた。NASDAQ上場企業の創立者で、前会長・最高経営責任者も歴任した。
カーロックは、ミネソタ大学で教育・トレーニングにおける修士、戦略経営分野のEMBA、PhD（博士号）を取得し、ロンドン精神医学研究所で心理療法の訓練を受け、資格を取得している。
リーダーシップ、戦略、ファミリー関係やガバナンスにおけるリサーチ、教育、アドバイスでは、国際的に知られている。

ジョン・ワード
(John L. Ward)

ケロッグ経営大学院(シカゴ、米国)の臨床教授で、ファミリー企業センターの共同ダイレクター。

同校では、戦略マネジメント、ビジネスリーダーシップ、ファミリー企業の永続性を教え、研究活動も行っている。
承継、オーナーシップ、ガバナンスや慈善活動に関するアクティブな研究を行い、講演をし、コンサルティングも実施している。
ワードは、ファミリービジネスコンサルティンググループのトップで共同創業者である。同時に、IMD （ローザンヌ、スイス）、香港科技大学、インド商科大学院、IESE (バルセロナ、スペイン) で定期的に教鞭を執っている。
ワードは、ノースウエスタン大学(BA取得)を卒業し、スタンフォード大学ビジネススクールを修了した (MBA, PhD取得)。
現在、米国、カナダ、ヨーロッパにおいて4社の取締役を務めている。ワードは、ファミリービジネスにおける多くの主要な著書を残しているが、クレイグ・アーノフと共著で、ファミリービジネスリーダーシップシリーズの小冊子のコレクションを継続出版している。

[訳者プロフィール]

階戸 照雄 (しなと・てるお)

日本大学大学院総合社会情報研究科　研究科長、教授

ファミリービジネス学会常任理事（事務局）、日本ファミリービジネスアドバイザー協会理事、日仏経営学会常任理事、日本国際情報学会理事他。
旧・大阪外国語大学（現・大阪大学）(BA)、INSEAD (MBA)、パリ政治学院（CEP)，日本大学（博士（国際関係））。
米国公認会計士、通訳ガイド資格（英語）、英検1級、CFP、宅地建物取引主任者他。
旧・富士銀行（現・みずほ銀行）入行後、朝日大学経営学部（教授）を経て、現在に至る。ファミリービジネスのほか、企業統治（コーポレート・ガバナンス）、社外取締役などの研究を専門とし、わが国の通信制大学院の草分け的存在である日本大学大学院の研究科長を勤める。

『〈社外取締役〉のすべて』（共著）（分担執筆）、東洋経済新報社、2004年11月、『オーナー企業の経営』（共著）（分担執筆）、中央経済社、2008年9月、『財務会計〈US CPA 集中講義〉』第4版（共著）、中央経済社、2011年11月他著書多数。「米、英、仏の取締役会における社外取締役と本邦における社外取締役の役割の比較に関する一考察」（単著）、『朝日大学経営学会経営論集』第19巻第1号、2004年9月30日、「ファミリー企業の現状と課題:日仏の比較から学ぶ」（単著）、『日仏経営学会誌』第25号、日仏経営学会、2008年4月20日、Convergences et Divergences Internationales des Problèmes autour de l'Entreprenariat Familial - Cas des Entreprises Familiales au Japon（共著）（第一著者）、*2èmes Journées Georges Doriot*, ≪*Entrepreneuriat Familial*≫ (France)、2008年5月、Family Companies and CSR in Japan—The Case of Ito Yokado—、（共著）（第一著者）、2009 *FAMILY ENTERPRISE RESARCH CONFERENCE*(Canada)、2009年4月、他論文多数。

ファミリービジネス　最良の法則

2015年2月10日 第1刷発行

- ●著　者　　ランデル・カーロック＋ジョン・ワード
- ●訳　者　　階戸 照雄
- ●発行者　　上坂 伸一
- ●発行所　　株式会社ファーストプレス
　　　　　　〒151-0053
　　　　　　東京都渋谷区代々木1-21-16-7F
　　　　　　電話 03-5302-2501（代表）
　　　　　　http://www.firstpress.co.jp

DTP・装丁●オムジグラフィコ
印刷・製本●高千穂印刷株式会社

©2015 Teruo Shinato
ISBN 978-4-904336-81-6

落丁、乱丁本はお取替えいたします。
本書の無断転載・複写・複製を禁じます。
Printed in Japan